清代蒙古地区法律适用的研究

QINGDAI MENGGU DIQU FALÜ SHIYONG DE YANJIU

吕洁姝 著

中国政法大学出版社

2019 · 北京

图书在版编目（CIP）数据

清代蒙古地区法律适用的研究/吕姝洁著. —北京:中国政法大学出版社,2019.8
ISBN 978-7-5620-9111-0

Ⅰ. ①清… Ⅱ. ①吕… Ⅲ. ①清律—研究 Ⅳ. D929.49

中国版本图书馆CIP数据核字(2019)第166053号

出版者　中国政法大学出版社
地　址　北京市海淀区西土城路 25 号
邮　箱　fadapress@163.com
网　址　http://www.cuplpress.com (网络实名: 中国政法大学出版社)
电　话　010-58908435(第一编辑部)　58908334(邮购部)
承　印　固安华明印业有限公司
开　本　880mm×1230mm　1/32
印　张　9.875
字　数　220 千字
版　次　2019 年 8 月第 1 版
印　次　2019 年 8 月第 1 次印刷
定　价　36.00 元

前　言

蒙古民族的法律是该民族共同意识的体现，当它受到其他法律文化的冲击时，其个性也在发生变化。漠南、漠北、漠西蒙古相继归附清代，清代也在漠南蒙古归附时，就制定了适用于蒙古地区的法律，即《蒙古律例》。到嘉庆年间，又修订《理藩院则例》。清代关于民族地区的立法较其他朝代更为完善，资料也更为充分，这就为研究清代蒙古地区法律适用提供了可能性。研究蒙古地区的法律适用，是研究中国传统法律文化的重要内容之一，是在方法论以及研究视角方面的进一步拓展与深化，是对由于地域、民族、宗教等因素而致中国传统文化的差异性与异质性的关注。

基于对蒙古地区法制发展的梳理，以及蒙古地区司法机构及其职能的研究，本书分章探讨了《大清律例》和《蒙古律例》在蒙古地区的适用情况。在分析两部法典在蒙古地区的适用情形时，也以时间为线索，分析各部蒙古尤其是漠北、漠西蒙古归附后，新归附蒙古地区在法律适用上的情形。有关蒙古地区的立法梳理，按照制定主体、制定时间，对清代蒙古法从纵向、横向两个方面进行梳理，为之后案例的分析奠定基础。关于司法机构的职能方面，通过查阅《清实录》、《大清会典》、个人传纪及案例记载，分析札萨克、盟长、理藩院、刑部、驻防大臣等参与司法审判的人员在案件审理中的职能及作用。同时，比较分析中央立法与蒙古地区的地方性立法，分析两者之间的关系，以及两者在司法实践中的具体适用。在此基础上，论证影响蒙古地区法制变革的社会、政治等因素，为之后研究具体案件如何适用法律提供依据。

各部蒙古因归附时间不同等因素致使他们在法律适用上存在一定的区别。漠南蒙古归附最早，加之与中原地区紧邻，交流也较多，《大清律例》对漠南蒙古地区社会关系的影响也最大。漠北蒙古归附之初，三大汗对漠北蒙古的控制较强，也就出现了《喀尔喀法规》在漠北蒙古地区的适用。随着清代对漠北蒙古统治的加强，《喀尔喀法规》的适用范围逐渐缩小，而《大清律例》对漠北地区社会关系的影响开始扩大。漠西蒙古归附最晚，加上大量察哈尔蒙古人、汉人等的西迁，使得漠西蒙古地区不仅有蒙古人，还有汉人、回民等，逐渐形成多民族混居的情形，该地区的法律适用也就有所不同。《蒙古律例》在漠西蒙古的适用范围（地理上）非常有限。青海蒙古地区则由于存在大量的藏民，蒙藏之间的纠纷也非常多，常常会造成大案。清代也多次下谕旨，明确如何解决这些纠纷。

总之，蒙古地区的法律适用，以《蒙古律例》为主、《大清律例》为补充，而各地区的特殊情形以及蒙汉交往的加深，也为蒙古地区的法律适用增加了变动的因素。

吕姝洁

2018 年 9 月 6 日于天津

目 录

导 论

一、问题的提出

中国历史上各个王朝均重视运用法律实施统治与控制，统治者以体现皇权的法律为社会控制的手段，将维护王朝的统治秩序和社会的稳定作为最主要的目标。爱新觉罗家族属于东北女真人后裔部落的一支，是明代建州卫的一部，人口不及汉族人口三百五十分之一。在入关之前，满洲族有一套完整的法律制度，其内容与中国传统法律制度存在很大的差别。作为一个少数民族，满洲族在文化上处于弱势，其牧猎文化与中原的农耕文化存在巨大的差别，继续适用原有的法律文化必定不利于统治广大的中原地区。满洲贵族希望在政治上得到生存与发展，就需要“得到汉族士大夫的支持，协调好满洲征服者与汉人臣民之间的关系”。[1] 因此，清朝在吸收中原传统法律文化的基础上，制定了本朝的基本法典《大清律例》，其法律制度走向汉化。即便如此，在实现统治的过程中，其仍面临着

〔1〕 欧立德、华立：“清代满洲人的民族主体意识与满洲人的中国统治”，载《清史研究》2002 年第 4 期。

新的问题与挑战。

清代统治的区域较其他朝代更广、涉及的民族更多，需要处理的社会关系也就更加复杂。在法律适用上，它意识到，一味强制推行《大清律例》及其所代表的法律文化，不利于统治与拉拢各少数民族。在民族政策方面，采取了因俗而治、因地制宜的统治策略，以较为客观的态度，接受其他少数民族的固有习惯，促成不同法律制度和文化的共同发展。就蒙古地区而言，在吸收蒙古民族习惯法的基础上，制定了一系列地方性法律。这些由清朝制定的法律，体现了“因俗而治”“因地制宜”的统治政策，同时保证了《大清律例》《蒙古律例》与蒙古地区习惯法属于同一法律体系。从宏观的角度上，将国家立法的“大传统”与代表民族立法的“小传统”有机结合，而不是将两者对立起来，避免了“大传统”与“小传统”之间的断裂与冲突。清代为保证制定的法律既能体现蒙古地区的民族特色，又能实现法制的整体统一，采取了以下几个方面的措施：

第一，在蒙古地区的立法上，清代结合蒙古地区的习惯法，有选择地保留和确认了一部分蒙古习惯法，[1] 如《喀尔喀法规》等，同时制定了通行于整个蒙古地区的《蒙古律例》；还根据各蒙古部落的特殊情况，制定了单行法规，如适用于青海地区的《西宁青海番夷成例》等。在立法权的问题上，清代强调立法权的统一，严禁

---

〔1〕（清）会典馆编：《乾隆朝内府抄本〈理藩院则例〉》，赵云田点校，中国藏学出版社 2006 年版，第 247 页。“国家之待外藩也，立制分条，期于宽简，不易其俗，而归于仁厚，功令如左。”

蒙古各部自行立法。即使是漠北喀尔喀蒙古[1]制定的地方性法典《喀尔喀法规》，也是在清朝同意或至少是不反对的情况下制定的。[2]《喀尔喀法规》制定后，在喀尔喀蒙古地区存在《大清律例》《蒙古律例》《喀尔喀法规》同时作为案件审理依据的情形。因此，漠北喀尔喀蒙古地区存在如何适用《喀尔喀法规》的问题。有学者认为清朝担心在蒙古地区推行其法律及政治制度会引起蒙古民族的反抗，故允许蒙古民族“暂仍其俗”。而喀尔喀蒙古王公，因本民族宗教、风俗等传统，加之其与清朝的关系，制定了《喀尔喀法规》，有学者认为该法规在喀尔喀蒙古地区实施了近八十年。[3]另有学者认为乾隆三十五年(1770年)之前,清朝对中央地区的统治尚不稳定,忙于征服西北地区,便默许喀尔喀蒙古王公在喀尔喀蒙古地区拥有一定的自治权。所以,喀尔喀王公制定了这部法规。[4]达力扎布认为，喀尔喀从其归附时，便依据《蒙古律书》的规定进行裁判，并不是像有些学者认为的那样，喀尔喀蒙古到乾隆三十五年（1770年），才依据《蒙古律例》进行裁判。《喀尔喀

---

〔1〕 喀尔喀部落，康熙三十年（1691年）归附清朝。自康熙四十八年（1709年）至乾隆三十五年（1770年）间，喀尔喀蒙古王公先后议定了十八篇法规，汇编成《喀尔喀法规》。在此之前，理藩院编辑的《蒙古律书》，是外藩蒙古各旗断案的主要法律依据，并于康熙三十五年（1696年）颁给了喀尔喀各旗。

〔2〕《喀尔喀三旗大法规》的绪言里写道：“本法规是‘蒙钟根允准’制定的。”也就是制定该法规是经过“钟根”的同意，而“钟根”是汉语“中宫”的音译，也就是土谢图汗妃，而土谢图汗妃是康熙第六女和硕恪靖公主。公主本人应该无权决定此事，据此推理应当是经过康熙皇帝的同意，至少是默许。

〔3〕 Ч. Nasunbaljur: Qalq – a Jirum, Ulaanbaatar, 1963, Emûnekiögûlel. 转引自达力扎布:“《喀尔喀法规》制定原因及实施范围初探”,载《中央民族大学学报(哲学社会科学版)》2005年第1期。

〔4〕 奇格:《古代蒙古法制史》，辽宁民族出版社1999年版，第177页。

法规》不是喀尔喀唯一的法律，而是次要的，为某种特殊需要制定的地方性法规。[1] 日本学者萩原守认为："可以确定的是外蒙古在臣服于清之初，'蒙古例'并没有适用于该地区。"[2] 萩原守教授通过乾隆四十九年（1784年）"纳般偷旗台吉恩克吉儿格乐马案"，指出《蒙古律例》到乾隆年间也并没有完全适用于蒙古地区。该案中，旗长乌尔津扎布无视《蒙古律例》而擅自判决，且并未上报。后盟长、理藩院依据《蒙古律例》和《大清律例》进行改判。改判时，以旗长乌尔津扎布无视《蒙古律例》，不执行上报制度为由，革去乌尔津扎布旗长的职务。[3] 但该案并不能说明《蒙古律例》完全适用于蒙古地区，旗长乌尔津扎布最终因没有适用《蒙古律例》、不执行上报制度而被革职，恰好说明该时期是适用《蒙古律例》的。关于《喀尔喀法规》的适用情况需要通过更多史料来进行分析。

---

〔1〕 达力扎布："《喀尔喀法规》制定原因及实施范围初探"，载《中央民族大学学报（哲学社会科学版）》2005年第1期。

〔2〕［日］萩原守："17—19世纪清代蒙古法和蒙古地区判例法系统"，国际人类与民族学联合会第十六届世界大会——游牧民族法律文化研究专题会会议论文2010年。

〔3〕 汗·阿林盟（即上谢图汗部）左翼本后旗居住着纳般、班第兄弟二人。乾隆四十九年（1784年）纳般、班弟共同偷窃了台吉恩克吉儿格乐的三匹马。由纳般偷盗后，班第转卖给第三人。后纳般、班弟被捕，旗长乌尔津扎布没有引用《蒙古律例》擅自判决，且并未上报。因班弟家里没有牲畜可以赔偿，便将其女儿额穆伯果、儿子及蒙古包用于赔偿。其后，在乾隆五十三年至五十五年（1788—1790年），额穆伯果教唆男子刺杀旗长未遂，并被捕。因本案的审理，牵涉出之前违例审判偷盗案件的情况。经理藩院认定，乌尔津扎布违例裁判，予以处罚。交以监督不力，罚盟长森德道尔吉俸禄一年。理藩院将案况上奏，经乾隆敕许，布告喀尔喀各旗，严禁不法裁判和不履行上报的行为。关于本案，在之后的案件分析中会着重研究其中的法律适用问题。转引自［日］萩原守："18世纪喀尔喀的法律变迁"，朋·乌恩译，载《蒙古学资料与情报》1991年第4期。

除喀尔喀蒙古地区，在阿拉善蒙古地区也存在类似的情况。道光元年（1821 年），阿拉善和硕特蒙古札萨克玛哈巴在整理相关案件的基础上，制定了《阿拉善蒙古律例》。《阿拉善蒙古律例》共有单行法规 21 件，札萨克令和批复令 44 件，民、刑案件判例 95 件，共 160 件。该律例是阿拉善王爷根据《理藩院则例》《蒙古律例》的规定，在审理本地区各类纠纷的过程中，结合本地区的实际情况，发布的谕令、批复令及案例，并将此作为之后案件裁判的依据。其与《蒙古律例》《理藩院则例》在司法实践中的适用情况，需要进一步分析。有学者认为，当时在整个蒙古地区普遍遵行国家法律，阿拉善蒙古地区自不例外，很少有法外立法的现象。《阿拉善律例》是针对具体的纠纷，由阿拉善王爷在考虑《大清律例》《蒙古律例》的基础上，整理成文，晓谕全旗，永远遵行。[1] 这类似于今天的少数民族地区，结合本民族的特殊性变通适用国家法律。

第二，在蒙古地区法律的适用问题上，不仅存在上文提到的地方性自治法规与国家法律适用的问题，还存在全国的《大清律例》与《蒙古律例》之间适用的问题。关于此类法律适用问题，一方面立法上有明确的规定，且相关规定在不同时期又有一定的变化；另一方面，是在具体适用中也存在司法官员及最高统治者对这些原则的理解问题。顺治三年（1646 年）颁布的《大清律集解附例》“化外人有犯”条规定：“凡化外人犯罪者，并依律拟断”，并注明，“化外人”既已归附，便是清朝的属民，应当依《大清律例》进行

〔1〕 杨士宏：“蒙藏地区区域性传统法规研究”，载《青海民族大学学报（社会科学版）》2011 年第 2 期。

裁判。可见在清朝前期，对于“化外人”[1] 犯罪，一律适用清律，没有“各依本俗”的字样。到康熙年间，康熙十八年（1679年）制定的《现行则例》“化外人有犯”条规定：“凡化外（来降）人犯罪者，并依律拟断”。雍正三年（1725年）修订大清律，在“化外人有犯”条原律文后增入“凡化外（来降）人犯罪者，并依律拟断。隶理藩院者，仍照原蒙古例”[2]，从而确定了《蒙古律例》的地位。这里的“蒙古例”，主要是由“皇帝亲自发布或由理藩院和国家司法机关拟定，经皇帝批准的专门针对蒙古地区诏令和成例”。[3] 雍正十一年（1733年），在原律文后增加“蒙古案件有送部（指刑部）审理者，即移会理藩院衙门，将通晓蒙古言语司官派出一员，带领通事赴刑部公同审理。除内地八旗蒙古应依律定拟者，会审官不必列衔外；其隶在理藩院应照蒙古例科断者，会审官一体列衔。如朝审案内如遇有蒙古人犯，知会理藩院官到班会审。遇有照蒙古例治罪者，亦一体列衔”。[4] 乾隆年间的《乾隆朝内府抄本〈理藩院则例〉》规定，“国初定：边内人在边外犯罪，照内

---

〔1〕《唐律疏议》对“化外人”的解释为：“化外人，谓蕃夷之国，别立君长，名有风俗，制法不同。其有同类自相犯者，须问本国之制，依其俗法断之。异类相犯者，若高丽之与百济相犯之类，皆以国家法律论定刑名。”（《唐律疏议》卷6，中华书局1983年版）苏钦在《唐明律“化外人”条辨析——兼论中国古代各民族法律文化的冲突与融合》(《法学研究》1996年第5期）中指出，“化外人”不是指“外国人”，“化外人”条主要“不是规定国与国之间法律效力范围，而是着眼于调整与‘礼教’法律文化有差异和冲突的民族的法律适用问题”。

〔2〕《大清律例》，张荣铮、刘勇强、金懋初点校，天津古籍出版社1993年版，第134页。

〔3〕徐晓光：《清代蒙藏地区法制研究》，四川民族出版社1996年版，第5页。

〔4〕马健石、杨育棠主编：《大清律例通考校注》，中国政法大学出版社1992年版，第295~296页。

律；边外人在边内犯罪，照外律”。[1] 嘉庆修订的《理藩院则例》也规定：“凡办理蒙古案件，如蒙古例所未备者，准照刑例办理”。[2] 这里的“刑例”指的是《大清律例》。关于《大清律例》中，“化外人有犯”条，在沈家本看来：“此条本《唐律》，唯唐有同类、异类之分，明删之，则同类相犯亦以法律论矣。今蒙古人自相犯，有专用蒙古例者，颇合《唐律》各依本俗法之意”。[3]

在《大清律例》与《蒙古律例》的适用问题上，结合当时的情况，不同时期有不同的规定。此外，蒙古地区的相关立法对蒙古地区案件审理的程序作出了明确的规定，这些规定直接影响了蒙古地区的法律适用。在具体的司法实践中，审理案件的司法官员，对于《蒙古律例》没有规定而适用《大清律例》的理解，具体到个案中，可能会出现一定的偏差。除札萨克、盟长等蒙古地区的司法官员，还有其他官员参与到三部蒙古案件的审理中。如在漠北蒙古地区，有库伦办事大臣、科布多参赞大臣；在漠西蒙古地区，有西宁办事大臣、伊犁将军等；在漠南蒙古地区，有绥远城将军、热河都统等。这些官员大多是清代派驻各地的驻防将军，他们以满人为主，对蒙古地区的习惯等不是很了解。当他们参与案件的审理时，影响蒙古地区案件审理的因素会变多。

清代蒙古地区的法律实践并非如《大清律例》所规定的，从其制定之初，《大清律例》法律适用原则通行于蒙古地区。基于探究

---

〔1〕（清）会典馆编：《乾隆朝内府抄本〈理藩院则例〉》，赵云田点校，中国藏学出版社 2006 年版，第 248 页。

〔2〕《钦定理藩部则例》，张荣铮等点校，天津古籍出版社 1998 年版，第 337 页。

〔3〕（清）沈家本：《历代刑法考》，中华书局 1985 年版，第 1806 页。

清代蒙古地区法律适用的目的，以清代蒙古地区一方面适用《大清律例》、《蒙古律例》等，另一方面也适用本民族固有法规及习惯法的发展过程为中线，以蒙古地区的法律适用为研究方向，希望通过研究回答三个问题：第一个问题是清代蒙古地区的法制沿革，重点讨论清代对蒙古地区的各项法律的制定情况、蒙古地区原有习惯法的保留情况，论证清代蒙古地区不同时期制定法及习惯法的变化情况。第二个问题是清代蒙古各地区的法律适用，重点讨论蒙古各地区《大清律例》、《蒙古律例》和本地区保留的继续适用的习惯法的适用情况。第三个问题是清代蒙古地区与宗教有关的法律适用，重点讨论《大清律例》、《蒙古律例》和宗教法规的法律适用情况。

二、研究的意义

在中国历史上，少数民族作为汉民族的共生文明群体而繁衍生息着，在中央政权所构筑的法律体系发展的同时，少数民族也在其生存的地域创造了丰富灿烂的法律文化。一直以来对少数民族法律文化和法律现象的研究囿于非常有限的范围内。近年来，学界开始打破以往法史研究以国家法为中心的传统模式，丰富了法史研究的内容，带来了法史研究方法和法史研究内容的更新。其中，蒙古族法制史在中国古代民族法史上具有非常重要的地位，其自成体系，代表了游牧民族特色的法律文化。蒙古民族的法律是本民族共同意识的体现，它随着蒙古民族的成长而成长、壮大而壮大。当它受到其他法律文化的冲击时，其个性也在发生变化，但民族地区的法律并不一定因受到冲击而消失，而是以一种更适合当时社会经济生活的形式出现，继续调整本民族地区的社会关系。

目前，关于清代蒙古地区的法制研究，主要集中在立法政策、立法状况、司法制度等静态方面的研究，对清代蒙古地区的动态法律实施状况的研究尚少。而清代关于民族地区的立法较其他朝代更为完善，资料也更为充分，为动态研究清代蒙古地区法制状况提供了可行性。这种动态研究，是关于两种法律文化在以游牧为主的蒙古地区的交流与融合的研究，是关于法律适用的研究。清代对蒙古地区制定的相关法律，吸收了蒙古民族习惯法的内容，同时也在一定程度上吸收了中原传统法律文化的内容，两者共同影响蒙古地区的法律变革，影响通行于蒙古地区的法律的制定。在蒙古各地区，还保留着一些继续适用的习惯法，这些习惯法已被当地蒙古族广泛接受。在蒙古地区形成了《大清律例》、《蒙古律例》与原有习惯法共同适用的情形，三者共同影响具体案件的裁判。在司法实践中，就涉及法律适用的问题。研究蒙古地区的法律适用，是研究中国传统法律文化的重要内容之一，是在方法论以及研究视角方面的进一步拓展与深化，是对由于地域、民族、宗教等因素而致中国传统文化的差异性与异质性的关注。

清朝在制定《大清律例》等国家基本法律时规定“照蒙古律办理”的原则。在它看来，制定适用于蒙古地区的法律，是一种“推恩”之举，康熙帝认为：“昔秦兴土石之工、修筑长城。我朝施恩于喀尔喀，使之防备逆方，较长城更为坚固。”[1] 对于清代来说，蒙古地区的法律适用“不能危害到王朝的统治秩序，不能逾越

---

〔1〕（清）官修：《清圣祖实录》卷151，康熙三十年四月壬辰条。

国家的根本法度”。[1] 只要不危及整个王朝的统治秩序，蒙古地区可以适用体现本民族习惯的法律。当然，一旦危及王朝的统治秩序时，清朝的态度是强硬的。康熙帝就曾对噶尔丹发布谕令：“比年尔处使来或千余人或数千人，连绵不绝，沿途抢夺塞外蒙古马匹牲畜。进边之后，任意牧放牲畜，践食田禾，捆缚平民，抢掠财物，妄行者甚多。边外蒙古，与内地百姓，非不能相拒报复，衹以凛，遵朕之法度耳。朕俯念尔等素行恭顺，不将若辈照内地律例究处。遂致妄行殃民，日以益众。用是限定数目。放入边关。……尔噶尔丹博硕克图汗，尚毋违朕视四海一家，中外一体至意。敬慎遵行。嗣后遣使，必选贤能头目，严行约束。若仍前沿途抢掠、殃民作乱。即依本朝律例，伤人者以伤人之罪罪之，盗劫人财物者以盗劫之罪罪之，特此先行晓谕。”[2]

一方面对有关蒙古地区的立法进行分析，另一方面通过对相关案例等资料进行分析。就立法而言，主要是理清有关蒙古地区的立法及立法背景。根据清代“因俗而治”“因地制宜”政策的实施情况，探讨其如何在传统法律文化这一个“大传统”的背景下兼顾民族地区法律文化这一“小传统”，最终实现对蒙古地区法律上的控制。就司法实践而言，主要是通过对具体案例的分析，即案件适用的法律及影响案件裁判的其他因素，总结不同时期案件的法律适用情况。张伟仁先生认为，我们之所以研究法律史，从事法律史研究的价值在于，我国传统社会的法制，不是静态的历史陈迹，而是当

〔1〕 宋玲：“试论中国传统民族法制的‘多元’与‘统一’——以清代为中心”，载《政法论坛》2015 年第 6 期。

〔2〕（清）官修：《清圣祖实录》卷 112，康熙二十二年九月癸未条。

时社会发展变化的一个社会现象。通过对这些动态的法制状况的研究，将我国传统社会法律的优势与劣势进行比较分析。同时，依据现有的社会背景，从将来社会发展可能会需要的角度，提出我们的意见。[1] 毕竟，在任何一个社会里，官方所推崇的法律神话，与真实生活中的法律实施，从来都不是完全一致的。本书通过分析清朝与蒙古地区在法制上的互动，包括立法上的相互影响，司法上的变通考虑等，试图还原蒙古地区的法制状况。

此外，基于对清代蒙古地区法律适用的思考，希望对今天如何制定民族政策，如何治理民族地区有一定的启发。也是对法律多元化的思考，用已有的法律多元主义的多重视角和模式，研究我国及国内其他少数民族的法律文化，深入了解不同民族的法律文化的发展过程，通过对少数民族法律文化的研究，深入了解中华法系的总体特征。[2]

三、国内外研究现状分析

（一）国内研究现状

通过比较清代蒙古地区的相关立法，研究主要分析蒙古地区法律实施的具体情况。在知网等数据库以“清代蒙古法律”为关键词进行搜索，主要有博士论文《清代蒙古地区地方立法问题研究——以〈喀尔喀吉如姆〉为研究中心》[3]、《清代西部宗教立法问题研

---

〔1〕 张伟仁:《清代法制研究》第一辑第一册，台湾研究院历史语言研究所 1983 年版，第 60～61 页。

〔2〕 张冠梓主编:《文化多元与法律多元》，知识产权出版社 2012 年版，第 1 页。

〔3〕 金山:“清代蒙古地区地方立法研究——以《喀尔喀济如姆》为研究中心”，内蒙古大学 2007 年博士学位论文。

究——以藏传佛教与伊斯兰教为中心》[1]、《草原法的文化阐释——〈蒙古—卫拉特法典〉和卫拉特法研究》[2]、《清代对外蒙古管理体制研究》[3]；硕士论文《清代蒙古族地区审判制度研究》[4]、《〈蒙古律例〉与清代治蒙政策——基于多版本的解读》[5]、《清代蒙古地区司法制度研究》[6]、《〈蒙古—卫拉特法典〉中的盗窃罪及处罚研究》[7]、《蒙古族传统法律典籍中的法文化研究》[8]、《蒙古族古代独特刑罚——罚畜刑研究》[9]、《〈蒙古—卫拉特法典〉中的民事法律制度研究》[10]、《现代法学视角下的〈喀尔喀法规〉》[11]。关于清朝蒙古地区的法制研究除上述论文，还有徐晓光的《清代蒙藏地区法制研究》[12]、奇格的《古代蒙古法制史》[13]、刘广安的《清代

〔1〕 田庆峰："清代西部宗教立法问题研究——以藏传佛教与伊斯兰教为中心"，中国政法大学 2011 年博士学位论文。

〔2〕 黄华均："草原法的文化阐释——《蒙古—卫拉特法典》和卫拉特法研究"，中央民族大学 2006 年博士学位论文。

〔3〕 徐实："清代对外蒙古管理体制研究"，中央民族大学 2011 年博士学位论文。

〔4〕 柏岭："清代蒙古族地区审判制度研究"，内蒙古大学 2014 年硕士学位论文。

〔5〕 向建华："《蒙古律例》与清代治蒙政策——基于多版本的解读"，宁夏大学 2015 年硕士学位论文。

〔6〕 袁晓凯："清代蒙古地区司法制度研究"，内蒙古大学 2011 年硕士学位论文。

〔7〕 闫美林："《蒙古—卫拉特法典》中的盗窃罪及处罚研究"，内蒙古大学 2013 年硕士学位论文。

〔8〕 呼德力格尔："蒙古族传统法律典籍中的法文化研究"，内蒙古大学 2015 年硕士学位论文。

〔9〕 包朝鲁门："蒙古族古代独特刑罚制——罚畜刑研究"，内蒙古大学 2012 年硕士学位论文。

〔10〕 王海峰："《蒙古—卫拉特法典》中的民事法律制度研究"，内蒙古大学 2012 年硕士学位论文。

〔11〕 乌日罕："现代法学视角下的《喀尔喀法规》"，内蒙古大学 2012 年硕士学位论文。

〔12〕 徐晓光：《清代蒙藏地区法制研究》，四川民族出版社 1996 年版。

〔13〕 奇格：《古代蒙古法制史》，辽宁民族出版社 2005 年版。

民族立法研究》[1]、赵云田的《清代治理边陲的枢纽——理藩院》[2] 和达力扎布的《〈喀尔喀法规〉制定原因及实施范围初探》[3]、《康熙三十五年〈蒙古律例〉研究》[4]、《略论〈理藩院则例〉刑例的实效性》[5] 等。研究范围主要集中于对蒙古地区地方性立法、蒙古地区法律制度、刑罚制度、立法政策等方面的研究。

1. 研究清代蒙古地区的统治政策

民族政策的成败直接关系到国家的统一和边疆的巩固，所以很多学者关注清代的民族政策。清初的民族政策相对成功，后期清代的民族政策存在一定的失误，都对蒙古地区产生了巨大的影响。许安平在其博士论文《清代民族政策法制化研究》[6] 中，从政策与法的一般区别、政策法制化的理论分析入手，分析、研究清代民族政策法制化的整个过程；探讨清代民族政策与民族法的关系；研究清代民族政策法制化的历史价值和对当今民族政策法制化的现实意义及启示。余梓东认为，清代民族政策是清朝统治者在管理民族事务、处理民族问题方面的集中体现，其民族政策有利于维护多民族的统一和社会的稳定。[7] 还有学者从宗教的角度分析，指出清朝

---

〔1〕 刘广安：《清代民族立法研究》，中国政法大学出版社 1993 年版。

〔2〕 赵云田：《清代治理边陲的枢纽——理藩院》，新疆人民出版社 1995 年版。

〔3〕 达力扎布："《喀尔喀法规》制定原因及实施范围初探"，载《中央民族大学学报（哲学社会科学版）》2005 年第 1 期。

〔4〕 达力扎布："略论《理藩院则例》刑例的实效性"，载刘迎胜主编：《元史及民族与边疆研究集刊》（第二十六辑），上海古籍出版社 2013 年版。

〔5〕 达力扎布："康熙三十五年《蒙古律例》研究"，载《民族史研究》2004 年第 00 期。

〔6〕 许安平："清代民族政策法制化研究"，中央民族大学 2010 年博士学位论文。

〔7〕 余梓东："论清朝的民族政策"，载《满族研究》2005 年第 3 期。

对藏传佛教的政策，在其巩固漠北蒙古地区的统治以及打击准噶尔的过程中居功至伟。[1]

2. 研究清代蒙古地区的立法

大部分学者注重研究清朝对蒙古地区制定的特别法，张晋藩的《清朝法制史》[2]，专章研究民族政策，对顺治到道光时期的民族法进行了研究，并把民族法的发展分为三个阶段：顺治、康熙时期为第一个阶段；雍正、乾隆时期为第二个阶段；嘉庆、道光时期为第三个阶段。张晋藩的《清律研究》中的第三部分《清代民族立法的卓越成就》中，专门对清代的民族法进行了总结。刘广安的《清代民族立法研究》[3] 系统地阐述了清代民族立法的主要内容和特点，通过对清代民族立法的分析，总结了清代民族立法与实施的经验，对民族法规性质的认定以及民族立法内地化等问题提出了独特的见解。

张伟仁的《清代法制研究》[4] 综合研究了清代的立法状况，通过案例分析清代的司法状况，对清代蒙古地区的立法及其与《大清律》不同之处进行了比较论述。徐晓光的《清代蒙藏地区法制研究》[5] 主要研究清代各个阶段对蒙古地区的立法状况，从刑事、民事等方面分类阐述蒙古地区法律的主要内容，并论述、分析了清代蒙古地区的司法审判制度等相关内容。奇格的《古代蒙古法制

〔1〕 张曦："清政府藏传佛教政策在漠北蒙古的影响——以达赖喇嘛和哲布尊丹巴地位变化为例"，中央民族大学 2013 年博士学位论文。

〔2〕 张晋藩主编：《清朝法制史》，法律出版社 1994 年版。

〔3〕 刘广安：《清代民族立法研究》，中国政法大学出版社 1993 年版。

〔4〕 张伟仁：《清代法制研究》，台湾研究院历史语言研究所 1983 年版。

〔5〕 徐晓光：《清代蒙藏地区法制研究》，四川民族出版社 1996 年版。

史》[1] 按蒙古族历史发展演变的过程，对蒙古族法制政教并行时期、清代蒙古族地方法时期，展开对蒙古族古代法制的论述。杨强的《清代蒙古法制变迁研究》[2] 系统地总结了清代蒙古族立法的得失，在分析清代蒙古区法制变迁的基础上，对其法制变迁的特殊性予以分析，进而阐述了清代蒙古法制变迁的历史过程。

近几年来，一些学者开始关注清代蒙古地方性法规等史料，这些法规系清代蒙古封建主制定的地方性法规。关于这方面的研究，也取得了一定的成效。这方面的史料，有《阿拉善律例》《喀尔喀法规》《十七世纪蒙古文文书档案（1600—1650）》《乌兰哈其尔图》等法律法规方面的史料，还有《有关呼和浩特法律文档》及《青海蒙古会盟法典》等方面的史料。这些史料的发掘与整理，极大地推动了清代蒙古地区法制的研究。因这些史料大部分是用蒙文拟定颁布的，很多不懂蒙文的学者无法利用。在研究的过程中，也只能引用这些史料中已译成汉文的部分。目前，只有少数几位专家学者对这些史料进行挖掘、整理和研究。这方面的研究成果主要有：

金山的《清代蒙古地区地方立法研究——以〈喀尔喀吉如姆〉为主》[3]，通过对《喀尔喀法规》的研究，认为清代蒙古封建主制定地方性法规既区别于北元时期的法律法规，也不同清朝针对蒙古地区制定的特别性。在制定主体上、内容上都具有极大的地方性特

---

〔1〕 奇格：《古代蒙古法制史》，辽宁民族出版社 2005 年版。

〔2〕 杨强：《清代蒙古法制变迁研究》，中国政法大学出版社 2010 年版。

〔3〕 金山：“清代蒙古地区地方立法研究——以《喀尔喀吉如姆》为主”，内蒙古大学 2007 年博士学位论文。

色。《喀尔喀法规》继承了体现草原游牧法律文化的蒙古法系，在调整蒙古社会人与人之间的关系时，弥补了清代针对蒙古地区制定的法律，即《蒙古律例》的不足之处，有效地改善了喀尔喀蒙古地区的社会环境。同时，对蒙古地方性法规与清代对蒙古制定的法律进行比较研究，认为二者之间是国家法与地方性法规的关系，蒙古地区地方性法规实用性较强，具有补充清代制定的特别法的作用。达力扎布的《〈喀尔喀法规〉制定原因及实施范围初探》[1] 对《喀尔喀法规》的制定背景、实施情况进行了分析。《略论〈理藩院则例〉刑例的实效性》[2] 通过考察当时的刑事审判案例，对《理藩院则例·刑例》的法律实效性进行了考证，达力扎布认为《理藩院则例》是一部综合性的蒙古法规，其中包括蒙古地区的官衔、会盟以及非常重要的有关刑事方面的法规，是蒙古地区现行的刑事法规。《康熙三十五年〈蒙古律例〉研究》，是对藏于蒙古国国立中央图书馆手抄本部的康熙三十五年《蒙古律例》蒙文版本进行翻译后，再与康熙六年本《蒙古律例》的版本进行比较后，对蒙古国国立中央图书馆手抄本部康熙三十五年《蒙古律例》进行的分析。[3]

国内学者对清代蒙古地区地方立法的研究晚于日本、俄国及蒙古，最早着手研究清代蒙古地区地方立法问题的是潘世宪先生。目

---

〔1〕 达力扎布："《喀尔喀法规》制定原因及实施范围初探"，载《中央民族大学学报（哲学社会科学版）》2005 年第 1 期。

〔2〕 "略论《理藩院则例》刑例的实效性"，载达力扎布：《元史及民族与边疆研究集刊》（第二十六辑），上海古籍出版社 2014 年版。

〔3〕 达力扎布："康熙三十五年《蒙古律例》研究"，载《民族史研究》2004 年第 00 期。

前，国内这方面研究成果较多的学者，有朱风、额尔德木图、达力扎布、奇格、道润梯步、金峰、成崇德、徐晓光、杨选第等人。

3. 研究清代蒙古地区司法制度及司法机关

蒙古地区的案件，先由各旗的札萨克审理，札萨克审理不决的案件，由盟长审理，仍不决的上报至理藩院。蒙古地方驻有理藩院司官的，理藩院司官会同札萨克共同审理等。理藩院，是清代设立的管理蒙古等少数民族事务的机构，专管外藩事务，责任重大。关于清代蒙古地区司法制度的研究主要有以下几个方面：

第一，有关理藩院的研究。赵云田的《清代治理边陲的枢纽——理藩院》[1]，论述了理藩院对边疆少数民族地区的治理情况，介绍了关于研究理藩院的丰富文献，概括地论述了理藩院在蒙古地区治理中的作用和地位。马青莲在《清代理藩院司法功能研究——以清代蒙古地区为中心的考察》[2]一文中，从制度文本和审判初评两个视角，对理藩院在中央层面和地方层面的司法管辖权、理藩院的司法审判程序进行研究。崔懿晟在其硕士论文《清代理藩院及其立法研究》[3]中，以清代理藩院为研究对象，从清代理藩院的创立背景、职能等问题展开研究，系统地研究清代理藩院的形成、结构和职能。

第二，有关蒙古地区司法制度的研究。徐晓光在《清朝对蒙古

---

〔1〕 赵云田：《清代治理边陲的枢纽——理藩院》，新疆人民出版社 1995 年版。

〔2〕 马青莲："清代理藩院司法功能研究——以清代蒙古地区为中心的考察"，中国法学会民族法学研究会 2010 年会暨学术研讨会会议论文。

〔3〕 崔懿晟："清代理藩院及其立法研究"，华东政法大学 2010 年硕士学位论文。

的司法审判制度》[1] 一文中，对清代蒙古地区的司法审判制度进行了研究，认为在轻微案件的审理中，清朝尊重并确认了蒙古传统审判方式，但在重大案件的审理中，仍坚持地方国家司法统一的原则。即肯定蒙古民族原有的一些习惯，但对危害国家安全的案件，仍肯定中央立法的权威。袁晓凯在其硕士论文《清代蒙古地区司法制度研究》[2] 中，对蒙古地区的司法制度进行研究，认为其是特殊立法制度下指导的司法审判方式。柏岭在其硕士论文《清代蒙古族地区审判制度研究》[3] 中，对清代蒙古地区司法审判制度机构、司法官吏以及诉讼制度、审判程序等进行了研究分析。

4. 研究清代蒙古地区的刑罚

蒙古族有一种特别的刑罚，就是罚畜刑，因牲畜对蒙古民族极为重要，通过没收犯罪之人的牲畜，实现刑罚惩戒的目的。清代制定的《蒙古律例》、《理藩院则例》等法律中，也吸收了罚畜刑的内容。"除谋叛、杀人、抢劫等严重扰乱社会秩序的犯罪外，一般的违法犯罪行为几乎都以罚畜刑来处理"。[4]

包朝鲁门在博士论文《蒙古族古代独特刑罚制——罚畜刑研究》中，对清代蒙古地区的罚畜刑进行研究，主要是清朝对蒙古地区的立法《蒙古律例》和《理藩院则例》，以及蒙古地区的地方立法《喀尔喀法规》、《青海卫拉特联盟法典》、《乌兰哈其尔图》法

〔1〕 徐晓光："清朝对蒙古的司法审判制度"，载《内蒙古大学学报（哲学社会科学版）》1989 年第 1 期。

〔2〕 袁晓凯："清代蒙古地区司法制度研究"，内蒙古大学 2011 年硕士学位论文。

〔3〕 柏岭："清代蒙古族地区审判制度研究"，内蒙古大学 2014 年硕士学位论文。

〔4〕 包朝鲁门："论古代蒙古族立法中罚畜刑的演变"，载《内蒙古民族大学学报（社会科学版）》2014 年第 1 期。

规、《阿拉善蒙古律例》、《十七世纪蒙古文文书档案（1600—1650)》、《有关呼和浩特法律文档》等中关于罚畜刑的规定，进行研究分析。包朝鲁门还在《论古代蒙古族立法中罚畜刑的演变》[1]一文中，论述了罚畜刑作为蒙古族立法中的重要刑罚方式，从元到清的演变，以及在清朝法律文献中的体现。那仁朝格图、徐晓凡认为[2]，清朝蒙古地区的刑罚在蒙古传统的基础上吸收了《大清律例》的内容，形成了罚畜刑为主的刑罚体系，包括罚畜刑、财产罚刑、劳役刑。

5. 研究清代社会法秩序的多元面貌

有清一代，各民族生活在统一的多民族国家中，国家制定法、宗教法以及习惯法多元并存，开始有学者以“一体与多元”为主线，采取史论结合的方式，研究清代边疆民族地区的法律渊源和法律实施等。

有学者从国家法与习惯法的视角研究清朝传统社会法秩序，梁治平的《清代习惯法》[3]一书中，对清代习惯法进行了系统的研究。梁治平从清代官府档案、民国初期的司法调查等一手材料入手，研究、分析了清代的习惯法渊源等，在习惯法研究的社会理论意义、国家法与习惯法之间的关系上取得了很大的成就。它是迄今为止有关清代习惯法最为系统的研究，得以让人们一窥传统中国法秩序的多元面貌。

---

〔1〕 包朝鲁门：“论古代蒙古族立法中罚畜刑的演变”，载《内蒙古民族大学学报（社会科学版）》2014 年第 1 期。

〔2〕 那仁朝格图、徐晓凡：“变迁与交融：清代蒙古地区的刑罚与刑罚适用原则”，载《西部蒙古论坛》2013 年第 3 期。

〔3〕 梁治平：《清代习惯法》，广西师范大学出版社 2015 年版。

还有学者从地方法制与国家立法的角度研究清代社会的法秩序，潘志成的博士论文《清代贵州苗疆的法律控制与地域秩序》[1]中，以制度变迁为主线，详述了清朝统治贵州苗疆地区后，其不断加强对苗疆地区的法律控制。从清朝推进蒙古地区法律控制的角度，分析了在国家权力、地方势力博弈过程中，国家权力如何发挥作用。白京兰的博士论文《一体与多元：清代新疆法律研究（1759—1911年）》[2] 中，具体研究清代新疆的法律渊源、法律的实施与动态变迁等方面以揭示清代新疆法律的一体与多元样态，重点关注清代政权对于边疆地区多元异质的法律文化的一体化构建及其成败得失。沈大明在其博士论文《〈大清律例〉与清代的社会控制》[3] 中，探索了清代的法律控制与社会控制的关系，揭示了《大清律例》在清代社会中的作用，及《大清律例》如何发挥社会控制的作用。

也有学者从法文化的视角研究蒙古地区的法秩序，如呼德力格尔的硕士论文《蒙古族传统法律典籍中的法文化研究》[4]，以蒙古族的法律法典为研究对象，由此引导出固有的传统文化印记。同时，以蒙古社会发展过程中出现的几部蒙文法典作为研究对象，对蒙古游牧民族的法律文化展开研究。

---

〔1〕 潘志成："清代贵州苗疆的法律控制与地域秩序"，西南政法大学 2010 年博士学位论文。

〔2〕 白京兰："一体与多元：清代新疆法律研究（1759—1911 年）"，中国政法大学 2011 年博士学位论文。

〔3〕 沈大明："《大清律例》与清代的社会控制"，华东政法学院 2004 博士学位论文。

〔4〕 呼德力格尔："蒙古族传统法律典籍中的法文化研究"，内蒙古大学 2015 年硕士学位论文。

（二）国外研究现状

国外史学界对清代蒙古地区法制研究较多的是俄国和日本学者，这方面的研究成果也较多。俄国学者早在18世纪末、19世纪初开始便在学术论著中探讨清代蒙古地区地方立法问题。研究这方面的学者有列昂托维奇、雅琴夫·稗丘林、扎姆察拉诺、图鲁诺夫、梁赞诺夫斯基、符拉基米尔佐夫等。但他们的研究以史料的整理为主，加上一些学者也不懂蒙文，其研究成果有一定的局限性。对清代蒙古法制有学术研究的日本学者主要有岛田正郎、仁井田升、田山茂、萩原守、二木博史等，他们中很多学者都懂蒙文，可以从第一手资料入手进行研究，关于清代蒙古地区法制的研究成果也颇多。对清朝蒙古地区的法制研究大致有以下几个方面的内容：

1. 研究清代蒙古地区立法

国外史学界对清代蒙古地区立法研究较早，其中日本和俄国学者的研究较多。俄国学者探讨清代蒙古地区地方性立法，以史料整理研究为主。日本学者的研究开始更进一步，包括考察蒙古律的渊源、有效性等方面的研究。

俄国学者梁赞诺夫斯基在《蒙古法的基本原理》一书中，专章论述了清代蒙古法，对蒙古法的渊源、基本制度等进行了论述。迪雷克夫的《关于蒙古封建法律文献》[1]，对蒙古法律及其机构的产生、发展过程进行了阐述，包括对《蒙古—卫拉特法典》《喀尔喀法规》的版本等内容进行了研究分析。此外，蒙古国学者，对《喀

[1] ［苏联］迪雷克夫："关于蒙古封建法律文献"，盛肖霞译，载达力扎布主编：《中国边疆民族研究》（第一辑），中央民族大学出版社2008年版。

尔喀法规》的版本[1]和《蒙古律例》的版本都有研究。

日本学者萩原守在《18世纪喀尔喀的法律变迁》[2]一文中，通过探索《喀尔喀法规》诸法令向清代蒙古律例转化的情况，以当时法律的核心——刑法的变化为根据，对喀尔喀律令的具体过程进行介绍。岛田正郎在《清朝蒙古例研究》[3]一书中，对清代蒙古律例成立的经过，由谕旨、奏折等原始史料的追溯并加以严密的探讨，对现存的各版本和注释本进行了讨论。此外还分别讨论了《大清律例》与《蒙古律例》之间的关系及清代颁布蒙古例的过程。岛田正郎还在书中对各版本的《蒙古律例》进行了比较研究。通过研究，明确了每一条蒙古例的颁示年代、修改、增纂以及停废理由。二木博史在《〈喀尔喀济鲁姆〉的形成过程》[4]一文中，梳理喀尔喀法规中各种律令的制定年代，为17至19世纪喀尔喀蒙古法制史研究填补了空白。

2. 研究清代蒙古司法制度

日本学者在清代蒙古司法制度方面的研究较多，有的学者以司法文书为分析对象，如萩原守的《清代蒙古的裁判与裁判文书》[5]，以17世纪末至20世纪初清朝对蒙古实施的刑事裁判制度

---

〔1〕 2009年蒙古学者洪台吉·巴·巴雅尔赛汉、哈塔斤·巴·巴图巴雅尔和中国学者乌云毕力格主编的《喀尔喀法规（文本研究）》一书，对现藏于蒙古的三种《喀尔喀法规》手抄本进行了整理和文献学研究。

〔2〕［日］萩原守："18世纪喀尔喀的法律变迁"，朋·乌恩译，载《蒙古学资料与情报》1991年第4期。

〔3〕［日］岛田正郎：《清朝蒙古例研究》，创文社1982年版。

〔4〕［日］二木博史等："《喀尔喀济鲁姆》的形成过程"，呼斯勒译，《蒙古的历史与文化蒙古学论集》，内蒙古人民出版社2003年版。

〔5〕［日］萩原守：《清代モンゴルの裁判と裁判文書》，创文社2006年版。

为研究对象，论述了清代蒙古裁判制度的意义和课题、刑事裁判的事例及清代蒙古例的实效性，包括《喀尔喀法典》、蒙古例的变迁、也克沙毕适用的法律、清朝裁判文书的书写形式及来源等。并对一些典型的裁判文书进行了分析，其成果对了解清朝蒙古律及大清律在喀尔喀的施行情况有重要参考价值。

也有学者对清朝蒙古地区的审判方式进行研究，如额定其劳（額定其労）的《清代哈拉沁右翼蒙古的裁判》（《清代ハラチン・モンゴルの右翼旗における裁判》）[1]、《关于针对清代蒙古阿拉善旗的裁判（1）》（《清代モンゴルのアラシャ旗における裁判（1）》）[2]、《关于针对清代蒙古阿拉善旗的裁判（2）》（《清代モンゴルのアラシャ旗における裁判（2）》）[3]、《关于针对清代蒙古阿拉善旗的裁判（3・完）》（《清代モンゴルのアラシャ旗における裁判（3・完）》）[4]。

此外，萩原守在《清代蒙古的刑事审判事例》[5]一文中，对刑事审判中清朝"蒙古例"的实效性及《大清律例》的位置，实施刑事审判的方法，盟、旗作为审判、行政机构具备的职能三个方面进行了研究。《（论说）清代蒙古的沙比的法律的适用：大活佛

---

〔1〕［日］額定其労："清代ハラチン・モンゴルの右翼旗における裁判"，载《東北アジア研究》2012年2月。

〔2〕［日］額定其労："清代モンゴルのアラシャ旗における裁判（1）"，载《法学論叢》2011年10月。

〔3〕［日］額定其労："清代モンゴルのアラシャ旗における裁判（2）"，载《法学論叢》2011年11月。

〔4〕［日］額定其労："清代モンゴルのアラシャ旗における裁判（3・完）"，载《法学論叢》2011年12月。

〔5〕［日］萩原守："清代蒙古的刑事审判事例"，哈刺古纳译，载《蒙古学资料与情报》1991年第3期。

的领民及刑事审判》(《〈論説〉清代モンゴルのイフシャビに対する法律の適用：大活仏の领民と刑事裁判》)[1] 通过分析清末发生的三起也克沙毕刑事案件，初步确定判决所使用的法律，证明除《喀尔喀吉鲁姆》以外，清朝的《蒙古律例》和《大清律例》在清末也有效，且《喀尔喀吉鲁姆》之判例集《乌兰哈齐尔特》在清朝灭亡之际仍保持其判例效力。

3. 研究清代蒙古地区刑罚

关于清朝蒙古地区刑罚的研究，主要有岛田正郎（岛田正郎）的《蒙古法中刑罚的变迁》。[2] 岛田正郎认为，因俄国的影响，清朝开始改变对蒙古的政策，在蒙古地区实施“移民实边”的政策，奖励到蒙地垦荒的汉人。随着汉人大量来到蒙地，蒙汉之间的纠纷日益增多。从均衡的角度来讲，这促使了蒙古民族对原有的罚畜刑进行变革。蒙古地区刑罚开始由过去的罚畜刑，逐渐接收《大清律例》所规定的实刑。很多原处罚畜的犯罪，开始科以实刑。还有就是蒙古平民百姓的贫穷化，拿不出家畜充罚，也促成蒙古地区由罚畜刑向实刑转变。

根据清代蒙古地区的统治政策、相关立法及司法制度等方面的研究，结合具体的案件，分析《大清律例》《蒙古律例》《喀尔喀法规》等在蒙古地区的具体适用情形。通过不同时期的立法比较、民族政策及当时的案例裁判过程，进一步厘清蒙古地区不同时期和

---

〔1〕［日］萩原守：“《論説》清代モンゴルのイフシャビに対する法律の適用：大活仏の领民と刑事裁判”，载《史林》2001 年第 4 期。

〔2〕［日］岛田正郎：“蒙古法中刑罚的变迁”，潘昌龙译，载《蒙古学资料与情报》1991 年第 2 期。

不同盟旗的法律适用情形。

四、文献说明及主要参考文献

在文献的使用上，一方面是文献的收集，另一方面就是文献的使用，把收集到的资料串联起来加以系统运用。当然，应用得恰当、合理还是非常困难的。正如梁治平所说，如何恰如其分的使用史料，并不是说将各种史料予以罗列，通过对史料的排比，使史料互证，最终得出一个在逻辑上合理的结论。真正的史料分析，应当是选择明晰有力的概念，加之运用于材料，从而直接探明事物特性、术语及分析方法。[1] 使用的史料主要包括法典、史书等内容，因涉及蒙古地区的史料很多都是蒙文，正式汉文版并没有，因此，这部分资料多是一些著作中作者将其主要内容翻译为汉文，如潘世宪《蒙古民族地方法制史概要》一书中有《喀尔喀法典》的译文，达力扎布的《〈喀尔喀法规〉汉译及研究》中的译文等。在分析具体案件时会涉及各部法典的适用，论文在整理现存版本的基础上，结合考察各版本中相关条款的制定时间，论证具体案件的裁判情况。

（一）《蒙古律例》

《蒙古律例》进行过多次修订，现在流传版本很多。最早的是康熙六年（1667 年）版，康熙六年版的《蒙古律例》由第一历史档案馆李保文翻译成汉文版。还有就是康熙三十五年（1696 年）版，该版本是蒙古国国立中央图书馆藏蒙文版，该版本由中央民族大学教授达力扎布汉翻译。乾隆年间的版本有：乾隆三十一年

---

〔1〕 梁治平：《清代习惯法》，广西师范大学出版社 2015 年版，第 47 页。

(1766 年) 版、乾隆三十九年 (1774 年) 版、乾隆五十四年 (1789 年) 版。乾隆三十一年 (1766 年) 版，是全国图书文献缩微复制中心的清代蒙古史料合辑第一辑，根据其条文所记载的时间及乾隆三十一年修订过《蒙古律例》的事实，推定此版本为乾隆三十一年刻本，中国社会科学院编排的《中国珍稀法律典籍集成》丙编第二册中所收录的正是此版本。乾隆五十四年版，是台湾成文出版社影印的《中国方志丛书》中的塞北地方第三八号。

此外，台湾广文书局 1972 年出版的史料四编中，有一版《蒙古律例》，但该版《蒙古律例》与嘉庆年间的《理藩院则例》内容一致，也就是说，这一版本的《蒙古律例》，其实是嘉庆年间的制定的《理藩院则例》。现在看到的《蒙古律例》是乾隆时期经过几次修订后，于乾隆五十四年 (1789 年) 颁行的，该版本的条文已达 209 条。

《蒙古律例》现存版本较多，这些版本主要藏于学校：一是乾隆殿本，藏于北京图书馆和日本京都大学文学部，其所收藏的律例，最晚为乾隆三十九年 (1774 年) 例，墨笔所补最早者为乾隆四十年 (1775 年) 例。二是乾隆刊本，藏于台湾地区研究院历史语言研究所傅斯年图书馆和日本东京大学附属东洋文化研究所，所收律例最晚为乾隆五十四年例。“根据其内容和其他有关文献的记载，可以断定，此本即是乾隆五十四年修订本，是《蒙古律例》正文部分的最后完成本。”[1] 三是嘉庆刊本，藏于中国中央民族大学图书馆处，正文和乾隆刊本完全相同，还附有增订则例二十三条，

〔1〕 刘海年、杨一凡主编:《中国珍稀法律典籍集成》(丙编第二册)，郑秦、田涛点校，科学出版社 1994 年版，第 3 页。

最晚的是嘉庆十九年（1814 年）例。四是嘉庆抄本，藏于日本东京大学附属东洋文化研究所，最晚的条文出现于乾隆二十八年（1763 年）。五是国学文库本。此本为文渊阁书庄于民国二十五年（1936 年）据嘉庆刻本重排的铅印本。乾隆殿本在早期版本中比较有代表性，比较清楚地反映了《蒙古律例》在乾隆三十九年（1774 年）以后的变化情况，其共计 189 条。《中国珍稀法律典籍集成》一书中收集的个别地方参照嘉庆刻本作了补订。嘉庆年间刊本共计 232 条。

梁赞诺夫斯基在其《蒙古法的基本原理》一书中提到康熙帝曾于康熙三十五年（1696 年）颁布针对蒙古地区的特别法，他所说的就是康熙三十五年的《蒙古律例》。"它是于 1629 年到 1695 年间清朝皇帝颁发的有关蒙古的法规集成，于 1696 年由康熙帝最后改订颁发的，共 152 条。这些记录的年代顺序为：太宗时代，1627 年—1644 年；顺治时代，1644 年—1662 年；康熙时代，1666 年、1668 年、1672 年、1676 年、1687 年、1690 年、1691 年、1695 年。"[1] 对于梁赞诺夫斯基所提到的 1696 年版的特别法，乌力吉陶格套认为可以推断梁氏提到的写本应该是康熙三十五年第三次颁发的《蒙古律书》，但目前仍无法得知其详细具体情况。

在研究清代蒙古地区适用《蒙古律例》的情形时，主要依据的是《中国珍稀法律典籍集成》所收录的版本、李保文汉译的康熙六年（1667 年）的《蒙古律书》、达力扎布所译的康熙三十五年的《蒙古律例》、《清会典事例》及《清会典》中理藩院部分的刑例。

---

〔1〕 转引自乌力吉陶格套："清朝对蒙古的立法概述"，载齐木德道尔吉主编：《蒙古史研究》（第七辑），内蒙古大学出版社 2003 年版。

在分析具体案例时，根据案件发生的时期，适用该时期有效的《蒙古律例》的条款。

（二）《理藩院则例》

《理藩院则例》始修于嘉庆十六年（1811 年）四月，汉文本于嘉庆二十年（1815 年）十二月刊刻样本。满文、蒙古文本于嘉庆二十三年（1818 年）十二月刊刻样本，并于第二年在蒙古地区发行。乾隆内府抄本《理藩院则例》与嘉庆朝的《理藩院则例》不同。乾隆内府抄本《理藩院则例》是理藩院在处理蒙古事务时，由有关人员对顺治以来颁布的零散蒙古例和大臣所奏稿案进行收集整理而成的。赵云田认为“乾隆内府抄本《理藩院则例》”是一个稿案本，而且是乾隆朝《大清会典》理藩院部分事例的辑录。[1] 达力扎布认为，“乾隆内府抄本《理藩院则例》”确实不是《理藩院则例》的稿本，而是乾隆朝《大清会典事例》《理藩院则例》编纂过程中的未刊本。[2] 嘉庆十六年（1811 年），理藩院第一次按清代各部院衙门纂修《则例》的形式，开馆修纂《理藩院则例》；嘉庆二十年（1815 年），《理藩院则例》汉文本修成；嘉庆二十四年（1819 年），满文、蒙文本《理藩院则例》刊刻发往“蒙古各部落、新疆等处”。嘉庆二十年至嘉庆二十四年期间，将旧例加上新增则例颁发，以备急用。道光年间修订时也采用同样的应急措施。

在研究相关案例适用法律规定时，参照杨选第、金峰点校的

---

〔1〕 赵云田：“关于乾隆朝内府抄本《理藩院则例》”，载《清史研究》2012 年第 4 期。

〔2〕 达力扎布：“《蒙古律例》及其与《理藩院则例》的关系”，载《清史研究》2003 年第 4 期。

《理藩院则例》，同时结合嘉庆朝《清会典事例》等分析案件适用法律的情形。

（三）《阿拉善律例》

阿拉善和硕特额鲁特蒙古第四任札萨克玛哈巴拉亲王，于道光元年（1821 年）作为定例立档留存蒙文档案中的律例。《阿拉善蒙古律例》全称为《内蒙古自治区巴彦淖尔盟阿拉善旗清代单行法规及民刑案件判例摘译》，学界都把它简称《阿拉善蒙古律例》。《阿拉善律例》是从阿拉善衙门蒙文档案中摘选的一部分，由全国人民代表大会民族委员会组织的“内蒙·东北少数民族社会历史调查组”中的朱风、额尔德木图二位学者将有关法律文件汉译，并将之命名为《内蒙古自治区巴彦淖尔盟阿拉善旗清代单行法规及民刑案件判例摘译》编印出版。

本文所使用的《阿拉善律例》系朱风、额尔德木图两位学者所译的版本，目前也没有其他的汉译版。

（四）《喀尔喀法规》

《喀尔喀法规》又称《喀尔喀法典》《喀尔喀律令》，是由三和硕（即土谢图、车臣、札萨克图三部）喀尔喀蒙古王公所制定的系列法典，亦称《三和硕大典》《三旗大法典》《喀尔喀吉姆》。该法典旧抄本保存在恰克图附近伊热郭勒河边的善造图巴衙门里。1914 年，札穆萨纳诺抄了一个钞本，送到彼得堡科学院东方博物馆，与图尔诺夫合作，于 1923 年发表俄译本。戈尔斯通斯基、札穆萨纳诺夫及梁赞诺夫斯基都有俄译本。符拉吉米尔佐夫的《蒙古社会制度史》一书中大量引用了《喀尔喀法规》的条款。现今所传的《喀尔喀法规》已不是一个单一的法典，而是自康熙四十八年

(1709年）的《三和硕大法典》开始，直到乾隆三十五年（1770年）为止，喀尔喀法令、判例及解释的法令汇编。该法令汇编世俗方面的规定，前期主要在库伦和土谢图汗部实行，后来只在库伦（今蒙古国乌兰巴托）沙毕纳尔中实施。该法典是在1691年多伦诺尔会盟喀尔喀归顺清朝后，由喀尔喀王公制定。在《喀尔喀法规》之外，喀尔喀蒙古地区还有案例集《乌兰哈其尔图》。《乌兰哈其尔图》收集的是1820—1913年间的案例，这些案例也是沙毕衙门之后审理案件的参考依据。1982年，余大钧将林钦教授整理出版的扎姆察拉诺俄译《喀尔喀法规》转译为汉文，方便国内学者使用。[1] 这是国内《喀尔喀法规》早期的译本。在案例的分析中，以及《喀尔喀法规》与《蒙古律例》的对照比较中，使用的是达力扎布所译的《喀尔喀法规》。

（五）《西宁青海番夷成例》

清代治理西宁青海地区的法规，成书于雍正十一年（1733年），共计68条，由理藩院会同西宁办事大臣从《蒙古律例》中摘选当地居民易犯条款纂成，是研究清代治理青海蒙古族刑事法律的基本材料。《西宁青海番夷成例》的主要法源是蒙藏民族习惯法，其立法的基本原则是《大清律例》的立法指导思想。现保存在中央民族大学图书馆，青海省图书馆也有缩微胶片。道光年间对循化、贵德地方的藏民以及蒙藏民族的关系作了一系列具体规定，并制定了《青海番子事宜八条》《青海蒙古番子事宜六条》等。

---

〔1〕《喀尔喀法典》，余大钧汉译，原载内蒙古大学蒙古史研究所编：《蒙古史研究参考资料》新编第24辑。

（六）《清实录》

《清实录》是清代历朝官修的编年体史料长编，是新皇帝继位后为前一代皇帝修撰。《清季蒙古实录》是邢亦尘先生从《大清朝历朝实录》《大清宣统政纪》两部书中整理出来的，时间跨度为九十余年，是深入研究近百年来蒙古族的重要史料。内蒙古大学蒙古学研究中心先后整理出版了《清朝太祖太宗世祖朝实录蒙古史史料抄——乾隆本康熙本比较》《清朝圣祖朝实录蒙古史史料抄（上、下）》《清朝世宗朝实录蒙古史史料抄》等，为研究清代蒙古地区相关法律提供了极大的便利。

（七）《钦定外藩蒙古回部王公功绩表传》

该功绩表传简称为《蒙古王公表传》，是利用外藩蒙古、回部等少数民族地区官员上报的奏折、抄送的“旗册”、理藩院所藏的外藩蒙古、回部等王公们的“世谱”、内阁大库所藏的“红本”、“实录”撰写而成。详载清入关以来蒙古各部王公归附清朝的经过、封袭建置之原委和在清朝统一过程中所起的作用，是研究清代蒙古史的基本史料之一。《蒙古王公表传》是乾隆四十四年（1779 年），敕国史馆和理藩院为各蒙古札萨克立表传，用满、汉、蒙三体安合缮成帙。乾隆四十七年（1782 年），国史馆祁韵士整理、校核，于乾隆六十年（1795 年）成书。嘉庆七年（1802 年）、道光十六年（1836 年）、道光二十九年（1849 年）三度续修，共 192 卷，由李桓收入《国朝耆献类征初编》之中。然而，其作为“记述性史料”，存在曲笔、杜撰和篡改的现象，这直接影响着其史料价值。[1]

---

〔1〕 额尔敦高娃：“满、蒙、汉三体《王公表传》研究——以喀尔喀札萨克图汗部为中心”，内蒙古大学 2012 年博士学位论文。

所以在使用时，需要结合其他史料。目前，随着清代官私史料被整理出版、内廷各种文字的历史档案的公开及部分重要档案的整理出版，学界对《蒙古王公表传》的研究日益深入。在写作的过程中，结合《蒙古王公表传》及其相关研究，并辅以其他相关史料，对案件进行综合分析论证。

（八）《蒙古—卫拉特法典》

该法典是崇德五年仲秋（1640年9月）漠北蒙古和漠西蒙古四十位封建领主，在塔尔巴哈台召开会议时制定的，总计121条，目的是加强各部之间的团结。而此次集会是在准噶尔巴图汗影响下，确立的新联盟，目的在于实现准噶尔各部、漠北蒙古、青海蒙古及俄罗斯的蒙古各部落之间的蒙古内部和平。[1]《卫拉特法典》最初用回鹘式蒙古文写成，后转写为托忒文，各国蒙古学学者对其进行整理并发表，差异较大。目前，中文版本有中国社会科学院罗致平先翻译的戈尔通斯基的俄译本，共121条；[2] 还有马大正、邵建东翻译、帕拉斯所著的《内陆亚洲厄鲁特历史资料》，该书中含有《卫拉特法典》的译文。论文在涉及引用《卫拉特法典》条文时，主要参考以上两个版本。

五、相关概念说明

（一）漠北蒙古

漠北蒙古东自黑龙江，西至阿尔泰金山，南接瀚海与内蒙古相

---

〔1〕［俄］V. A. 梁赞诺夫斯基：“卫拉特和喀尔喀蒙古法律概述”，达力扎布译，载达力扎布主编：《中国边疆民族研究》（第七辑），中央民族大学出版社2013年版，第341页。为简洁表述，文中将《蒙古—卫拉特法典》称为《卫拉特法典》。

〔2〕戈尔通斯基1880年发表了《卫拉特法典》俄文译本，依据的是卡尔梅克人科斯坚科夫的《卫拉特法典》的副本，史料价值很高。

连，北壤俄罗斯，与分三部；土谢图汗部居中、车臣汗部居东，札萨克图汗部居西，与额鲁特部为邻[1]，亦称外喀尔喀。其中，土谢图汗部、车臣汗部为左翼，札萨克图汗部为右翼。三部都是达延汗后裔，但互不统属。天聪九年（1635 年），原被奉为漠南蒙古诸部宗主的林丹汗病逝，其嗣子额哲率其残部属众归降清朝。漠北喀尔喀车臣汗首领闻讯后，即遣使赴清要求通贡。[2] 皇太极遣大臣到漠北喀尔喀蒙古车臣汗部，敕谕："今蒙古国主察哈尔汗之子，见在朕［皆抚养/掌握间］，尔喀尔喀当念尔主既在我国，即应归顺，以安其［生/主］"。[3]崇德三年（1638 年），清朝要求喀尔喀三汗每年向清朝贡白驼一、白马八，即"九白之贡"。鉴于此，喀尔喀试图与卫拉特蒙古共同抵制清朝，并于崇德五年（1640 年）在塔尔巴哈台举行会盟，制定《卫拉特法典》。顺治三年（1646 年），漠南蒙古苏尼特部腾机思受到喀尔喀蒙古的策反，逃入喀尔喀蒙古。清朝出兵征讨，喀尔喀军队与清军发生战争，喀尔喀联军战败。但清军长途跋涉，想要占领喀尔喀全境并不容易，清军便班师回朝。[4] 土谢图汗部、车臣汗部遣使谢罪，喀尔喀左翼与清朝的关系随之缓解。顺治十二年（1655 年），清朝在喀尔喀设左右翼八札萨克，并题准八札萨克进"九白之贡"。顺治十四年（1657

---

〔1〕 金海、齐木德道尔吉等：《清代蒙古志》，内蒙古人民出版社 2000 年版，第 5 页。

〔2〕 天聪九年（1635 年）四月，察哈尔降人向后金转交了喀尔喀车臣汗、土谢图汗和乌朱穆秦部塞臣济农等三人名义写给天聪汗的信，表示愿意与后金和好。

〔3〕（清）官修：《清太宗实录》卷 42，崇德三年七月丁卯条。齐木德道尔吉、巴根那编：《清朝太祖太宗世祖朝实录蒙古史史料抄——乾隆本康熙本比较》，内蒙古大学出版社 2001 年版，第 465 页。

〔4〕 黑龙、海纯良："喀尔喀蒙古附清考述"，载《满族研究》2008 年第 3 期。

年）右翼札萨克图汗部遣使来朝，顺治十六年（1659 年）执行八札萨克制度。虽然，清朝在喀尔喀蒙古地区设立八札萨克，但对喀尔喀内外事务并没有过多干涉。喀尔喀蒙古仍处于独立的地位，没有归附清代。也就是说，八札萨克的设立并没有改变喀尔喀蒙古的独立地位。[1] 之后喀尔喀内讧，清朝借助达赖喇嘛进行调解，在各方配合下，康熙二十五年（1686 年），喀尔喀众多封建主在库伦勒齐尔地方举行盛大会盟，会盟期间一共受理了 500 件诉讼。康熙二十七年（1688 年），土谢图汗、哲布尊丹巴向清朝提交请降书，清朝派人赴讯界，赐牧安置。由于喀尔喀地区当时社会秩序较为混乱，清朝分编佐领，增选新札萨克，保留喀尔喀贵族原名号。喀尔喀王公在喀尔喀蒙古地区仍有实际管理的权力。会盟时，清朝对喀尔喀蒙古表示明令禁止劫掠盗窃，如有违反此禁令的，照内地律例正法。[2] 但此时虽喀尔喀土谢图汗、哲布尊丹巴呼图克图等代表人物归顺清朝，噶尔丹仍占领喀尔喀，清朝并没有对喀尔喀蒙古实现真正的统治。

康熙三十年（1691 年），康熙发布谕令，决定会盟，即多伦会盟。多伦会盟后，喀尔喀完全归属清朝。康熙帝召集土谢图汗、哲布尊丹巴等喀尔喀三部贵族，“自今以往，尔等体朕爱养之恩，各守法度，力行恭顺。如此，则尔等生计渐番，福及子孙，世世被泽。若违法妄行，则尔等生计既坏，且国法具在，凡事必依所犯之

〔1〕 黑龙、海纯良：“喀尔喀蒙古附清考述”，载《满族研究》2008 年第 3 期。

〔2〕 参见（清）温达等撰：《亲征平定朔漠方略》，中国藏学出版社 1994 年版，第 112 页。

法治罪”。[1] 至此，喀尔喀蒙古成为清朝的外藩，清朝制定的法律开始适用于喀尔喀蒙古地区。康熙三十五年（1696年），康熙亲征噶尔丹，歼灭了噶尔丹主力，之后又连续两次亲征，对噶尔丹进行了大规模的战略包围，使噶尔丹内交外困，于康熙三十六年（1697年）病逝。至此，准噶尔对喀尔喀的长达十年的统治也结束。漠南蒙古地区的喀尔喀人陆续返回漠北蒙古，清朝到此才算实现了对喀尔喀蒙古的有效管辖。[2]

漠北蒙古归附后，清朝仍保留了漠北蒙古三汗的原有名号。之后，在三汗之下设诺干旗，封授札萨克领之，并在喀尔喀诸旗之上共设四盟，起初盟长由汗担任，后改由清朝任命盟长。诸汗的权力受到极大的限制，与札萨克等同。直到18世纪中期，清朝因准噶尔战争，始终未划定游牧地，主要还是喀尔喀贵族实现统治。乾隆年间，经过撤驿之变，清朝开始设置库伦办事大臣，对漠北蒙古地区的控制加强。

（二）漠西蒙古

漠西卫拉特蒙古由和硕特、准噶尔、杜尔伯特和土尔扈特等部组成，名义上服从于黄金家族血统的和硕特部，但“各统所部，不相属”。[3] 在达延汗以及土默特部俺答汗的打击下，退居杭爱山以西。后和硕特一部游牧青海、西套，是为青海和漠西蒙古各部的

---

〔1〕 齐木德道尔吉等编：《清朝圣祖朝实录蒙古史史料抄（上）》，内蒙古大学出版社2003年版，第542页。

〔2〕 黑龙、海纯良：“喀尔喀蒙古附清考述”，载《满族研究》2008年第3期。

〔3〕 张穆：《蒙古游牧记》，山西人民出版社1991年版，第335页。

起源。[1]

和硕特部见准噶尔部势力增长，向青海、伏尔加地方以及西套蒙古地方移动，除迁往伏尔加地方的部分复归原牧地外，其余都定居在新牧地。康熙十六年（1677 年）后，被噶尔丹打败的和硕特部，组成西套厄鲁特蒙古。康熙二十四年（1685 年）五月，康熙指示议政大臣集议给西套蒙古赐牧、赐敕，赐印等。康熙二十五年（1686 年），巴图尔额尔克济农率部下入见康熙。同年九月，清朝给巴图尔额尔克济农等划定统一牧地，即阿拉善地区，到康熙三十六年（1697 年），西套蒙古正式归附清朝。

乾隆十八年（1753 年），杜尔伯特三车凌率所部，“由准噶尔东乌兰岭乌英齐而行，越旬有九日，至博东齐，遣使驰赴巴颜珠尔克，以降故告”。[2] 清朝任命札萨克十三人，附牧于杜尔伯特的一部分辉特。乾隆二十年（1755 年）二月，清朝出兵准噶尔，同年五月直抵伊犁，格登山战役大获全胜。平定准噶尔后，清朝实行“众建以分其势”的既定政策。随着准噶尔部的平定，厄鲁特诸部向清朝提出回归其旧牧地或移牧准部故地它处的请求。后“和硕特、杜尔伯特、辉特等俱将遣归旧牧”，[3] 杜尔伯特汗车凌又请“以乌兰固木为屯耕地，而游牧于科布多”，[4] 清朝同意并划定游牧地。

---

〔1〕 金海、齐木德道尔吉等：《清代蒙古志》，内蒙古人民出版社 2000 年版，第 5 页。

〔2〕（清）张穆撰：《蒙古游牧记》，张正明、宋举成点校，山西人民出版社 1991 年版，第 317 页。

〔3〕（清）祁韵士：《皇朝藩部要略》（卷十二），文海出版社 1965 版，第 711 页。

〔4〕（清）祁韵士：《皇朝藩部要略》（卷十二），文海出版社 1965 版，第 725 页。

乾隆三十七年（1772 年），渥巴锡汗归附，以属于渥巴锡汗的部众为旧扈特部，编成十三旗；舍棱所属为新土尔扈特部，编成三旗，分地珠勒斯、和博克萨里、库尔喀喇乌苏、晶河四路，后者设于布勒罕河畔地方。[1]

乌梁海族的别支明噶特族及和托辉特族，原附牧于喀尔喀札萨克图汗部，但因企图造反于乾隆三十年（1765 年）被迁移到科布多以北地方，乾隆五十七年（1792 年）设置总管，从此以后即以总管旗隶属于科布多参赞大臣管下。[2]

18 世纪 60 年代开始，遣满洲、索伦、察哈尔、厄鲁特、锡伯丁携眷移驻分得，分别组成“满营”“索伦营”“锡伯营”“察哈尔营”“厄鲁特营”。满洲兵驻惠远、惠宁两城，锡伯、索伦、察哈尔、厄鲁特四营，“分列四境”为伊犁屏蔽。至此，漠西不再仅由卫拉特蒙古人组成。准噶尔战争结束后，准噶尔人陆续返回家园，在清朝的安排下，准噶尔人主要安置于察哈尔营和厄鲁特营。同时，清朝还从甘肃、肃州和安西州等地招募百姓进疆屯田。[3]

（三）漠南蒙古

漠南蒙古亦称东蒙古，在大兴安岭以北、以西山阴地带，包括呼伦贝尔草原直到克鲁伦河下游一带地区。漠南蒙古有成吉思汗诸弟后裔所统阿鲁科尔沁、乌喇特、茂明安、四子、翁牛特、喀喇车里克、伊苏特、阿巴嘎、阿巴哈纳尔等部落。控制西部山西、大同

---

〔1〕（清）张穆撰:《蒙古游牧记》(卷十四、十五)，张正明、宋举成点校，山西人民出版社 1991 版，第 335、358 页。

〔2〕光绪朝《清会典事例三》卷 966，《理藩院 · 疆理》。

〔3〕马汝珩、马大正主编:《清代边疆开发研究》，中国社会科学出版社 1990 年版，第 35 ~ 39 页。

边外归化城和土默川地区的是俺答汗后裔所属土默特部。其中实力最强的是察哈尔部。[1] 接受清朝统治时，漠南各部牧地有的变更、有的未变更。

天命四年（1619 年）以后的十多年里，察哈尔部林丹汗对不尊行他号令的内喀尔喀五部和喀喇、土默特、阿巴哈纳尔，科尔沁等部，多次发动战争，加速了蒙古内部的分裂。努尔哈赤为了彻底瓦解林丹汗的势力，针对蒙古各部的分裂状况，先后把与察哈尔部有隙的科尔沁，内喀尔喀五部争取过来。之后，采用恩威并施的政策，征伐抵抗，奖励归顺，使漠南各部封建主相继来归。天聪八年（1634 年），林丹汗病亡于青海大草滩。第二年，皇太极遣多尔衮率大军西征，追击林丹汗余众，至河套地区尽歼其残部。自此，察哈尔部被彻底击败。过去曾受林丹汗统属的漠南蒙古各部，先后归降后金政权。崇德三年至五年（1638—1640 年），曾为逃避林丹汗的凌压移牧于漠北等的蒙古封建主，得知林丹汗已死，便率其属众纷纷返归原部落牧地。至此，漠南蒙古各部具者归服清朝。[2]

崇德元年（1636 年）四月的盛京会盟，漠南蒙古十六部正式成为清朝的一部分。清朝将漠南蒙古部落编入二十三个旗，加上以前编定的额哲名下察哈尔旗以及喀喇沁一旗和土默特二旗，基本完成了对漠南蒙古的征服。直到清军入关前的 1644 年，已有漠南蒙古二十四部归附清朝，札萨克旗数达三十三个。顺治、康熙年间，随着鄂尔多斯及喀尔喀部落的归附，到康熙九年（1670 年）又增

---

〔1〕 金海、齐木德道尔吉等:《清代蒙古志》，内蒙古人民出版社 2000 年版，第 5 页。

〔2〕 卢明辉:《清代蒙古史》，天津古籍出版社 1990 年版，第 17 ~ 18 页。

至四十九旗，清代漠南蒙古地区设旗历史过程至此结束。[1]“部落二十有五，旗五十有一，并同内八旗。乾隆间，改归化城土默特入山西，仍有部落二十四，旗四十九。其贡道：由山海关者，科尔沁、郭尔罗斯、杜尔伯特、札赉特四部，旗十。由喜峰口者，阿噜科尔沁、札噜特、土默特、喀喇沁、喀尔喀左翼、奈曼、翁牛特、敖汉八部，旗十三。由独石口者……归化城土默特、乌喇特、鄂尔多斯三部，旗十二。是为内札萨克蒙古。”[2]。

（四）清代蒙古法

清代蒙古法主要是指清代针对蒙古地区制定的法律，以及蒙古各盟旗在清朝允许范围内制定的地方性法规。清入关前即开始了对蒙古地区的中央立法活动，入关后对蒙古地区的立法不断加强。清代蒙古法包括针对蒙古地区制定的《蒙古律例》《理藩院则例》，还有《大清律例》和其他全国性立法中纂入的针对蒙古或蒙汉互涉案件及其处理准则的规定。清代蒙古法还包括蒙古地区在清朝允许范围内制定的地方性法规，其中的典型是《喀尔喀法典》以及蒙古各地继续发挥作用的习惯法等。如土尔扈特部归附后，为尊重其习惯，乾隆谕令：“日后伊部众若有盗贼之案，渥巴锡等可沿用其旧法处治，往后天长地久，伊等即熟悉内地之法度，至此始可沿用内地之法惩处案件”。[3] 渥巴锡也于乾隆三十九年（1774 年）正月

---

〔1〕 参见郝维民、齐木德道尔主编：《内蒙古通史纲要》，人民出版社 2006 年版，第 359 页。

〔2〕 赵尔巽等撰：《清史稿 · 内蒙古条》，中华书局 1977 年版，第 2395 ~ 2396 页。

〔3〕 中国第一历史档案馆藏，满文土尔扈特档，乾隆三十六年十月，三全宗，一六九六，四号，乾隆三十六年十月二日。转引自马大正：“渥巴锡论——兼论清朝政府的民族统治政策”，载《边疆与民族——历史断面研考》，黑龙江教育出版社 1993 年版。

颁行防盗法纪六条。

六、研究方法

（一）文献研究法

文献研究法是人们研究历史的基本方法，对资料进行比较，通过史料把握历史现象的本质。利用文献研究的方法，对有关蒙古地区的立法进行梳理，按照制定主体、制定时间，对清代蒙古法从纵向、横向两个方面进行梳理，为之后的案例分析奠定基础。关于司法机构的职能方面，通过查阅《清实录》、《大清会典》、个人传记及案例，分析札萨克、盟长、理藩院、刑部、驻防大臣等参与司法审判的人员在案件审理中的职能及作用。此外，通过对相关文献的查阅，分析影响司法裁判的各种因素，以较为客观的视角描述当时蒙古地区的法律适用情况。

（二）比较分析法

适用于蒙古地区的法律不仅有蒙古法，还有《大清律例》。后者更是起到补充蒙古法适用的作用，尤其随着蒙古地区与中原地区交往日益加深，《大清律例》在调整蒙古地区社会关系上发挥着重要作用。我们可以比较清代对蒙古地区的中央立法与蒙古地区的地方性立法，分析两者之间的关系和相互影响，以及两者在司法实践中的具体适用。

（三）逻辑分析法

通过提出问题解决问题的方式，分析蒙古地区法制的沿革。在此基础上，论证影响蒙古地区法制变革的社会、政治等因素，为之后研究具体案件如何适用法律提供理论依据。清朝制定每一条蒙古地区的法规，都是在综合考量社会现状等因素之后作出的决定。如涉及蒙汉的案件法律适用原则的变化，刑罚方式的改变，涉及偷窃牲畜法规的变化，都是在考量当时的社会情况及对蒙古政策的基础上作出的变化。这种内在逻辑关系的分析，是分析清代蒙古地区法制状况的重要方法。同样，在分析具体案件时，也需要从案件的性质、法律的适用、裁判者的态度、当时的对蒙政策等各个方面进行分析，综合考察司法实践中的法律适用。逻辑分析的方法，是理顺清代蒙古法及其适用的重要途径。

第一章　清代蒙古地区法制的发展沿革

传统的蒙古社会中，不同身份的人享有不同的法律地位，贵族阶层享有较多的法律特权。清代认识到蒙古民族原有的社会结构、法律文化，在统治、管理蒙古地区的过程中，无论是国家民政还是人口管理，都有别于内地。[1] 清代从蒙古诸封建主归附时，就开始对蒙古地区制定相关法律，清太宗及以后历代皇帝都曾对蒙古颁布过法令、政令，理藩院将有关蒙古地区的法律整理编纂，先后颁布《蒙古律书》《蒙古律例》《理藩院则例》，这些法律规范系蒙古地区的特别法。清代秉持“因地制宜”“因俗而治”的多元化统治方式，将蒙古民族的习惯法吸收进来，制定了适合蒙古民族的法律

〔1〕 参见金海、齐木德道尔吉、胡日查、哈斯巴根：《清代蒙古志》，内蒙古大学出版社2010年版，第241～246页。王公入世谱，平民入丁册，喇嘛入度牒，而均不属于一般的“编记齐民”。进入蒙地的非蒙旗籍人，被称为民人。而随公主下嫁或世代为王公贵族充当工匠、仆役的汉族或其他各族人，只要纳入旗籍，成为蒙旗庄丁、陵丁，其社会身份就变成了蒙古人。分为王公贵族、宗教僧侣、阿勒巴图、哈木济勒噶、沙比那尔和奴仆。贵族在法律上享有特权，与平民以下人不同，他们受审不受拷打，免除宣誓义务，判决要经理藩院裁决。宗教僧侣也分为贵族、平民和奴隶三种身份。阿勒巴图，是蒙旗最广大平民、个体牧民或农民。哈木济勒噶是按清朝制度选拔给王公贵族或旗官，供其役使的箭丁。沙比那尔是隶属于寺庙、活佛的人户，专门为寺庙承担牧业生产和各种赋役征派。奴仆是清代蒙古社会中残存着的奴隶阶层，人数不多。

规范。国内外研究清代蒙古地区立法的学者很多，《蒙古律例》、《理藩院则例》等法律规范的版本、制定年限等都有涉及，研究成果颇多。如日本学者岛田正郎，通过对清代“蒙古例”各条文的精细研究，详细地论证了各条文发布的年代及其时代变迁。

清代除对蒙古地区进行中央立法外，还保留、继续适用各部蒙古原有习惯法。这些被保留下来的习惯法，有的被吸收到《蒙古律例》、《理藩院则例》；有的得到清朝的默许，继续适用于该蒙古地区；有的被整理为成文法，如《喀尔喀法规》。目前，学界对《喀尔喀法规》的研究成果，主要是中央民族大学达力扎布对《喀尔喀法规》版本、内容、实施情况的研究。本章主要梳理《蒙古律例》、《理藩院则例》、《大清律例》“化外人有犯”条、《喀尔喀法规》及其他仍适用于蒙古地区的习惯法。

第一节　清代对蒙古地区的中央立法

清先后征服漠南、漠北、漠西蒙古各部。征服漠南蒙古历经半个世纪，天聪年间，嫩科尔沁、杜尔伯特、扎赖特、郭尔罗斯、敖汉等部落被降服。崇德年间鄂尔多斯、乌珠穆沁、苏尼特部相继来归。康熙二十七年（1688 年），准噶尔噶尔丹硕克图汗出兵喀尔喀，喀尔喀左翼土谢图汗察珲多尔济和宗教领袖哲布尊巴呼图克图率众南下投靠清朝。乾隆二十二年（1757 年），乾隆帝征讨准噶尔部，自二十三年到二十五年，历时三年，方才最终平定。历经一百多年，漠南、漠北、漠西蒙古相继归附，清代对蒙古地区的立法也从简单的政令发展为成熟的地方性法规。随着清代对蒙古地区统治与管理的加强，其对蒙古地区的立法，逐渐融合蒙古游牧民族的草原文化与中原的传统法律文化，对蒙古地区的社会生活产生了重要的影响。通过对清代针对蒙古地区立法的研究，可以发现，清代有效的“因俗而治”“因地制宜”的政策，在管理与治理多元化社会方面，提供了很多经验。本章，旨在研究清代不同时期的立法及其法律变迁，为之后蒙古地区的法律适用提供准确的法律适用原则及依据。

一、清入关前对归附蒙古各部的立法

清入关前，漠南蒙古各部先后归附后金政权。后金对蒙古的立法活动从个别部落逐步推广到整个漠南蒙古。清太祖努尔哈赤、清太宗皇太极对蒙古采取“顺者以德服，逆者以兵临”的策略。天聪二年（1628 年）九月，皇太极对蒙古科尔沁、喀喇沁、敖汉、扎鲁特、奈曼、巴林等部颁布禁令，“闻各处来降者，尔等每要杀之，甚非我抚恤流离，同仁一视之意”。之后新降的人，如果各贝勒“明知而杀者”，为该贝勒“十户”；如贝勒并不知情的，系小民擅自劫杀新降之人的，该小民抵死，其妻子籍没为奴。“［傍/旁］人举首者，即将［举/出］首之人，留养内地，尔诸国［于各边界/周围］遍置哨卒，违者罚牛五,（如）哨平有不听遣者，罚牛一。”〔1〕同年十月丙申，敖汉、奈曼、扎鲁特诸贝勒，讨论“申定法令”之事。杨强在《清代蒙古法制变迁研究》一书中指出，这

〔1〕《清太宗实录》卷 4，天聪二年十月丙申条。齐木德道尔吉、巴根那编：《清朝太祖太宗世祖朝实录蒙古史史料抄——乾隆本康熙本比较》，内蒙古大学出版社 2001 年版，第 133 页。

是后金“针对蒙古诸部颁布的具有具体内容的最早法令”。[1] 皇太极颁布这一禁令，是因当时蒙古人达敏杀了察哈尔率部来投降的人，意在惩处散漫的蒙古诸部，通过颁布法令的形式，加强后金对蒙古地区的统治。

之后皇太极多次对漠南蒙古颁布法令。天聪三年（1629 年），皇太极以后金与漠南蒙古盟主的身份，向已归顺的蒙古诸部发布法令。“凡遇出师期约，宜各踊跃争赴”，大家同心协力，共同争讨，我方官兵如出征察哈尔的，“凡管［旗/固山］事务诸贝勒”，年十三岁以上、七十岁以下的，都应当出征。如违令不出征的，“罚马百（匹）、驼十（只）”。或虽出征，但有迟延三日不到的，“罚马十（匹）”。“我［军/兵］入敌境，以至出境，有不至者罚马百（匹）驼十（只）。”如果清军征讨明朝的，“每［旗/固山］大贝勒各一员，台吉各二员，以精兵（一）百人从征，违者（大固山）罚马千（匹），驼百（只）。迟三日不至约会之地者，罚马十（匹）。我［军/兵］入敌境，以至出境，有不至者，罚马千（匹），驼百（只），于相约［之地/地方］［辄行掳掠/先行抢夺］者，罚马百（匹），驼十（只）”。[2] 该法令出于军事上的目的，仅涉及约束漠南蒙古出兵的内容。同年十一月，皇太极闻罗文峪等地汉人为蒙古人“扰害”，传谕曰：“朕与贝勒等会师征明，志在绥定安辑之也，归降之地即我地土，归降之民人即我民人。凡贝勒大臣有掠

〔1〕 杨强：《清代蒙古法制变迁研究》，中国政法大学出版社 2010 年版，第 40 页。

〔2〕《清太宗实录》卷 5，天聪三年三月丁巳条。齐木德道尔吉、巴根那编：《清朝太祖太宗世祖朝实录蒙古史史料抄——乾隆本康熙本比较》，内蒙古大学出版社 2001 年版，第 140 页。

归降地方财物者，[杀无赦/斩]，擅杀降民者抵罪，强取民物者，计所取之数，[赔偿其主/赔偿本主]。朕方招徕人民，而诸贝勒大臣辄敢横行，扰害民人，[是/此人] 与鬼蜮无异，[此而不诛，将何以惩/不杀何为]。"[1] 对掠夺归附地方降民财物的人，"杀无赦"。此时，后金尚未入关，又与明军长期交战，为稳定新归附地区，立法较严，所谓"乱世用重典"。

天聪五年（1631年）开始征讨察哈尔，第二年，征服了察哈尔、土默特大部分地方。天聪七年（1633年）八月，皇太极"派国舅阿什达尔汉等颁钦定法律于科尔沁国土谢图济农"[2]，十月"遣使外藩蒙古各部，宣布法令"。[3] 天聪八年（1634年），借蒙古各部朝贺元旦之机，进一步提出"不遵我国制度者，俱罪之"。[4] 皇太极认为蒙古各部涣散无法度，为其制定各项法律制度，并"召集外藩蒙古贝勒，谕之曰，尔蒙古诸部落，向因法制未备，陋习不除，今与诸贝勒约，禁其陋习，令遵我国定制"。[5] 这时的立法，以蒙古族的习惯法为主要内容，罚畜刑为主要刑罚方

---

〔1〕《清太宗实录》卷5，天聪三年十一月乙酉条。齐木德道尔吉、巴根那编：《清朝太祖太宗世祖朝实录蒙古史史料抄——乾隆本康熙本比较》，内蒙古大学出版社2001年版，第150页。

〔2〕《清太宗实录》卷15，天聪七年八月癸酉条。齐木德道尔吉、巴根那编：《清朝太祖太宗世祖朝实录蒙古史史料抄——乾隆本康熙本比较》，内蒙古大学出版社2001年版，第247页。

〔3〕赵尔巽等撰：《清史稿·本纪第二》，中华书局1977年版，第42页。

〔4〕《清太宗实录》卷17，天聪八年正月庚寅条。齐木德道尔吉、巴根那编：《清朝太祖太宗世祖朝实录蒙古史史料抄——乾隆本康熙本比较》，内蒙古大学出版社2001年版，第259页。

〔5〕《清太宗实录》卷17，天聪八年正月庚寅条。齐木德道尔吉、巴根那编：《清朝太祖太宗世祖朝实录蒙古史史料抄——乾隆本康熙本比较》，内蒙古大学出版社2001年版，第258页。

式。“凡夺人妇配他人者，罚驼马五十，其纳妇者，罚七九之数给原夫。如部长不察治，亦罚驼五、马五十。”[1] 蒙古族创造的游牧民族的草原法制文明，在《大札撒》中得到了充分的体现，其主要内容也在发生着重大的变化[2]。并非皇太极所言“蒙古各部涣散无法度”，而是出于加强蒙古地区管理，树立后金威信的政治目的。

天聪九年（1635 年），内蒙古十六部四十九王公集会，承认清帝继承蒙古可汗大统，奉上“博克图彻辰汗”尊号。归顺的各部为表现忠诚，“遵守清朝的各种制度，严格执行法律、军律”。[3] 同年二月，编内外喀喇沁蒙古壮丁，“凡编丁自年六十以下，十八以上，有隐匿者，事发治罪，其十家之长罚马二，其疲癃残疾者勿与，著为令”。[4] 随着后金征服的地域越来越广，满人、蒙古人、汉人之间的冲突开始多起来，皇太极认为“于满洲、蒙古、汉人不分新旧，视之如一。凡人有斗殴之事，[既经控诉/原告被告]，宜听法司公断审结。闻汉人与满洲、蒙古斗殴，[各相袒庇/同类各相帮助]，是不遵国法而 [妄/乱] 行也。犯者必重惩之”。[5] 对不同民族之间的纠纷，制定了相应的处理原则。这时期的立法，因清尚

[1] 包文汉整理:《清朝藩部要略稿本》，黑龙江教育出版社 1997 年版，第 11 页。

[2] 那仁朝格图:“13～19 世纪蒙古法制的兴衰”，载《中国社会科学报》2016 年第 2 期。“北元时期法制的一大特点是‘杀人偿命’的法律原则会被淡化，取而代之的是有游牧社会经济生活特色的‘罚畜’刑在刑罚领域被广泛使用。”

[3] [日] 田山茂:《清代蒙古社会制度》，潘世宪译，内蒙古人民出版社 2015 年版，第 61 页。

[4] 包文汉整理:《清朝藩部要略稿本》，黑龙江教育出版社 1997 年版，第 14～15 页。

[5]《清太宗实录》卷 24，天聪九年七月癸酉条。齐木德道尔吉、巴根那编:《清朝太祖太宗世祖朝实录蒙古史史料抄——乾隆本康熙本比较》，内蒙古大学出版社 2001 年版，第 337 页。

未入关，处于征伐状态，对新归附的部落，以制定军律为主，并对盗贼等犯罪严惩，以及维持新征服或归附地区的稳定。清没有进行系统的立法活动，多是零散的法令。对于这些立法，部分学者认为是《清史稿》中所记载的《盛京定例》。据《清史稿》记载，“清太祖嗣服之初，始定国政，禁悖乱，戢盗贼，法制以立。太宗继武，于天聪七年，遣国舅阿什达尔汉等往外藩蒙古诸国宣布钦定法令，时所谓‘盛京定例’是也。嗣复陆续著有治罪条文，然皆因时立制，不尽垂诸久远”。[1]

关于这些向外藩蒙古宣布的法令，是否单独适用于外藩蒙古，是否应当称为《盛京定例》，日本学者岛田正郎[2]认为，天聪八年（1634 年）皇太极下令改称明代“沈阳卫”为“盛京”。《盛京定例》可能是确定“盛京”这个名称之后的某个时期为了使用方便，而把沈阳时代以来曾经在那里颁布的各项法令编集成册而称为《盛京定例》。这些法令不仅包括针对蒙古各部颁发的法令，也应包括后金国内部发布的各项法令。徐晓光认为“‘盛京定例’决非仅是某个单一的蒙古例，而是天聪年间，皇太极对漠南蒙古颁布蒙古例的汇编，由于内容较多，各文献在取材时多各取所需，《清实录》摘取最具代表性的天聪七年（1633 年）例，是可以理解的，另外，从天聪年间制定的《八旗战时罚约》和《蒙古出征违令罚约》看，内容也多与以上所举蒙古例相仿，属于军事法律方面蒙古例的汇编，这说明后金在天聪年间，已经开始从习惯法向成文法过渡，将

〔1〕 赵尔巽等撰：《清史稿·刑法志》，中华书局 1977 年版，第 4181 页。

〔2〕［日］岛田正郎：《清朝蒙古例的研究》，创文社 1982 年版，第 7 页。“天聪七年，遣国舅阿什达尔汉等，往外藩蒙古诸国，宣布钦定法令，时所谓盛京定例是也。”

多年颁布的蒙古例汇编起来，制定成文法，后金政权正是通过颁布蒙古例，对蒙古进行专门立法”。[1]

努尔哈赤建立后金政权后，习惯法是主要的法律形式。皇太极继承汗位后，封建法制开始进入了创建阶段，如天聪五年（1631年）制定了《离主条例》，《崇德会典》中也收集了大量的谕令。后金对国内颁布的成文法令不可能没有明确的记载，更不可能没有关于其内容的相关记载。《清史稿》中记载的是“遣国舅阿什达尔汉等往外藩蒙古诸国宣布钦定法令”，是清代派官员到外藩蒙古颁布由清代对其制定的法律。清代对新归附蒙古，通常会颁布其制定的法令，宣示清代对其的统治权。据《清史稿》记载，皇太极“派国舅阿什达尔汉等颁钦定法律于科尔沁国土谢图济农”。而《清史稿》关于《盛京定例》的记载直接是指对“科尔沁国土谢图济农”颁布的法律。结合后金在天聪七年（1633 年）之前颁布的其他法律亦有一定名称，所以从逻辑上讲，《清史稿》中所指的《盛京定例》，应该是后金对外藩蒙古颁布法令的汇总。

二、《大清律例》“化外人有犯”条的制定及修改

顺治元年（1644 年）五月，多尔衮率清军入关；六月，顺天巡抚柳寅东上疏：“民值离乱之后，心志彷徨。鼎革以来政教未敷，蠢然之民莫知所守，奸恶之辈靡所顾忌。盖闻帝王弼教不废五刑，鞭责不足以威众，明罚所以敕法，宜逐定律令颁示中外。”此时国家初定，法律不明，柳寅东上疏奏请制定法律，多尔衮遂下令，

〔1〕 徐晓光：《清代蒙藏地区法制研究》，四川民族出版社 1996 年版，第 11 页。

"详释明律，集议允当"。[1] 据《清史稿》记载，"世祖顺治元年，摄政睿亲王入关定乱，六月，即令问刑衙门准依《明律》治罪"。[2] 多尔衮入关之后，满族之间的生活环境与中原地区的社会环境不同，其原有法律制度无法得到很好的适用，故依明律。对此，苏亦工认为，并不是清一入关就接受以明律为代表的中原法律体系，而是沿用清朝旧的法制。[3] 但六月十八日，多尔衮下达"准依明律"的上谕后，多位官员在司法实践中多次上书要求按明律的规定治罪。清入关后，也还是遵循以适用明律为主的策略。到顺治二年（1645 年）二月，刑科给侍中孙襄上疏，建议在《大明律》的基础上，结合清代的刑事政策略加删削即可。顺治三年（1646 年），由刑部尚书吴达海等"详释明律，参以国制，增损剂量，期于平允"。[4] 顺治四年（1647 年）三月颁布《大清律》，其内容照抄明律。五月，顺治在《大清律》原序中对《大清律集解附例》的制定予以了肯定。而关于明人之外其他国家的人的法律适用问题，《大明律例》"化外人有犯条"规定："凡化外人犯罪者，

---

〔1〕（清）官修：《清世祖实录》卷5，顺治元年六月甲戌条，

〔2〕赵尔巽等撰：《清史稿·刑法志》，中华书局 1977 年版，第 1852 页。八月，刑科给事中孙襄陈刑法四事，"今法司所遵及胡明律令，科条繁简，情法轻重，当稽往宪，合时宜，斟酌损益，刊定成书，布告中外，俾知画一遵守，庶奸慝不形，风俗移易"。

〔3〕苏亦工："因革与依违——清初法制上的满汉分歧一瞥"，载《清华法学》2014 年第 1 期。据《世祖实录》，清代下达"准依明律"之令在顺治元年（1644 年）六月十八日，六月初九日，多尔衮曾传谕："各衙门应责人犯，悉遵本朝鞭责旧制，不许用杖"。"悉遵本朝鞭责旧制"，指的是清入关前的刑事立法，"不许杖"，则是指不许适用《大明律》的杖刑。也就是说，"准依明律"之令下达的九天之前，清代还要求坚持入关前的法制，禁止沿用明律。

〔4〕赵尔巽等撰：《清史稿·刑法志》，中华书局 1977 年版，第 1852 页。

并依律拟断”。据此，在“化外人有犯”方面，沿用明律的“依律拟断”。

康熙时期，整理开国以来制定的条例274条[1]，于康熙九年(1670年)，由大学士管理刑部尚书喀纳等，会同都察院、大理寺将清律的满、汉文复行校正，并修订刑部条例，称为现行则例。康熙五十四年（1715年）沈之奇的《大清律辑注》中，“凡化外（来降）人犯罪者，并依律拟断”。“化外人”既来归附，即是王民，有罪并依律断，所以示无外也。[2] 对此，乌力吉陶格套认为，清入关前就开始颁“蒙古律”，蒙古人犯罪的应当适用“蒙古律”，而不是“大清律”，所以这时的“化外人有犯”条，只是对唐明以来“化外人有犯”原则的沿袭。[3] 此时的“化外人有犯”条是指全部“化外人”，虽然蒙古地区有《蒙古律例》，但《大清律例》“化外人有犯”条是总的适用原则，也就是说，在《蒙古律例》没有规定时，适用《大清律例》的规定。

雍正三年（1725年）的《大清律集解附例》，关于“化外人有犯”的规定，化外人犯罪依刑律审断，该条在原律文后增入“隶理藩院者，仍照原蒙古例”。《大清律例》规定，“隶理藩院者”，仍适用“蒙古例”，而非另行适用其他法律。在“化外人”归附清朝并归理藩院管辖的蒙古各部的案件，要按“蒙古例”办理。这里的

---

〔1〕 参见杨一凡、刘笃才:《历代例考》，社会科学文献出版社2012年版，第275页。

〔2〕（清）沈之奇撰:《大清律辑注》，怀效锋、李俊点校，法律出版社2000年版，第102页。

〔3〕 乌力吉陶格套:《清至民国时期蒙古法制研究：以中央政府对蒙古的立法及其演变为线索》，内蒙古大学出版社2007年版，第34页。

"蒙古例"应该是指雍正三年（1725年）以前对蒙古颁发的各项法令、法规的总称，包括《蒙古律书》。乌力吉陶格套认为，这是"化外人有犯"条首次出现了有关蒙古的规定。但事实上，蒙古人案件仍照蒙古例办理，解决的是化外人犯罪均依大清律处理的规定和蒙古人犯罪依大清律的现实之间的矛盾。而对于不归理藩院管辖的"化内人"的八旗蒙古，要适用大清律。[1] 雍正十一年（1733年），在原律文后增加"蒙古案件有送部（指刑部）审理者，即移会理藩院衙门，将通晓蒙古言语司官派出一员，带领通事赴刑部公同审理。除内地八旗蒙古应依律定拟者，会审官不必列衔外；其隶在理藩院应照蒙古例科断者，会审官一体列衔。如朝审案内如遇有蒙古人犯，知会理藩院官到班会审。遇有照蒙古例治罪者，亦一体列衔"。[2] 也就是说，理藩院管辖下的蒙古案件仍照蒙古例，内地八旗蒙古案件依照大清律，刑部受理朝审的有关蒙古案件由刑部与理藩院会审。[3] 而游牧蒙古八旗仍适用《蒙古律例》的规定。[4]

乾隆五年（1740年），修订《大清律例》47卷，日后定期修改，"三年一次纂修，而三年内或酌改无多，不必拘定三年之限，应以五年为期纂修一次"。刑部根据实际情况，上报修乞，并将近

---

〔1〕 乌力吉陶格套：《清至民国时期蒙古法制研究：以中央政府对蒙古的立法及其演变为线索》，内蒙古大学出版社2007年版，第34页。

〔2〕 马健石、杨育棠主编：《大清律例通考校注》，中国政法大学出版社1992年版，第295～296页。

〔3〕 杨强：《清代蒙古法制变迁研究》，中国政法大学出版社2010年版，第32页。

〔4〕（清）会典馆编：《钦定大清会典事例·理藩院》，赵云田点校，中国藏学出版社2007年版，第419页。"国初定：边内人在边外犯罪，依刑部律，边外人在边内犯罪，依蒙古律。八旗游牧蒙古牧厂人等有犯，均依蒙古律治罪。"

几年的上谕等纂为定例。[1]《大清律例》中“化外人有犯”条规定：“凡化外（来降）人犯罪者，并依律拟断”。其所指的“化外人”主要是指满汉民族以外的蒙古等已归附清朝的民族。后在修订《大清律例》的过程中，在“化外人有犯”条之下分别于乾隆八年（1743 年）、乾隆二十六年（1761 年）、道光元年（1820 年）、咸丰三年（1853 年），四次增加有关蒙古的条文。乾隆八年增订“青海蒙古人犯罪条”，规定“青海蒙古人犯死罪应正法者，照旧例在西宁监禁，其偷窃牲畜例应拟绞解京监候之犯，俟部复后解赴甘肃按察使衙门监禁，于秋审时，将该犯情罪入该省招册，咨送三法司查核”。[2]乾隆二十六年（1761 年）七月，据山西按察使索琳奏定例：“蒙古与民人交涉之案，凡遇斗殴，拒捕等事，该地方官与旗员会讯明确，如蒙古在内地犯事者，照刑律办理；如民人在蒙古地方犯事者，即照蒙古律办理”。[3]

---

〔1〕 马健石、杨育棠主编：《大清律例通考校注》，中国政法大学出版社 1992 年版，第 18 页。“今计自乾隆二十六年至三十一年，已届五年之期，理合奏请，将五年以来所奉上谕，以及议准内外臣工条奏应纂为定例者，并加参考，分类编辑，缮写进呈，恭候钦定。再查律例全书自乾隆五年纂修告成以来，迄今二十余载，条例日繁，增改不一。虽每届五年修辑一次，亦止就现定新例信类编入。其从前旧例与新未合，以及辗转比附、文义倒置，应行增添删改之处，积久渐多，引用窒百。臣等节年钦遵圣训，改正条例，曾将缘由奏明在案。今将全书所载条例逐一校对，悉心参酌改正，务归画一。随时缮写黄册，陆续进呈。俟钦定奉旨之日，臣部将续纂新例并二十六年所纂条例，各按门类归入律例全书，附刊于原本各条之后。其改正旧例，亦即于全书内逐一改刊，则翻阅既易，引用不致互歧。至纂修日期，向年编辑新例，俱系定限十个月。今全书所载旧例多有应须改正之处，应请展限四个月，以便悉心参核，俟命下之日，臣部遵照办理。为此谨奏请旨。乾隆三十一年正月十七日奏，本日奉旨：‘知道了’。钦此。”

〔2〕 刘海年、杨一凡主编：《中国珍稀法律典籍集成》（丙编第二册），郑秦、田涛点校，科学出版社 1994 年版，第 744 页。

〔3〕 马健石、杨育棠主编：《大清律例通考校注》，中国政法大学出版社 1992 年版，第 296 页。

三、《蒙古律例》的制定及其修改

崇德八年（1643 年），理藩院奏请对清太宗时期颁布的蒙古法令加以整理，编定《蒙古律书》。后每隔一段时间就对其进行修改，增加一些新例，删去一些不适用的旧例，如嘉庆二十年（1815 年）四月修《理藩院则例》，嘉庆二十三年（1818 年）十二月刊刻样本进呈，于第二年发行到蒙古地区。通常认为《理藩院则例》是《蒙古律例》的续纂、修改，也有学者认为《理藩院则例》与《蒙古律例》内涵不相同，不能把《理藩院则例》看成《蒙古律例》的续编。[1]

（一）《蒙古律书》的制定及修改

崇德元年（1636 年），蒙古衙门官员到察哈尔、喀尔喀、科尔沁诸部落查实户口、编制牛录，审理刑事案件，颁布法律。[2] 蒙古衙门的官员不仅到察哈尔、喀尔喀、科尔沁部落“查户口”，还“审罪犯”，“颁法律”。此时，后金尚未入关，更没有沿用明律，所颁法律应该是后金的法律，内容也主要是关于“奸盗”方面的，旨在维护新归附地区的秩序。崇德二年（1637 年），遣都察院承政国舅阿什达尔汉、蒙古衙门承政塞冷、尼堪等往古尔班察干地方，颁布赦诏，审理刑事案件，会见外藩蒙古亲王、郡王、贝勒，“约会外藩蒙古嫩科尔沁国及亲王、郡王并贝勒等，审理彼国之刑狱，颁

---

〔1〕 赵云田：“《蒙古律例》和《理藩院则例》”，载《清史研究》1995 年第 3 期。

〔2〕《清太宗实录》卷 31，崇德元年十月丁亥条。齐木德道尔吉、巴根那编：《清朝太祖太宗世祖朝实录蒙古史史料抄——乾隆本康熙本比较》，内蒙古大学出版社 2001 年版，第 399 页。

赦诏”。[1] 阿什达尔汉、塞冷、尼堪等到古尔班察干“清理刑狱”，后金已开始实际参与审理该蒙古地区的案件，并颁布“赦诏”。

崇德八年（1643年）颁发《蒙古律书》，其版本及内容目前不得而知。顺治年间，将崇德八年的《蒙古律书》撤回，另行颁发新增减条例。理藩院题：“崇德八年颁给蒙古律书与顺治十四年定例增减不一，应行文外藩王、贝勒等将从前所颁律书撤回，增入现在增减条例颁发。”[2] 达力扎布认为“顺治十四年定例”，“似为顺治朝新定条例，不是颁给蒙古的完整律书”。[3] 可以肯定的是，《蒙古律书》被撤回，代替它的是“新增减条例”，也就是针对蒙古地区新制定的法律。根据《清实录》的记载，崇德八年（1643年）所颁的《蒙古律书》应当是一直适用于蒙古地区，只是到顺治十四年（1657年），关于蒙古地区的立法已有一定数量的增减，也就是说，到“顺治十四年定例”之前，关于蒙古地区的立法增减数量很大，需要撤回《蒙古律书》，重新修订并颁布。但崇德八年《蒙古律书》与“顺治十四年定例”都没有版本流传下来。鉴于《蒙古律书》及“顺治十四年定例”是关于蒙古地区法律的汇编，其内容应当包括《清实录》中所记载的一些条款。清初的《蒙古律例》主要是蒙文版本，至今还没有见到清初的满文和汉文版本的《蒙古律例》。在康熙朝、乾隆朝编纂的《大清会典》以及《大清会典事

〔1〕《清太宗实录》卷37，崇德二年七月癸未条。齐木德道尔吉、巴根那编：《清朝太祖太宗世祖朝实录蒙古史史料抄——乾隆本康熙本比较》，内蒙古大学出版社2001年版，第431页。

〔2〕《清圣祖实录》卷24，康熙六年九月壬寅条。齐木德道尔吉等编：《清朝圣祖朝实录蒙古史史料抄（上）》，内蒙古大学出版社2003年版，第48页。

〔3〕达力扎布：“《蒙古律例》及其与《理藩院则例》的关系”，载《清史研究》2003年第4期。

例》中理藩院部分，可以看到一些汉译的例文，但并不是颁行的汉文版本。[1] 其关于蒙古地区的法律规定是准确的，也真实反映了每条律例制定的时间及其变化。在分析康熙、乾隆朝案件时，引用康熙至乾隆朝编纂的《清会典》和《清会典事例》中理藩院部分的刑例，其真实性、准确性是确定的。《蒙古律书》《顺治十四年定例》的内容，只能从《清会典》和《清会典则例》中的相关记载中的各项条款，了解早期《蒙古律书》的部分内容。

崇德八年（1643 年）之后，涉及蒙古地区的立法范围越来越广。如涉及袭职等方面的规定，顺治八年（1651 年）三月“定袭职”，世职官员身故的，其子可以袭职，如无子的，亲房兄弟可以袭职。[2] 涉及婚姻制度等方面的规定，顺治九年（1652 年），更定婚娶方制。[3] 涉及服色、随从等方面的规定，顺治十年（1653 年）正月，嫩科尔沁和硕土图汗亲王巴达礼等“以其随从人员服色为请”，定外藩蒙古亲王服色、随从。[4]

顺治十四年（1657 年）之后，关于蒙古地区的立法在内容上

---

〔1〕 达力扎布：“《蒙古律例》及其与《理藩院则例》的关系”，载《清史研究》2004 年第 4 期。

〔2〕《清世祖实录》卷 55，顺治八年三月壬辰条。齐木德道尔吉、巴根那编：《清朝太祖太宗世祖朝实录蒙古史史料抄——乾隆本康熙本比较》，内蒙古大学出版社 2001 年版，第 751 页。

〔3〕《清世祖实录》卷 67，顺治九年八月庚子条。齐木德道尔吉、巴根那编：《清朝太祖太宗世祖朝实录蒙古史史料抄——乾隆本康熙本比较》，内蒙古大学出版社 2001 年版，第 769 ~ 776 页。规定和硕亲王及和硕亲王未分家之子婚娶的聘礼，外藩亲王、郡王、札萨克、贝勒、台吉娶和硕亲王女之聘礼等。

〔4〕《清世祖实录》卷 71，顺治十年正月癸巳条。齐木德道尔吉、巴根那编：《清朝太祖太宗世祖朝实录蒙古史史料抄——乾隆本康熙本比较》，内蒙古大学出版社 2001 年版，第 784 页。

更加趋于完善，顺治十五年（1658 年），议定大辟条例。顺治帝“览尔衙门奏章”，发现对死刑重犯的惩治，没有区分具体的犯罪情节，适用同样的刑罚。但“人命所关至重，大辟条例多端，若概为一例，则轻重何辨”，随让议政王、大臣等共同商议，确定具体内容后予以上奏。[1] 同年庚戌，议政王、贝勒、大臣按照顺治帝的谕旨，共同议定理藩院大辟条例。该条例规定，平人与外藩蒙古各贝勒福金通奸的，通奸之福金处斩，通奸之平人处凌迟，平人之兄弟处绞；“外藩蒙古贝子等冢者、截杀来降人众为首者、劫夺死罪犯人为首者、公行抢夺人财物者、与逃人通谋给马遣行者、挟仇行害（放火）烧死人畜者、临阵败走者、故杀人者”等，以上八种犯罪之人都应当处斩；如系“夫［私/杀］其妻者”、偷盗人口及他人牲畜（马牛羊驼）者、误杀他人者，“择本［旗/固山］人令发誓”，如其不发誓的，按照故意杀人的罪刑偿命，以上三种犯死罪之人都处以绞刑；斗殴致人伤重的，受伤之人五十日内死亡的，行殴之人处绞。[2] 经向顺治帝奏请，顺治帝给予肯定。此后，《蒙古律例》中增加了此条内容。通过与李保田翻译的康熙六年（1667 年）《蒙古律书》对比可见，以上内容均在《律书》中有所体现。根据康熙朝《大清会典》中涉及理藩院的内容，顺治年间发布了不少关于蒙古刑例、人命、贼盗等方面的法令。

---

〔1〕《清世祖实录》卷 120，顺治十五年九月庚戌条。齐木德道尔吉、巴根那编：《清朝太祖太宗世祖朝实录蒙古史史料抄——乾隆本康熙本比较》，内蒙古大学出版社 2001 年版，第 855 页。

〔2〕《清世祖实录》卷 120，顺治十五年九月庚戌条。齐木德道尔吉、巴根那编：《清朝太祖太宗世祖朝实录蒙古史史料抄——乾隆本康熙本比较》，内蒙古大学出版社 2001 年版，第 855 ~ 856 页。

康熙朝，对蒙古地区进一步加强立法。康熙六年（1667 年），制定了新的《蒙古律书》，增加了从顺治朝到康熙六年前制定的重要条例，该版本现藏于中国第一历史档案馆，名为《康熙六年增定蒙古律书》〔1〕，共计 113 条。“《律书》的内容增入了顺治朝至康熙五年的定例”。〔2〕 关于康熙六年《蒙古律书》内容，通过对李保田所译的康熙六年《蒙古律书》与《清实录》和康熙朝《大清会典》的比较，可以看出康熙六年《蒙古律书》应当包括《清实录》和康熙朝《大清会典》所载顺治、康熙年间拟定的有关蒙古地区的法律规定。康熙三十年（1691 年），喀尔喀蒙古归附清朝。第二年，覆准：“喀尔喀等人众事繁，当使各知法度，亦照传谕四十九旗例，每札萨克各给《律书》一部”。〔3〕 在这之前，由于准噶尔部的袭扰，漠北蒙古大多移居漠南，清朝为了稳定漠北蒙古各部社会秩序，派人到各部驻地宣示法律，清朝对蒙古的立法范围扩大到漠北蒙古各部。

康熙三十五年（1696 年），噶尔丹内乱平息，漠北蒙古回到原游牧地，继续适用《蒙古律书》，此时已有蒙古例 152 条。达力扎布教授考证，康熙三十五年《蒙古律例》的前 113 条与康熙六年（1667 年）《蒙古律书》的内容基本相同，其中有删并的条款、有增加的条款。其余的部分是康熙六年后新增的定例，至康熙三十五

〔1〕 此《律书》已由中国第一历史档案馆李保文先生汉译发表于《历史档案》2002 年第 4 期。

〔2〕 达力扎布：“《蒙古律例》及其与《理藩院则例》的关系”，载《清史研究》2003 年第 4 期。

〔3〕（清）官修：雍正朝《大清会典》卷 222，《理藩院二 · 理刑清吏司 · 刑例》。

年（1696年）《蒙古律例》的内容增至152条。[1] 康熙三十一年（1692年）以后，喀尔喀正式归附清朝，理藩院奏请颁给《蒙古律书》，自此，漠北蒙古地区与漠南蒙古地区在法律上形成了统一。

所引用的康熙六年的《蒙古律书》是李保文汉译的版本，引用的康熙三十五年的《蒙古律书/例》，参照的是达力扎布《康熙三十五年〈蒙古律研究〉》中所译的《蒙古律例》。康熙三十五年《蒙古律书/例》较康熙六年《蒙古律书/例》在以下几个方面有所改变：一是完善了对非札萨克王、贝勒、台吉、塔布囊等议处的内容。康熙十三年（1674年）题准："非札萨克贝勒、贝子、公、台吉、塔布囊等有罪，照札萨克贝勒等一例议处"。[2] 二是细化了相关条款，量刑时注重情节。关于抢劫犯罪，对不同形式的抢劫行为规定了不同的刑罚，以刃物、木棒打人，抢劫未杀人的，处以不同刑罚。[3] 三是加重或减轻了某些方面的处罚。对"王等故杀本旗之人"条认为量刑过轻，议定"无论札萨克、非札萨克贝勒，故杀本旗之人，挟仇及计杀，计所杀人数赔偿"，减轻了台吉行窃的处

---

〔1〕达力扎布："《蒙古律例》及其与《理藩院则例》的关系"，载《清史研究》2003年第4期。

〔2〕（清）官修：康熙朝《大清会典》卷145，《理藩院·理刑清吏司·刑例》。

〔3〕康熙三十五年《蒙古律例》在康熙六年《蒙古律例》"官员平民抢劫条"后增加："以刃物、木棒打人至残"给予牲畜补偿、"官员、平人一二人、或伙众强劫什物杀人、伤人，不分首从皆处斩"等内容。转引自达力扎布："康熙三十五年《蒙古律例》研究"，载《民族史研究》2004年第00期。"王等罚马百匹，贝勒、贝子、公等马七十匹，台吉、塔布囊等马五十匹。抢劫未杀人、伤人者、王等罚马百匹，贝勒、贝子、公等罚马七十匹，台吉、塔布囊等罚马五十匹，给事主。官员、平人一二人、或伙众强劫什物杀人、伤人，不分首从皆处斩。籍没其妻子产畜给付事主。"转引自达力扎布："康熙三十五年《蒙古律例》研究"，载《民族史研究》2004年第00期。

罚。[1] 四是新增35条。主要是官衔、户籍、朝贡、会盟行军、盗贼、人命、断狱等内容。

而对于《蒙古律书》与《蒙古律例》之间的关系，学界对此存在一些争议。岛田正郎认为，用“律例”称蒙古律，是因为乾隆五年（1740年）清代修订《大清律例》，仿照该提法，将有关蒙古地区的法律称为《蒙古律例》。[2] 《蒙古律例》是对《蒙古律书》的继承和发展。达力扎布认为《蒙古律例》亦译作《蒙古律书》，是崇德八年（1643年）为外藩蒙古制定和颁发的一部法规汇编。[3] 《蒙古律书》和《蒙古律例》以及之后的《理藩院则例》，都是清代关于蒙古地区制定的法律，只是不同时期有不同的称呼。在使用时，《蒙古律书》和《蒙古律例》统称为《蒙古律例》；如引用的是《理藩院则例》，则需注明引用的是《理藩院则例》。

（二）《蒙古律例》的修订

理藩院在《蒙古律书》的基础上吸收了《大清律例》的一些立法原则和经验，纂修了蒙古例。雍正元年（1723年）四月，雍正帝令理藩院“严行申禁，详定条例，俾嗣后永远遵行”。[4] 到雍正朝，清朝已向蒙古地区颁行过《蒙古律书》，雍正帝之所以谕理藩院“详定条例”，应该是让理藩院结合当时的新情况，完善清代

---

〔1〕 原台吉行窃，先革去台吉官衔，将该台吉的牲畜、奴仆等给其兄弟。康熙三十五年《蒙古律例》改为：压爵及其属人，不再没收其牲畜等财产。

〔2〕［日］岛田正郎：《清朝蒙古例研究》，创文社1982年版，第131～132页。

〔3〕 达力扎布：“康熙三十五年《蒙古律例》研究”，载《民族史研究》2004年。

〔4〕《清世宗实录》卷6，雍正元年四月庚戌条。齐木德道尔吉等编：《清朝世宗朝实录蒙古史史料抄》，内蒙古大学出版社2009年版，第12页。理藩院称在蒙古地方，常有不肖之徒，“肆行无礼，勒索陵虐”。雍正认为外藩蒙古与清朝政府，不外藩院札萨克，即台吉亦系宾客。岂可令领催等卑贱之人肆其欺陵，随令理藩院拟定条例。

蒙古地区的立法。到乾隆朝，修订了新的《蒙古律例》，也将《蒙古律书》称为《蒙古律例》。乾隆六年（1741 年）《蒙古律例》完成，“后陆续补充修订。乾隆五十四年（1789 年）校订为二百零九条，嘉庆十九年（1814 年）又纂入增订则例二十三条”。[1] 乾隆二十二年（1757 年），清朝统一漠西蒙古，有关蒙古地区的法律开始适用于漠西蒙古地区。

由于《蒙古律例》主要是颁给外藩蒙古各盟的法律，所以早期的《蒙古律例》主要用蒙文写成，颁给外藩蒙古各地。后来随着清朝对蒙古地区管理的加强，加之懂蒙文的官员又少，不利于日常的管理和案件的审理，理藩院开始对《蒙古律例》予以翻译。《清高宗实录》记载，乾隆七年（1736 年）奉天将军博第上奏称，其平时办理案件适用的是《蒙古律例》的规定，但盛京刑部所有的《蒙古律例》都是蒙文。虽然盛京刑部有蒙古官员，但其并不认识蒙古文字。为便于案件的审理，请理藩院将《蒙古条例》翻清以裨引用。[2] 该记载系最早的关于将《蒙古律例》译成满文的记载。但一直到乾隆七年（1742 年），尚未有满文的《蒙古律例》，更谈不上汉文版的《蒙古律例》。

在学术界，《蒙古律例》与《理藩院则例》之间的关系，也一直是学者讨论的问题。徐晓光认为，《理藩院则例》制定之前，即嘉庆二十年（1815 年）之前，通行于蒙古地区的一直是《蒙古律例》。《理藩院则例》制定之后，取代了《蒙古律例》，成为通行于

〔1〕 刘海年、杨一凡主编：《中国珍稀法律典籍集成》（丙编第二册），郑秦、田涛点校，科学出版社 1994 年版，第 3 页。

〔2〕（清）官修：《清高宗实录》卷 167，乾隆七年五月甲申条。

蒙古地区的法律。[1] 李保文认为,《蒙古律例》是实施于蒙古地区的重要法律,他将之表述为“最高法律”。虽然之后没有再对《蒙古律例》进行修订,但其地位是不可替代的。而《理藩院则例》为清朝理藩院行政的依据和程序,并不是用于审理蒙古地区案件的法律。从清代有关处理蒙古地区各类刑案的档案记载来看,判案的依据为“monggo fafun - I bithe”(《蒙古律书》),或者“fafun - I bithe - de”(律载),而非《理藩院则例》。[2] 现有的很多官方文件中,在《理藩院则例》制定后,仍有“蒙古则例”或“蒙古例”的记载[3],苏亦工认为可能是因为《蒙古律例》是《理藩院则例》的前身,所以人们仍保留着旧称呼。[4] 达力扎布认为:“《蒙古律例》中的‘蒙古律’或‘蒙古例’与《理藩院则例》中的‘蒙古律’或‘蒙古例’在蒙古文文本中都是‘mong γol ča γajan - u bi čig’。故在蒙汉文互译时容易将蒙古法称‘蒙古律’与蒙古法律文本《蒙古律例》这两个含意混淆,从而误以为嘉庆以后的案例中仍援引《蒙古律例》文本的条文,而不是《理藩院则例》所收的蒙古例条”。[5] 梁赞诺夫斯基文中的čaγajan - u bi čig(律例)一词经俄译,又转译为日文、英文,使人无法分辨是《理藩院律例》还是

〔1〕 徐晓光:“清朝民族立法原则初探”,载《民族研究》1992 年第 1 期。

〔2〕 李保文:“清朝《蒙古律》的题名及其历史作用”,载故宫博物院编:《故宫学刊》(总第三辑),紫禁城出版社 2007 年版,第 492 ~ 492 页。

〔3〕 达力扎布:“略论《理藩院则例》刑例的实效性”,载刘迎胜主编:《元史及民族与边疆研究集刊》(第二十六辑),上海古籍出版社 2014 年版。

〔4〕 苏亦工:《明清律典与条例》,中国政法大学出版社 2000 年版,第 84 页。

〔5〕 达力扎布:“略论《理藩院则例》刑例的实效性”,载刘迎胜主编:《元史及民族与边疆研究集刊》(第二十六辑),上海古籍出版社 2014 年版。

《理藩院则例》。[1] 岛田正郎认为，由于蒙古地区各部情况的变化，《蒙古律例》原有的很多条文，已不能适用当时的社会状况。清朝于嘉庆六年（1801 年）开始组织对《蒙古律例》进行修订。由理藩院整理蒙古地区的律例、成案，正式开馆修例。至嘉庆朝，理藩院在乾隆五十四年（1789 年）修订本《蒙古律例》基础上纂修本部门则例。[2]

《蒙古律例》和《理藩院则例》都是关于蒙古地区的法律规范，《蒙古律例》是《理藩院则例》的前身，《理藩院则例》是在《蒙古律例》的基础上加以修订，并增加了关于理藩院行政的依据和程序。所引用的乾隆年间的《蒙古律例》，为《中国珍稀法律典籍集成》一书中收集的版本，引用康熙年间的《蒙古律例》，为李保文、达力扎布所译的《蒙古律例》。该版本比较清楚地反映了《蒙古律例》在乾隆三十九年（1774 年）以后的变化情况，其共计 189 条。赵云田点校的《钦定大清会典事例 · 理藩院》中的《刑例》则是汇编了清代不同时期的刑法条款。在案件的分析过程中，同时结合《清会典》《清会典则例》及其他关于《蒙古律例》条款的研究，综合确定具体案件适用《蒙古律例》的情况。

四、《理藩院则例》的制定及修改

《理藩院则例》的名称何时出现，《清实录》中没有明确的记载，我国学术界关于《理藩院则例》名称的出现有两种说法：一种

---

〔1〕 杨选第："近年来清朝《理藩院则例》的整理研究情况"，载《内蒙古社会科学（汉文版）》1999 年第 3 期。

〔2〕［日］岛田正郎：《清朝蒙古例的研究》，创文社 1982 年版，第 138 页。

说法是《理藩院则例》编订于康熙二十六年（1687 年）；[1] 另一种说法是《理藩院则例》汇编于康熙二十六年（1687 年）。[2] 刘广安认为，嘉庆朝之前是否已出现过《理藩院则例》的名称，是值得推敲的，最早的《理藩院则例》应是在嘉庆朝出现的，是从《蒙古律例》发展而来的。[3] 根据《原修理藩院则例原奏》记载，《理藩院则例》始修于嘉庆十六年（1811 年）四月，汉文本于嘉庆二十年（1815 年）十二月刊刻样本。满文、蒙古文本于嘉庆二十三年（1818 年）十二月刊刻样本进呈，发行到蒙古地区大概在第二年。

自乾隆五十四年（1789 年）校订《蒙古律例》到嘉庆十六年（1811 年），二十多年，没有再行修订，期间关于审理蒙古地区案件的谕旨并未增加到《蒙古律例》中，理藩院奏请增修纂入。[4] 理藩院第一次按清代各部院衙门纂修《则例》的形式，开馆修律。另外，因涉及与俄罗斯、西藏等事务，新修订的律例，称为《理藩院则例》。《理藩院则例》以蒙古事务为主，为与《回疆则例》区别，当时人称之为《蒙古则例》。[5] 但《理藩院则例》修成后，至今尚未发现其制定之后的称为《蒙古律例》的版本，也没有在史料

---

〔1〕《法学词典》编辑委员会编：《法学词典》（增订版），上海辞书出版社 1984 年版，第 823 页。

〔2〕中国人民大学清史研究所：《清史研究集》第二辑，中国人民大学出版社 1982 年版，第 243 页 。

〔3〕刘广安：《清代民族立法研究》，中国政法大学出版社 2015 年版，第 12 页。

〔4〕（清）理藩院修：《理藩院则例》，杨选第、金峰校注，内蒙古文化出版社 1998 年版，第 28 页。

〔5〕嘉庆十六年（1811 年）七月理藩院请旨修纂《回疆则例》时称："查本年四月经臣院奏请纂修《蒙古则例》，以期永远遵行等因具奏"。

中发现有关于《蒙古律例》的记载。对此，很多学者认为，“《理藩院则例》就是原《蒙古律例》的增修”。[1]

嘉庆二十年（1815 年）原修《理藩院则例》原奏：“将旧例二百九条逐一校阅，内有二十条系远年例案，近事不能援引，拟删，其余一百八十九条内……应遵照之稿案，译妥汉文，逐件覆核，增纂五百二十六条，通共七百十三条”。[2] 嘉庆二十四年（1819 年），满文、蒙文《理藩院则例》刊刻发往“蒙古各部落、新疆等处”。道光三年（1832 年），理藩院经查定例，发现其他六部的则例，每隔十年纂修一次。而《理藩院则例》于嘉庆十六年（1811 年），纂辑告成后，没有再行修改，已有十二年。十二年间，嘉庆十六年（1811 年）以后，奉谕旨、各大臣条奏以及理藩院酌改的内容并没有增加到《理藩院则例》中，为保证法律适用统一性，请旨修订《理藩院则例》。另外，近几年来，蒙古地区的案件越来越繁杂，而蒙古地区的情势也不同于之前，很多案件的审理裁判，并没有明文的法律规定。如没有明确的规定，司法官员在案件的审理中，意见就会不同，且“律无专条，定案宜滋轻重”。请旨将自嘉庆十年（1805 年）以后各案应行纂入者，增修纂入；因不适用此时情势的内容，应当删改的，酌情删改。“务期缕晰条分，详酌确定，以昭法守而清弊端，上副圣主扶绥蒙古臣仆之至意。”[3] 道光

---

〔1〕达力扎布：“《蒙古律例》与《理藩院则例》的关系”，载《清史研究》2003 年第 4 期。

〔2〕（清）理藩院修：《理藩院则例》，杨选第、金峰校注，内蒙古文化出版社 1998 年版，第 30 页。

〔3〕（清）理藩院修：《理藩院则例》，杨选第、金峰校注，内蒙古文化出版社 1998 年版，第 33 页。

五年（1825 年），续纂修改的《理藩院则例》满、蒙、汉三种文本全部告成。满文、蒙文版刊刻之前，先将旧例加上新增则例颁发，以备急用。[1] 道光七年（1827 年），续修《理藩院则例》全数告成，并以满蒙汉三种文字缮写刊印，颁发至“在京各衙门及盛京、热河、伊犁、各处将军、都统、兼辖蒙古事务之督抚、藩臬、道、府、州、县、西北两路之新疆大臣、内外札萨克汗、王、贝勒、贝子、公、台吉、正副盟长、协理台吉以及游牧、理事、司员等”。[2] 道光十三年（1833 年），理藩院对《理藩院则例》中例文不完备的条款、例文意思模糊的条款等进行修改。“其有案可辑者，钦遵原奉上谕及臣工条奏原案纂辑；其无案可遵应行增纂者，拟比照六部《则例》，仍体察蒙古情形量为变通，缕晰条分，详酌确定。”[3] 道光十九年（1839 年），确定“管理蒙古民交涉理刑各将军、都统暨办事大臣等，转行内外札萨克、各盟长等。自奉文之后，遇有命盗案件，一体遵照新例办理。其未奉文以前咨报到院之案，均由臣院详细查明。除业经具题核结者，毋庸议外，所有未结各案，俱由臣院随时分别更正，以归划一，而昭法守”。[4] 光绪十

---

〔1〕（清）理藩院修：《理藩院则例》，杨选第、金峰校注，内蒙古文化出版社 1998 年版，第 35 页。

〔2〕（清）理藩院修：《理藩院则例》，杨选第、金峰校注，内蒙古文化出版社 1998 年版，第 37 页。

〔3〕（清）理藩院修：《理藩院则例》，杨选第、金峰校注，内蒙古文化出版社 1998 年版，第 38～39 页。

〔4〕（清）理藩院修：《理藩院则例》，杨选第、金峰校注，内蒙古文化出版社 1998 年版，第 41 页。

七年（1891年），《理藩院则例》再次修订刊印[1]；光绪三十一年（1905年），理藩院与刑部上《理藩院刑部会奏议覆改减蒙古刑律折》，请旨改减蒙古例。

除刊刻的《理藩院则例》，还有乾隆朝内府抄本《理藩院则例》，其在体例上与嘉庆朝《大清会典事例》相似。乾隆朝内府抄本《理藩院则例》，经与乾隆朝《大清会典》理藩院部分比较，应当是乾隆朝《大清会典事例》中有关于理藩院的未刊本。[2] 赵云田先生发现和介绍了"乾隆内府抄本《理藩院则例》"[3]，并将此抄本整理发表于《清代理藩院资料辑录》中，由全国图书馆文献缩微中心出版。徐晓光和陈光国指出乾隆朝内府抄本的《理藩院则例》，无论在体例还是内容方面，都与嘉庆以后的《理藩院则例》不同。该则例由理藩院官员在办理蒙古地区事务的过程中，对顺治朝以来颁行的蒙古律例等进行整理而成，不是一次正式的立法活动。[4] 达力扎布认为："'乾隆内府抄本《理藩院则例》'确实不是《理藩院则例》的稿本，而是乾隆朝《大清会典则例》、《理藩院则例》编纂过程中的未刊本"。[5] 根据对《大清会典则例》和《理

---

〔1〕（清）理藩院修：《理藩院则例》，杨选第、金峰校注，内蒙古文化出版社1998年版，第45~46页。光绪十七年（1891年）进行续修增辑时，"因年久未能修办，档案诸多不齐，以致检查未周，编辑诚非易易，……仅就'增纂'、'续纂'两项分门别类、纂集成帙"。

〔2〕赵云田："《蒙古律例》和《理藩院则例》"，载《清史研究》1995年第3期。

〔3〕赵云田："关于乾隆朝内府抄本《理藩院则例》"，载《清史研究》2012年第4期。

〔4〕徐晓光、陈光国："清朝对'蒙古例'《理藩院则例》的制定与修订"，载《内蒙古社会科学（汉文版）》1994年第3期。

〔5〕达力扎布："《蒙古律例》与《理藩院则例》的关系"，载《清史研究》2003年第4期。

藩院则例》的内容比较，乾隆朝内府抄本《理藩院则例》是乾隆朝《大清会典事例》理藩院部分编纂过程中的未刊本。

清朝对蒙古地区的立法权加强，且蒙古地区立法的刑部官员及理藩院官员深受儒家伦理法的影响，加之蒙古贵族对蒙古地区立法的主导权丧失，清朝对蒙古地区事务的干预越来越多，蒙古地区的王公贵族的权力则受到一定的限制。蒙古地区的立法与内地法律趋同，中央集权进一步加强。就《理藩院则例》而言，其内容进一步儒家化。如增加了存留养亲的内容，根据《嘉庆十年定例》规定，蒙古地区偷窃四项牲畜的，偷窃之人不分首从，家有祖父母、父母老疾的，可以适用“留养”的规定。[1] 在刑罚方面，增加了“依服制论”的内容。《理藩院则例》“蒙古汗王等擅用金刃等物伤人杀人”条规定：蒙古属下官员等擅用金刃等物伤人、杀人者，照刑例定拟，其有服制者，仍依服制论。[2] 在刑罚上，引进了中原王朝的凌迟、枭首、绞刑、刺字、罚俸等刑罚，中原法律文化中的流、死、鞭等刑罚，逐渐代替了蒙古族历来的“罚九”手段，蒙古民族原有刑罚的适用范围大大减少。在蒙古地区刑罚变更方面，岛田正郎认为，《蒙古律例》中原有家畜罚，到嘉庆、道光朝制定、修改《理藩院则例》时，已向中国传统法律文化的实刑开始转变。[3]《理藩院则例》逐步吸收中原地区的法律文化，刑部通过判例或刑事立法解释等方式直接将儒家纲常伦理转化为蒙古地区

---

〔1〕（清）理藩院修：《理藩院则例》，杨选第、金峰校注，内蒙古文化出版社 1998 年版，第 358 页。

〔2〕（清）理藩院修：《理藩院则例》，杨选第、金峰校注，内蒙古文化出版社 1998 年版，第 306 页。

〔3〕［日］岛田正郎：《清朝蒙古例研究》，创文社 1982 年版，第 2 页。

法律。

随着漠西蒙古各部的相继归附，清朝统治的蒙古地区扩大到漠南、漠北、漠西蒙古各部。其中，漠西蒙古又称为卫拉特蒙古，与漠北喀尔喀蒙古在归附之前还共同制定了《卫拉特法典》。可见，清朝面临着更为复杂的蒙古社会，加之其统治权的加强，需要对原有《蒙古律例》进行修改，制定并颁布了《理藩院则例》。《理藩院则例》也结合新归附漠西蒙古地区的情况，制定修改了相关条款。如“新疆土尔扈特、杜尔伯特、额鲁特、霍硕特、辉特、乌梁海等蒙古偷窃马牛驼只数至十四者，照各札萨克一律办理。其羊只一项，仍以四羊作一牲畜合计科罪”。[1]

第二节　清代蒙古地区地方性法规的制定及修改

一、《喀尔喀法规》的制定及实施

康熙四十八年（1709 年）至乾隆三十五年（1770 年）间，喀尔喀蒙古土谢图汗部、札萨克图汗部、车臣图汗部僧俗封建主共同制定《喀尔喀法规》，包括《三大旗法典》为主的若干部法典。内容涉及库伦、驿递、盗贼、捕亡、户婚、审断等各方面，具有鲜明的宗教特点，反映了当时喀尔喀的社会状况，保留了蒙古固有的罚畜刑，对研究蒙古的法律文化具有重要的史料价值。有效的弥补了

〔1〕（清）理藩院修：《理藩院则例》，杨选第、金峰校注，内蒙古文化出版社 1998 年版，第 318 页。

清代在蒙古地区立法上的缺陷，完善了清代蒙古地区的地方性立法。而且，蒙古地区原有的王公贵族，希望能够适用本民族原有的习惯法，并以此来规范本地区的社会秩序。因此，当《喀尔喀法规》实施时，有效地调整了喀尔喀蒙古地区的社会关系，规范着当地人们的行为方式。[1]《喀尔喀法规》是喀尔喀部土谢图汗和哲布尊丹巴呼图克图库伦的商卓特巴等人，自康熙十五年（1676 年）至乾隆三十五年（1770 年）间先后议定的十八篇法规及判例，其中最晚的一篇制定于乾隆三十五年（1770 年），“其汇编和得名应在该法规制定之后”。[2] 因《喀尔喀法规》汇编了不同时期制定的多篇法规，各篇法规的性质、制定者、适用范围都不相同，包括 1676 年法规、1709 年《三大旗法规》和 1709 年以后制定的十六篇法规。1676 年法规即康熙三十五年（1696 年）制定的法规，是喀尔喀左翼土图汗、车臣汗为管理寺庙和沙毕制定的，而 1709 年制定的《三旗大法规》继承了以《白桦法典》为代表的喀尔喀法律传统。“1709 年以后制定的十六篇法规适用于库伦、僧侣和沙毕，对蒙古地区人命、偷盗牲畜等方面的条款做了变通规定，有些条文直接采纳了蒙古律。其中个别法规适用于喀尔喀四盟，如‘喀尔喀四盟副将军定例’、乌拉首思规定等”。[3]

《喀尔喀法规》包括喀尔喀蒙古归附之前制定的 1676 年法规，

---

〔1〕 金山：“清代蒙古地区地方立法问题研究——以《喀尔喀吉如姆》研究为中心”，内蒙古大学 2007 年博士学位论文。

〔2〕 达力扎布：《〈喀尔喀法规〉汉译及研究》，中央民族大学出版社 2015 年版，第 1 页。

〔3〕 达力扎布：《〈喀尔喀法规〉汉译及研究》，中央民族大学出版社 2015 版，前言。

也包括喀尔喀蒙古归附之后制定的1709年《三旗大法规》和1709年以后制定的十六篇法规。在喀尔喀蒙古归附之前，清代对通使往来期间发生的偷窃案件，也开始依据《蒙古律例》的规定进行审理，康熙五年（1666年）题准："众人为伙，盗劫喀尔喀马匹等物者，除照例治罪如数赔还外，其罚给一九，所余家产妻子入官。若喀尔喀人将失物多捏谎报，令其为首人立誓，若立誓，照数赔给，不立誓，止照现在之数赔给。若喀尔喀人为伙盗劫内地马匹什物者，为首二人斩，二人斩一人，余各鞭一百，罚该管主一九，移文令其送至。"〔1〕此时，管辖或处理的案件比较少。喀尔喀蒙古归附后，康熙帝认识到对喀尔喀蒙古颁布法律的重要性，于康熙三十年（1691年），多伦会盟时敕谕喀尔喀，"因汝等下人互相偷窃，各增设札萨克管辖，以便督察。以汝等向无法度，颁行一定律例"。〔2〕与漠南四十九旗遵行一样的法令。此时，清朝针对蒙古地区制定的法律，也同时适用于喀尔喀蒙古。

因清朝已为外藩蒙古制定了较为完备的法律，喀尔喀部归附清朝之后，还自行制定了《喀尔喀法规》，这一直是学界讨论的问题。奇格等学者认为，清朝担心在喀尔喀蒙古立即推行清朝的法律制度

〔1〕（清）官修：康熙朝《大清会典》卷145，《理藩院·理刑清吏司·贼盗》。"一九"系一种刑律名，指罚犍牛二只、乳牛二只、三岁牛一只、二岁牛二只及马二匹。参见"罚牲"。"二九""三九"系同种刑律，类推之。

〔2〕（清）温达等：《亲征平定朔漠方略》卷10，中国藏学出版社1994年版，第224页。"自古以来，未有如此之始终覆育者也，朕既活汝，欲使倍加长养。朕视新降谕旨，大赉加恩，出临大阅，视汝等感戴之情，为诚切，是以待汝等如四十九旗，具名号，亦皆如四十九旗例，以示朕一视同仁之意。"

会引起反抗，故“暂仍其俗”。[1] 乾隆三十五年（1770 年）之前清朝忙于征服西北地区，喀尔喀王公制定了这部法规。[2]《喀尔喀法规》是过渡性法规，到乾隆五十四年（1789 年）以后清朝法律完全替代《喀尔喀法规》。[3] 达力扎布认为，喀尔喀归附清朝之初，土谢图汗直接管辖的属民中没有编设佐领，纳入外藩札萨克旗体制。“清朝给外藩札萨克旗制定的蒙古律自然不适用于当时未编入旗佐的土谢图汗直属民及一世哲布尊丹的沙毕纳尔，这正是土谢图汗主持制定《三旗大法规》及以后的十六篇法规的原因或理由。”[4] 早期制定《喀尔喀法规》时，出于喀尔喀蒙古地区的实际需要，加之其刚刚归附，清朝对于喀尔喀蒙古地区的统治更多考虑“暂仍其俗”的统治策略。到雍正四年（1726 年），商议增补《喀尔喀法规》时，理藩院扎尔忽齐（司员）参与议定。1726 年时法

---

〔1〕 Ч. Nasunbaljur：Qalq－a Jirum，Ulaanbaatar，1963，Emûnekiögûlel. 转引自达力扎布：“《喀尔喀法规》制定原因及实施范围初探”，载《中央民族大学学报（哲学社会科学版）》2005 年第 1 期。

〔2〕 奇格：《古代蒙古法制史》，辽宁民族出版社 1999 年版，第 177 页。

〔3〕［日］萩原守：“18 世纪喀尔喀的法律变迁”，朋·乌恩译，载《蒙古学资料与情报》1991 年第 4 期。1990 年，日本学者获原守发表《18 世纪喀尔喀的法律变迁》，探讨了《喀尔喀法规》在喀尔喀的施行情况，指出 1691 年喀尔喀归附清朝之后在法律上没受到清朝的支配，1728 年（雍正六年）至 1789 年（乾隆五十四年）间是《喀尔喀法规》和清朝《蒙古律例》并用及过渡时期，至 1789 年（乾隆五十四年）以后清朝法律才完全替代喀尔喀法律。其成果对于了解清朝蒙古律及大清律在喀尔喀的施行情况有重要参考价值。萩原守在其《适用于清代蒙古也克沙毕之法律——大活佛之领民与刑事裁判》一文中利用判例档案证实库伦商卓特巴衙门在清后其审理案件时依据清朝法律（蒙古例与大清律例）审断，同时《乌兰哈齐尔特》判例也有法律效力，因此，那楚克多尔济所谓一直到清末在大沙毕衙门中仍施行《喀尔喀法规》和扎拉阿扎布《喀尔喀法规》与《乌兰哈齐尔特》判例并用的观点都是错误的。

〔4〕 达力扎布：《〈喀尔喀法规〉汉译及研究》，中央民族大学出版社 2015 版，第 19 页。

规规定，喀尔喀蒙古人从俄、汉商人借贷赊物等，需依《蒙古律例》处置等新内容。可以看出，清朝一方面尊重喀尔喀蒙古地区的习俗，但也重视中央政权在地方性立法中的作用。《喀尔喀法规》的制定，并没有脱离清朝的统治，可以说是清朝统治下的产物，是喀尔喀蒙古王公与清朝势力的较量，也是双方互相妥协的产物。在内容上，保护喇嘛教，维护喀尔喀蒙古地区王公贵族的特权。

梁赞诺夫斯基认为，《喀尔喀法规》是体现喀尔喀蒙古习惯法以及喇嘛教规的法律。当喀尔喀蒙古归附清朝后，《喀尔喀法规》的几次修订，都有体现《蒙古律例》的内容，如关于“台吉偷窃”“抢劫”“通奸”等的规定。[1] 但在喀尔喀蒙古地区，清朝的法律无法直接处理格根库伦管辖范围内与沙毕相关的事务。《喀尔喀法规》一直到 1925 年，仍在喀尔喀蒙古地区具有法律效力。[2] 就《喀尔喀法规》的内容而言，符拉基米尔佐夫认为其并不是习惯法典籍，“这两部法典是把一些在长期发展过程中制订的法规汇集起来的现行法律汇编，和《理藩院则例》相同，它们代表草原封建贵族得到法律核准的权利”。[3] 蒙古国学者那顺巴拉珠尔认为，《喀尔喀法规》并不是土谢图汗三旗之间议定，并在三旗内施行的法规，也不是习惯法的汇编。《喀尔喀法规》制定之初，即《三旗大

〔1〕［苏联］V. A. 梁赞诺夫斯基：“卫拉特和喀尔喀蒙古法律概述”，达力扎布译，载达力扎布主编：《中国边疆民族研究》（第七辑），中央民族大学出版社 2013 年版，第 349 页。

〔2〕［苏联］V. A. 梁赞诺夫斯基：“卫拉特和喀尔喀蒙古法律概述”，达力扎布译，载达力扎布主编：《中国边疆民族研究》（第七辑），中央民族大学出版社 2013 年版，第 350 页。

〔3〕［苏联］符拉基米尔佐夫：《蒙古社会制度史》，刘荣俊译，中国社会科学出版社 1980 年版，第 34 页。

法规》，虽是由土谢图汗三盟议定，但其在土谢图汗、车臣汗和博格达汗的沙毕纳尔中一直有效。在之后的修订中，喀尔喀四部之汗、其他旗的诺颜等也参与议定。《喀尔喀法规》的一些条款，也适用于喀尔喀四部。总的来说，《喀尔喀法规》是在实际生活中被作为有效力的得到普遍遵循的法规。〔1〕根据《喀尔喀法规》的制定时间、内容可以看出，在喀尔喀蒙古地区，其自制定之后，发生着法律效力，关于这一点，在之后的章节有具体分析。在比照分析《喀尔喀法规》时，使用的《喀尔喀法规》为潘世宪所著《蒙古民族地方法制史概要》中的“喀尔喀济鲁姆”和达力扎布所译的《喀尔喀法规》。

此外，就是关于《喀尔喀法规》版本的问题。《喀尔喀法规》的抄本原藏于庆宁寺的库伦商卓特巴衙门，俄国学者扎姆察拉诺于1914年誊写一本交给了俄国圣彼得堡科学院中亚博物馆，此后又誊写了两个抄本，其中之一是“大库伦本”。这一版本的《喀尔喀法规》，它应当没有被公布，“依照古代蒙古的习惯，仅有一本这种记录藏于商卓特巴衙门（在离恰克图不远的伊宾河畔），按宗教习

〔1〕转引自达力扎布：《〈喀尔喀法规〉汉译及研究》，中央民族出版社2015年版，第5页。蒙古国学者那顺巴拉珠尔将藏于蒙古国中央图书馆的《喀尔喀法规》两种抄本排印出版。他在序言中总结了他人研究成果后指出：自1709年至1789年共80年间，在谢图汗盟三大旗和大沙毕，后来在喀尔喀四盟内部，《喀尔喀法规》都作为有效力的法律加以施行。1789年清朝理藩院制定《蒙古律例》并加以推行后，基本上停止了《喀尔喀法规》的全面遵行。《喀尔喀法规》在大沙毕中依旧施行，并具有法律实效性。然而这并不是说在大沙毕中没有施行清朝法律，其实大事要依据清律审断，沙毕内部的琐碎小事仍依《喀尔喀法规》审断。

惯严禁任何人抄写或拥有它”。[1]

二、《卫拉特法典》的制定及其实施

明末清初，蒙古部族的卫拉特人组成了一个联盟，主要由和硕特、准噶尔、杜尔伯特、土尔扈特等四部构成，号称四卫拉特联盟。1640 年 9 月，七旗喀尔喀和四卫拉特大会召开，学者们一般认为参加会议的有喀尔喀札萨克汗和土谢图汗及几乎所有卫拉特各部的主要首领。[2] 此次会盟，制定了 1640 年“蒙古 · 卫拉特法规——察津必齐克”。[3] 鉴于《卫拉特法典》是由卫拉特和喀尔喀蒙古会盟制定的，其约束力溯及漠北蒙古、漠西蒙古及部分漠南蒙古游牧民。[4]《卫拉特法典》用蒙文写成。目前，其汉译本有罗致平及道润梯步的《〈卫拉特法典〉校注》。奇格在《古代蒙古法制史》一书中，对《卫拉特法典》按照法律内容进行归纳总结。

随着各部的发展，基于不同的社会环境状况，各部都在原《卫拉特法典》的基础上做出了适当的调整。但《卫拉特法典》中许多的习惯法则遗存在卫拉特人的社会当中，影响甚远。《卫拉特法典》经过两次修改，一次是 1678 年，为适用漠西蒙古地区发展的

---

〔1〕［苏联］V. A. 梁赞诺夫斯基：“卫拉特和喀尔喀蒙古法律概述”，达力扎布译，载达力扎布主编：《中国边疆民族研究》（第七辑），中央民族大学出版社 2013 年版，第 348 页。

〔2〕黄华均在其博士论文《草原法的文化阐释——〈蒙古—卫拉特法典〉和卫拉特法研究》中分析指出，当时编纂《卫拉特法典》的有和硕特顾实汗、准噶尔巴图尔珲台吉、土尔扈特和鄂尔勒克、杜尔伯特达赖台什之四子岱青和硕台吉等，认为符拉基米尔佐夫的“札萨克图汗处会盟说”欠缺说服力。

〔3〕［德］P. S. 帕拉斯：《内陆亚洲厄鲁特历史资料》，邵建东、刘迎胜译，云南人民出版社 2002 年版，第 192 页。

〔4〕黄华均：“草原法的文化阐释——《蒙古—卫拉特法典》和卫拉特法研究”，内蒙古大学 2006 年博士学位论文。

新情况，制止盗窃，征收租税，防止牧民自由迁移，调整新的社会关系，噶尔丹发布了《噶尔丹洪台吉第1、2号敕令》。另一次是1714年至1758年，土尔扈特汗国制定了《敦罗布喇什补则》。[1] 因《卫拉特法典》由漠北、漠西王公会盟制定，同时，因漠北、漠西蒙古归附清代的情况不同，时间不同，该法典在漠北、漠西蒙古地区的适用情况有所不同。

（一）《卫拉特法典》在漠北蒙古的适用情况

康熙年间，喀尔喀由土谢图汗、车臣汗和札萨克汗三部组成，三部都是达延汗的后裔，其中土谢图汗部势力最强大。一世哲布尊布丹巴在土谢图汗家中转世，左翼成了全喀尔喀蒙古的宗教中心。1640年札萨克图汗苏巴第倡导喀尔喀与卫拉特诸贵族会盟，会盟期间制定了《卫拉特法典》。顺治十二年（1655年）冬，清朝在喀尔喀设立八札萨克，进“九白之贡”。至此，清朝与喀尔喀之间在名义上系臣属关系。17世纪50年代末，喀尔喀内讧，札萨克图汗诺尔布和阿勒坦汗击溃额尔济根。康熙元年（1662年），札萨图汗诺尔布去世，其弟弟宾图阿海继承札萨克图汗，因宾图阿海的继任未经喀尔喀七旗准许，札萨克图汗和托辉特部阿勒坦汗之间的矛盾不断激化。

康熙五年（1666年），准噶尔和喀尔喀因争夺吉尔吉斯牧区的克什提姆和实物税发生战争；康熙二十六年（1687年），土谢图汗珲多尔济进犯卫拉特，噶尔丹东征，《卫拉特法典》的实施环境受

[1] 据黄华均推理，1741年7月，俄国政府任命敦罗布喇什为土尔扈特汗国督办，《敦罗布喇什补则》只能在其上任后被颁布。

到破坏。[1] 第二年，喀尔喀归附清朝，清朝颁布了札萨克法令，《卫拉特法典》在喀尔喀蒙古地区失去效力。也有学者认为，《卫拉特法典》的法律效力一直持续到19世纪40年代末。《卫拉特法典》和《喀尔喀法规》都有关于社会组织制度的规定，喀尔喀归附时，清朝向喀尔喀蒙古颁布了编设盟旗的札萨克的法令，《卫拉特法典》中的相关内容就此失效。同时，清朝颁布了一些法令，并制定《蒙古律例》予以颁行。此后，康熙四十八年（1709年）喀尔喀蒙古又制定了《喀尔喀法规》。虽然，清朝并没有明令禁止停止使用《卫拉特法典》，但与《喀尔喀法规》《蒙古律例》相抵触的内容，应当自然失效。此时，其效力应该只限于准噶尔、青海、土尔扈特地区。从《喀尔喀法规》和《卫拉特法典》的关系上来讲，梁赞诺夫斯基认为，"《喀尔喀法规》没有受到《卫拉特法典》的直接影响，虽然共同的文化使得二者有一定数量的条例相似"。《喀尔喀法规》在私法和刑法内容方面比《卫拉特法典》规定得更为详细。[2]《喀尔喀法规》中很多内容都涉及宗教问题，这一方面《卫拉特法典》对其影响并不多。《喀尔喀法规》更多结合喀尔喀蒙古地区的特点制定，加之，其很多条款是喀尔喀归附清朝后制定的，有些条款甚至是对《蒙古律例》的变通适用。因此，其受《卫拉特法典》的影响有限。

（二）《卫拉特法典》在漠西蒙古的适用情况

漠西蒙古地区由和硕特部、准噶尔部、杜尔伯特部、土尔扈特

〔1〕 达力扎布：《蒙古史纲要》，中央民族大学出版社2006年，第214页。

〔2〕［苏联］V. A. 梁赞诺夫斯基："卫拉特和喀尔喀蒙古法律概述"，达力扎布译，载达力扎布主编：《中国边疆民族研究》（第七辑），中央民族大学出版社2013年版，第350页。

部等四部构成。随着准噶尔部势力的增长，和硕特部向青海迁移，在藏区与达赖喇嘛联合建立了政教合一的西藏地方政权。康熙三十六年（1697 年）十一月，青海蒙古诸部朝见康熙帝，接受亲王、郡王、贝勒、贝子、镇国公等封爵。青海蒙古诸台吉的岁支俸银由清朝支俸，但当时并未编旗。[1] 札什巴图尔为首的青海和硕归附清朝，使和硕特部从原来政治上依附于达赖五世为首的黄教集团，改变为政治上归附于清的统治之下。[2] 清朝平定西藏后，并没有让和硕特汗统治西藏，而是直接管理西藏地区。[3] 罗卜藏丹津等人没能如愿统治西藏地区，发动了反清叛乱。随着罗卜藏丹津叛乱的失败，和硕特蒙古在青藏地区统治终结，青藏地区归入清朝的直接统治之下。雍正三年（1725 年），和硕特汗权衰亡。雍正时期对青海进行了特别立法。对青海地方编为二十九旗，各旗由札萨克统领。在"分而治之"政策的影响下，各旗之间划定游牧地界，互相不得私自往来，并由清朝主持每年的"会盟祭海"活动。和硕特蒙古归附后，适用于青海蒙古地区的法律如《蒙古律例》《青海善后事宜》《禁约青海十二事》，《卫拉特法典》不再适用于青海蒙古地区。康熙十六年（1677 年）以后，噶尔丹统一卫拉特诸部，逼迫

---

〔1〕 包文汉整理：《清朝藩部要略稿本》，黑龙江教育出版社 1997 年版，第 155 ~ 156 页。康熙三十七年（1698 年）正月，诏封达什巴图尔济为和硕亲王、诸台吉朋素克达赖汗弟，纳木扎勒即额尔德尼台吉为［多］罗贝勒等。

〔2〕 杜常顺："简论 1654 年至 1723 年的青海和硕特蒙古"，载《青海社会科学》1990 年第 1 期。

〔3〕 札什巴图尔为首的青海和硕特部归附清，是和硕特部政治上的重要转折，从依附于达赖五世为首的黄教集团，改为政治上归附于清朝的统治之下。但割地而据的青海和硕特蒙古，并不情愿处于藩属地位。

天山北路的大部分和硕特部向东移牧，迁入阿拉善西套地区。[1] 在阿拉善地区，其于康熙三十六年（1697 年）建旗之前，归由和硕特各部族自治，《卫拉特法典》应该是当时适用的法典。

乾隆十五年（1750 年），噶尔丹策凌庶子喇嘛达尔札篡夺汗位，准噶尔陷入内讧。乾隆二十年（1755 年）二月，清朝出兵准噶尔，乾隆二十二年（1757 年）三月，清朝再次出兵准噶尔。由于准噶尔长期和清朝抗衡，平定准噶尔后，乾隆下令严惩卫拉特人。经清军反复征讨，准部“终于沦亡胥尽，伊犁广袤万里，寂如无人之域也”。[2] 准噶尔政权于乾隆二十三年（1758 年）灭亡，清朝对准噶尔实行统治，《卫拉特法典》与《蒙古律例》相抵触的部分自然失效，但与《蒙古律例》不相抵触的部分仍有效。而且清代也将对蒙古地区制定的法规颁行于漠西蒙古地区，归附后的漠西蒙古地区以适用《蒙古律例》为主。期间，因大量察哈尔官兵迁入准噶尔一带，该地区的局势不是很稳定，所以，此时的一些案件，由司法官员依《蒙古律例》裁判，上报皇帝后予以执行。

---

〔1〕《清圣祖实录》卷104，康熙二十一年八月乙酉条。齐木德道尔吉等编:《清朝圣祖朝实录蒙古史史料抄（上)》，内蒙古大学出版社 2004 年版，第 303～304 页。“厄鲁特噶尔丹巴台吉之子，鄂齐尔图汗之孙罗卜臧滚布疏称，我祖父向曾往来入贡，后以内乱，往依达赖喇嘛。今幸得稍宁，伏乞皇上俯鉴我等饥渴，抚而恤之，请率所辖，居龙头山之地，理藩院转奏。得旨，此龙头山，在边关何处，自边关行几日可到，与内地有关系否，或向系边处无用之地否，著即檄拉笃祜察明原委，作速奏报。至是，拉笃祜覆奏，蒙古称龙头山，谓之阿喇克鄂拉，乃甘州城北东大山之脉络，绵衍边境，山之观音山口，即边关也。距甘州城三十里，距山丹城三里。其夏口城，距山口而建。自夏口城至灞川堡，相去五里。山尽为宁远堡，此堡在边外龙头山。与宁远堡相去里许，其间有长宁湖界之，蒙古所谓鄂尔通也，宁远堡，有内地人民种植输赋，沿湖有兵民牧养。今诸蒙古，俱于龙头山北游牧。罗卜臧滚布之意，欲占长宁湖耳。边汛要地，似不宜令不谙法纪之蒙古居住。理藩院、兵部、议以罗卜臧滚布所请应不准行。从之。”

〔2〕 张羽新:《清政府与喇嘛教》，西藏人民出版社 1988 年版，第 388 页。

杜尔伯特部在达瓦齐和哈萨克的夹击下，召开丘尔干会议，决定投靠清朝，杜尔伯特三车凌率所部3700多户，于乾隆十八年（1753年）冬从额尔齐斯河起程，“由准噶尔东乌兰岭乌英齐而行，越旬有九日，至博东齐，遣使驰赴巴颜珠尔克，以隆故告”。[1] 乾隆十九年（1754年）四月，按照内札萨克的惯例编旗，设正副盟长，命名杜尔伯特为赛音济雅哈图盟。乾隆二十一年（1756年），另一支杜尔伯特什阿哈什与其兄弟率部归附清朝。在杜尔伯特设立正副盟长各三名，由车凌、车凌乌巴什、讷默库为盟长；色布腾、车凌蒙古、刚多尔济为副盟长。[2] 到乾隆二十一年（1756年），杜尔伯特归附清朝，清朝按惯例设旗，实行统治，《蒙古律例》《大清律例》适用于杜尔伯特部。

卫拉特最后一支土尔扈特部，于乾隆三十六年（1771年）东归。该部落在明末清初，西迁至伏尔加河流域定居。乾隆三十六年（1771年），在首领渥巴锡的率领下举部东归，返还原游牧地。这支东归的队伍包括土尔扈特、和硕特、辉特部，其中绝大部分是土尔扈特部。乾隆帝即命编设盟旗，对土尔扈特部实行统治，《蒙古律例》《大清律例》开始适用于土尔扈特部。但土尔扈特部东归后，盗风日盛，甚至连渥巴锡的坐骑也被盗，故采取了一些严厉的措施，并用托忒文颁布两份布告，其中一份写：“盗羊一只以上，其拿获此贼之人，赏以百狮；讦告之人，赏以十狮”。“诸斋桑须好

---

〔1〕（清）张穆撰：《蒙古游牧记》，张正明、宋举成点校，山西人民出版社1991年版，第317页。

〔2〕包文汉整理：《清朝藩部要略稿本》，黑龙江教育出版社1997年版，第209页。

生管束所属之众，每日点数，倘有欲往他处者，经禀告准假方可。斋桑等倘不管束其众，复行偷盗，将免其职治罪”。[1] 但偷盗案件仍有发生，渥巴锡采取了更为严厉的措施，将“一名偷驼之人，用斧击头而毙，悬尸于木示众，并宣称再行偷盗，拿获后概照此办理”。[2] 同年，乾隆帝谕令，日后，渥巴锡部众的盗窃之案，可由渥巴锡等按照本部旧的法律予以裁决。待渥巴锡部众熟悉“内地之法度”时，可以使用“内地之法”进行裁决。[3] 这里的“内地之法”应当从广义上理解。该土尔扈特部仍系蒙古，自应适用《蒙古律例》，因其对《蒙古律例》及作为补充的《大清律例》不熟悉，暂允许其适用本部落旧有的习惯法。所以这里的“内地法”并非仅指《大清律例》。乾隆三十九年（1774 年）正月，渥巴锡颁行防盗法纪六条，在本部内推行。

三、其他地方性法规的制定

(一)《阿拉善蒙古律例》的制定及实施

阿拉善蒙古，即贺兰山额鲁特，在河套西，亦曰西套蒙古。青海固始汗兄子鄂齐图游牧于此，而固始汗之季，巴颜阿玉什，有子

---

〔1〕 中国第一历史档案馆藏：《军机处满文录副奏折》2488 – 34。转引自郭美兰：“土尔扈特汗渥巴锡部众东归后拨地安置始末”，载《中国边疆史地研究》2007 年第 2 期。

〔2〕 中国第一历史档案馆藏：《军机处满文录副奏折》2491 – 13。转引自郭美兰：“土尔扈特汗渥巴锡部众东归后拨地安置始末”，载《中国边疆史地研究》2007 年第 2 期。

〔3〕 中国第一历史档案馆藏，满文土尔扈特档，乾隆三十六年十月，三全宗，一六九六，四号，乾隆三十六年十月二日折。转引自马大正：“渥巴锡论——兼论清朝政府的民族统治政策”，原载《边疆与民族——历史断面研考》，黑龙江教育出版社 1993 年版。

十六人，四人居青海，十二人亦游牧套西，以和啰理为长，是为两部落之始。清朝建立之前，鄂齐图汗遣使入清，康熙十六年（1677年），阿拉善蒙古被噶尔丹所袭，全部溃散，或投西藏，或虏至伊犁。和啰理率属万余，遁大草滩，颇骚扰边徼。清朝怜悯其困境，置弗问。因此，划定阿拉山为界，山之阴许其游牧。和啰理请求对将其编入十九旗，置佑佐领。诏如内蒙古编制。康熙三十六年（1697年），清朝正式在阿拉善设立特别旗，阿拉善部完全臣属于清朝。阿拉善旗直辖于理藩院，并授予和啰理贝勒爵位和札萨克印章，管理阿拉善旗。阿拉善旗处于重要的战略地位，在平定准噶尔的战役中，发挥了重要的作用，清朝也非常重视阿拉善地区的管理，给予了阿拉善札萨克一定的自由裁量权。当然，这种自由裁量权是阿拉善王爷独有的或较其他蒙古地区更大的裁量权。阿拉善王爷的谕令《阿拉善律例》仍是在《蒙古律例》《大清律例》规范下形成的判例，所涉及的内容都是轻微的或体现阿拉善地区习惯的内容。

《阿拉善律例》是阿拉善王爷对于如何适用《大清律例》《蒙古律例》以及如何裁判而形成的判例。这些判例发生在嘉庆九年（1804年）至道光九年（1829年），包括阿拉善旗历任札萨克从乾隆三十一年（1767年）至咸丰十年（1860年）在本旗内发布的44道谕令、批复及札萨克衙门对于从乾隆三十年（1766年）至光绪三十四年（1898年）在该旗内发生的民刑案件的判例。

（二）有关青海地区的法律

雍正二年（1724年）五月，抚远大将军年羹尧奏请《条陈青海善后事宜》密折，即《青海善后事宜十三条》（即《十三条》）。

《十三条》是清代对青海地区蒙、藏民族的统治政策及管理制度，主要以行政法规为主。当月年羹尧又奏请《禁约青海十二条》(即《十二条》)，目的在对青海蒙古“制定法纪严加约束”。[1]《十二条》不仅有行政法规，还涉及一些刑事和民事法规。之后十年清朝一直没有对青海地区颁布法律，直到雍正十二年（1734 年），才编纂《西宁青海番夷成例》(即《番例》)。

《番例》是针对藏族制定的地方性法规，适于藏族地区。雍正十一年（1733 年）五月，达鼎选录《蒙古律例》中适合“番人”的条目令人译成藏文，于雍正十二年（1734 年）八月完成。《番例》将《蒙古律例》中的一些内容加以变通，主要有以下几个方面的内容：一是关于盗窃方面犯罪的规定。此类犯罪所占比例比较大，还引入了蒙古立誓制度。[2] 二是关于军事犯罪的规定。三是关于杀人、伤人等方面犯罪的规定，如有关于家奴杀主、打伤家奴等诸多情况。四是关于逃人方面的法律规定。五是关于民事方面的法律规定。六是关于诉讼方面的规定。《番例》在司法程序和制度上的规定，主要是“为了强调大一统国家在地方法治中的司法权威和最高效力”。[3]

因青海地区蒙藏等诸多民族杂居、风俗各异，在青海蒙古地区涉及藏民与蒙古之间的纠纷很多。在具体的法律适用上，清朝会根

---

〔1〕《清世宗实录》卷 20，雍正二年五月壬戌条。齐木德道尔吉等主编：《清朝世宗朝实录蒙古史史料抄》，内蒙古大学出版社 2009 年版，第 48 页。

〔2〕张济民：《渊源流近——藏族部落习惯法法规入案例辑录》，青海人民出版社 2002 年版，第 266 页。

〔3〕李佳阳：“清朝非省边疆地区法治建设与臣民（国家）意识整合”，云南大学 2016 年博士学位论文。

据具体的案件考虑如何裁判。乾隆十三年（1748 年）五月，清朝从因俗制宜的角度出发，奏准今后番民命盗案，照《番例》条款办理，不必再请展限。本文将在分析青海蒙古地区法律适用的章节时，展开对青海地区涉及蒙藏的案件如何裁判的分析。

本章小结

清代从国家中央立法、地方性立法等方面，以成文法的形式，确立了蒙古地区的法律规范体系。在立法上，保障了蒙古地区法律规范的体系化，明确了《大清律例》、《蒙古律例》、蒙古地区自行制定的地方性法规及蒙古地区原有习惯法之间的关系。无论是《大清律例》、《蒙古律例》，还是蒙古地区自行制定的法规及其习惯，都有自己的适用范围，在各自的领域调整发生在蒙古地区的案件。这为清王朝的法制统一奠定了基础。

第二章　涉蒙案件的司法管辖

清朝在蒙古地区实施盟旗制度，其中旗包括札萨克旗、总管旗和喇嘛旗，且都是国家行政体制中的基本行政单位。札萨克旗是清朝皇帝赐给旗内各级蒙古封建主的世袭领地，由蒙古王公统领。漠南蒙古有四十九个札萨克旗，并形成六个盟。而各盟的盟长也是从各旗札萨克中选择，并报理藩院。总管旗是清朝的直辖领地，由清朝直接派总管，其土地和属民也是由清朝直接管辖。察哈尔八旗和土默特旗都是总管旗，察哈尔八旗按入关前的八旗蒙古编制，旗长称总管，设都统。京师八旗由蒙古人担任总管和都统，与札萨克旗不同，总管旗总管“不得世袭，事不得自传，与各札萨克君国子民者不同”。[1] 土默特旗则不同，并非因其曾反抗过清朝而成为被限制权力的非世袭的总管旗，而是在康熙帝巡视归化城时，看到归化城土默特官萎士气萎靡，法度松弛，便将两旗都统革退。从在京城

〔1〕（清）魏源：《圣武记》卷三，中华书局 1984 年版，第 97 页。布尔尼起兵反清，遭到镇压。布尼尔被杀，“空其故地，置牧厂，隶内务府太仆寺，而移其部众游牧于宣化、大同边外”。“乾隆中，并裁都统，其旗务则掌之将军、副都统。惟存辅国公世爵一，不理事。并设同知、通判，理旗民赋讼，与京师内八旗蒙古相等，而与插汉小殊”。

的都统等官员中选择任命，“历年训练有方，军律严整，旧习渐改，有志向上”。[1] 但察哈尔旗和土默特旗在司法方面都一样，接受清朝派出官员的监督。喇嘛旗是上层喇嘛管辖的政教合一的地区，康熙六年（1667 年）设立喇嘛旗，即锡勒图库伦旗，任命呼图克图担任札萨克。

在司法审判权方面，各旗的札萨克有一定的司法权，札萨克有权审理和审判全旗的刑事案件和民事纠纷等。盟长主要审理重大的不服札萨克审判的案件，以及清朝指定的跨盟旗的案件等。仍不服盟长裁判的，可以上报至理藩院。蒙古地方驻有理藩院司官的，由司官会同札萨克审理。在内属蒙古，则由将军（绥远城将军）、都统（察哈尔都统、呼伦贝尔副都统）、大臣各率其属而听之。不能决的，上报理藩院。[2]

在法律适用上，康熙六年《蒙古律书》规定，长城以外蒙古适用《蒙古律例》，长城以内适用《大清律例》。[3] 其中，察哈尔八旗略有不同，到乾隆七年（1742 年）以前一直适用《大清律例》，

---

〔1〕 乾隆朝内府抄本《理藩院则例》，赵云田点校，中国藏学出版社 2006 年版，第 214 页。

〔2〕（清）理藩院修：《理藩院则例》，杨选第、金峰校注，内蒙古文化出版社 1998 年版，第 332 ~ 336 页。如“审断”“蒙古罪犯就近会审”条规定：归化城各同知、通判，承办蒙古与蒙古交涉命盗等案，由该同知通判处验讯通详，呈请绥远城将军，就近与土默特之参领等官会审起限，由将军处咨院具奏完结。蒙古与民人交涉命盗等案，亦呈请该将军，就近与土默特参领等官会审起限，由山西巡抚咨会具奏完结。于各札萨克等旗分行取会审官员之处，永行停止。结案后，将审拟之处，则归绥道衙门行知该札萨克。

〔3〕 李保文：“康熙六年《蒙古律书》”，载《历史档案》2002 年第 4 期。“内律”指《大清律》，“外律、外国律”指《蒙古律》，“八旗外蒙古”指在蒙古地区的八旗蒙古，“苏鲁克沁”（系蒙古语）即养息牧场。

后才改为适用《蒙古律例》。康熙二十九年（1690 年）二月定例，“此后外藩蒙古盗窃马牛杀人，依刑部律例治罪。未杀人、伤害人者依理藩院律例治罪”。[1] 嘉庆朝的《理藩院则例》确定了具体的法律适用原则，“凡办理蒙古案件，如蒙古例所未备者，准照刑例办理”。[2]

在司法官员的设置上，越来越多接受过中原传统法律文化的官员参与到蒙古地区案件的审理中去。如康熙三十六年（1697 年），谕旨称：“蒙古等渐至窘迫者，由牲畜被盗，不敢夜故耳。曾著原任郎中李学圣往翁牛特，员外郎喇都浑往策妄扎卜，主事奢冷簇敦多布多尔济等处教育之。此三处盗贼屏息，渐得生理。”朝廷鼓励革职之人或平民去“教育各蒙古”，进而“消弭盗贼”，“若遇处处盗案，即与该旗王等会同审理”。[3] 康熙三十八年（1699 年）上谕曰：“往者塞外多盗，近朕遣人教养蒙古，申严法禁盗贼，屏迹四十八旗，各获生理风俗，销醢而图萨独先犯禁，决不可恕，且此法朕创也”。[4] 康熙帝严明蒙古地区法制，令官员对其教化，将法律视为调整蒙古地区社会关系的重要规范。

---

〔1〕 达力扎布：“康熙三十五年《蒙古律例》研究”，载《民族史研究》2004 年第 00 期。

〔2〕（清）理藩院修：《理藩院则例》，内蒙古文化出版社 1998 年版，第 332 页。

〔3〕（清）章槱纂、褚家伟等校注：《康熙政要》，中共中央党校出版社 1994 年版，第 433 页。

〔4〕（清）乾隆帝敕撰：《清圣祖仁皇帝圣训》，文海出版社 2004 年版，第 125 页。

第一节　理藩院、刑部等审判机关的司法管辖权

中国自古就是一个多民族国家，随着各民族交往的扩大和深入，历代汉族或少数民族统治阶级建立的政权，大多设有管理边疆民族事务的官员或机构。负责边疆民族事务的官员，自商朝建立时就开始设置。秦朝时负责边疆民族事务的官员称为“典客”，汉朝时称为“大鸿胪”，隋唐由“鸿胪寺卿”负责边疆民族事务。但这些机构并不是专门的处理民族事务的机构，还负责其他事务，如大鸿胪掌管诸侯、列侯、外国君主等有关的事务，而且审理民族地区案件也不是其重要的职责。到清朝时设立的“理藩院”系专门的负责民族事务的机构，其最初被称为“蒙古衙门”，崇德元年（1636年）设立，崇德三年（1638年）更名为理藩院。其一项重要的职能就是参与制定涉及蒙古地区的法律，审理刑事案件。有学者认为，制定法律和审理刑事案件是理藩院的主要职能。[1] 参与蒙古地区案件审理的另一个重要的中央审判机构是刑部，刑部在清代中央司法机构中居于绝对的主导地位，系“天下刑名总汇”，其主要职能就是司法审判。涉及蒙古地区的案件时，主要由理藩院审理，需判处死刑的案件，由理藩院会同刑部、三法司审理。

---

〔1〕［德］何遐明：“国家权力在司法领域的角逐——17、18世纪清朝对蒙古的法律政策”，王伏牛译，载达力扎布主编：《中国边疆民族研究》（第七辑），中央民族大学出版社2013年版，第353页。“经常关注偷窃牲畜案件，还有少量的凶杀案、蓄意杀人案、抢劫案、性丑闻案。至少在理藩院存在的前150年中，处理法律事务是其主要职责。”

一、理藩院审决的案件

理藩院设立之初，主要是管理蒙古地区事务，包括查实蒙古地区人口、审理蒙古地区案件，代表清朝到蒙古地区颁布法律，维护社会秩序。虽没有以法律的形式予以明确规定，实际上已具有审理案件的职能。顺治八年（1651 年）议定，蒙古人之间发生纠纷，“赴各管旗王、贝勒等处申告，若审理不结，令协同会审旗分之王、贝勒等公同审讯，仍不结，王等遣送赴院”。[1] 理藩院也设立专门的机构，即理刑清吏司，负责内外札萨克各部落、察哈尔等蒙古地区的命盗案件。[2]

第一，审决蒙汉交涉案件。蒙古与汉人交涉的命盗重案，地方司法官员审理后，上报理藩院审决。乾隆二十五年（1760 年）议定，蒙古命盗等案及蒙古、民人交涉命盗事件，由归化城同知、通判承办，并由巡抚咨院具奏完结。[3] 乾隆三十一年（1766 年）议准：发生在归化城、土默特的人命、盗窃重案，其中主犯为蒙古人的，由归化城参领与同知审理并拟定罪名，并由归化城参领呈报副都统，同知呈报归绥道。副都统、同知复审相符的，向将军呈明，由将军咨理藩院办理。[4] 在喀尔喀蒙古地区，人命、盗窃重案，

〔1〕（清）会典馆编:《钦定大清会典事例 · 理藩院》，赵云田点校，中国藏学出版社 2007 年版，第 469 页。

〔2〕（清）会典馆编:《钦定大清会典事例 · 理藩院》，赵云田点校，中国藏学出版社 2007 年版，第 469 页。

〔3〕（清）会典馆编:《钦定大清会典事例 · 理藩院》，赵云田点校，中国藏学出版社 2007 年版，第 472 页。

〔4〕（清）会典馆编:《钦定大清会典事例 · 理藩院》，赵云田点校，中国藏学出版社 2007 年版，第 472 页。

也需呈报理藩院，由理藩院审决。[1]

第二，审理盟旗不决的案件。理藩院的这一司法职能，在顺治八年（1651 年）就予以了明确，外藩蒙古人之间的纠纷，由各管旗王、贝勒等审理；审理不决的，旗王、贝勒协同会审；仍不决的，遣送理藩院审理。如果案件未由王、贝勒等先行审理的，理藩院应当将此类案件驳回。因此，蒙古地区的案件，先由札萨克审理，不服的上诉至盟长处，仍不服的上报理藩院审理。

第三，理藩院官员通过会盟定期检查各旗之间是否有争夺牧场的行为。理藩院通过派出机构参与蒙古地方案件的审理，实现了对蒙古地区基层司法的控制。《理藩院则例》规定：理藩院派往蒙古管理喜峰口、古北口、张家口、独石口等各一人；神木、库伦、科布多等处设司员、笔贴式。

很多学者认为，在蒙古地区案件审理未制度化之前，蒙古人就与理藩院沟通，希望理藩院可以接管或审理一些案件。[2] 之后，随着法律制度的完善，理藩院与蒙古王公及驻防大臣之间的司法管辖权也进一步明确，很好地解决了地方与中央之间的矛盾，也为蒙古地区的法律适用、蒙古地区法律自身特点的保留与对中原法律文

---

〔1〕（清）会典馆编：《钦定大清会典事例 · 理藩院》，赵云田点校，中国藏学出版社 2007 年版，第 470 页。

〔2〕［德］何遐明："国家权力在司法领域的角逐——17、18 世纪清朝对蒙古的法律政策"，王伏牛译，载达力扎布主编：《中国边疆民族研究》（第七辑），中央民族大学出版社 2013 年版，第 353 页。清初，理藩院并没有广泛参与蒙古地区案件的审理，蒙古地区官员通过请愿书的方式，与理藩院接洽。随着咨请案件的增多，理藩院开始将一部分权力让渡给蒙古地区的王公。即以法律的形式确定哪些案件是其职责所属，哪些不是。其职责范围通过一系列与蒙古人的司法冲突得以确立，参与者有精英，也有普通民众。由于理藩院制定的司法权限有着内在的不确定性，法律的修订就成为一个持续不断的过程。

化的吸收提供了保障。

二、理藩院会同刑部审理的案件

理藩院系审理蒙古地区上报至中央的案件，只有在涉及蒙古军流发遣和死刑案件时，理藩院需要会同刑部及三法司审理。重大的死刑案件，与刑部或三法司共管。[1] 蒙古地方的案件，呈报到刑部，刑部移会理藩院。理藩院派出通晓蒙古语的司官带领通事，与刑部共同审理。如系内地八旗蒙古，依《大清律例》裁判的，参与会审的官员不必列衔；如系理藩院审理的案件，依《蒙古律例》裁判的，会审官员应当列衔；如需朝审的案件有蒙古人的，通知理藩院，理藩院派官员参加会审，需适用《蒙古律例》定罪的，理藩院一体列衔。[2] 也就是说，由刑部审理的案件，其中涉及适用《蒙古律例》的，必须由理藩院列衔。另，康熙元年（1662 年）题准，蒙古犯人拟定死罪的案件，理藩院会同三法司定拟具奏，应当斩监候处决的，会满洲九卿议奏。[3]

刑部、理藩院在具体的案件审理中如何分工，从相关案例中也可以看出。《刑案汇览》“偷窃蒙古骡驴应理藩院酌定”案[4]中，热河都统咨请刑部，《蒙古律例》“偷窃牲畜”条中的牲畜专指牛马驼羊四项，前据直隶总督以蒙古四项牲畜并不包括骡驴，应否将

---

〔1〕（清）理藩院修：《理藩院则例》，杨选第、金峰校注，内蒙古文化出版社 1998 年版，第 332 页。

〔2〕（清）姚雨芗原纂，胡仰山增辑：《大清律全刑案新纂集成》，同治十年，第 55 ~56 页。

〔3〕（清）会典馆编：《钦定大清会典事例 · 理藩院》，赵云田点校，中国藏学出版社 2007 年版，第 469 页。

〔4〕（清）祝庆棋等编：《刑案汇览（三编）》（一），北京古籍出版社 2004 年版，第 623 ~624 页。

骡头照大马按匹并计，驴头照马驹折算科断，抑或计赃论罪之处。刑部认为此类案件由理藩院审理，应当由理藩院对如何理解四项“牲畜”做出解释。理藩院认为，《蒙古律例》中仅规定，偷窃马牛羊四项牲畜，应当分别口齿大小，按照数量定罪量刑，并没有规定偷窃骡驴应当如何定罪量刑。对于热河都统的咨请，理藩院认为无凭可稽。因《大清律例》和《蒙古律例》中没有关于此类案件的具体规定，刑部也认为“本部无凭率覆援照刑律酌量部拟，于罪名诸多窒碍，应咨送理藩院一并核办”。

当各地就案件如何裁判，咨刑部时，遇有适用《蒙古律例》之条款时，因理藩院是主管蒙古事务的机构，又对《蒙古律例》颇为了解，刑部会同理藩院进行裁判，由理藩院查核《蒙古律例》，刑部、理藩院会同商议后，刑部予以答复。道光七年（1827 年），热河都统请刑部核示，“蒙古抢夺拒捕以先下手拟绞”一案如何裁决。刑部会同理藩院审理后，认为《蒙古律例》规定，蒙古地方的抢夺案件，如果没有伤及人员的情形，抢夺之人在四人以上至九人者，不再区分首从，对所有抢夺之人都发往伊犁为奴。但在抢夺案件中，如果伤及人员，或者抢夺之人捆缚事主的，将喝令下手的犯人，拟绞监候。同时，参考之前库伦办事大臣咨请“蒙古达什起意纠同进巴抢夺马物，殴伤事主商民韩长思平复”一案的裁决，刑部会同理藩院核议，“以达什、进巴均经下手，不论首从，均拟较候，经本院详绎蒙古抢夺伤人例文，并无不分首从之语，随案声请将起意之达什拟绞，从犯进巴拟发烟瘴等因奏准通行在案。是蒙古抢夺之案，仅以起意之犯问拟死罪，从犯及帮殴者概从轻减”。[1]

而本案中，舟温起意与孟滚仓等五人纠合抢夺，路遇周如才货车，该犯上前抢夺，周如才拦阻，舟温、孟滚仓首先下手砍殴，致伤周如才左右额角、左腮颊上唇吻、脑后右肩甲等处，并将右手指划伤。舟温起意抢夺，而又首先下手砍伤周如才多处，高瓦瞥见车夫孟科上前救护后，用木棍殴伤其左胳膊一处，并无喝令下手情形，且周如才等伤已平复，“前据该都统将高瓦拟以绞候，驳令将起意下手之逸犯舟温获日拟以绞候，余犯数在四人以上应发烟瘴当差等因。兹据该都统以孟科上前救护之时，舟温并未喝令高瓦下手，而高瓦自行向殴，系属各伤一人，应各科各罪，请仍照原拟，将高瓦自行向殴，系属各伤一人，应各科罪，请仍照原拟，将高瓦拟绞，抑或照新例拟发”。刑部认为，查高瓦等虽属各拒一人，究系舟温起意，自应仍将逸犯舟温获日拟以绞候，高瓦等改为烟瘴充当苦差，系称逃者，为首应照例监候待质，行文该都统查照遵办。[2]

各地审理涉及蒙古的案件时，理藩院派员参与。由刑部会同理藩院共同商议如何适用法律，尤其是对如何适用《蒙古律例》作出核议。

三、理藩院派出司官参与地方案件的审理

理藩院还派出司官与“地方官会听之”，在漠南、漠北、漠西

[1]（清）祝庆祺等编：《刑案汇览（三编）》（一），北京古籍出版社 2004 年版，第 574～575 页。

[2]（清）祝庆祺等编：《刑案汇览（三编）》（一），北京古籍出版社 2004 年版，第 574～575 页。

蒙古都设有司官参与地方案件的审理。

（一）喀喇沁三旗、土默特两旗司员审理蒙汉交涉案件

乾隆二年（1737 年），理藩院致喀喇沁王等："为统一口外种地民人官吏事，查，康熙五十八年四月，喀喇沁王伊德木扎布等就种地民人犯事应如何治罪事奏请"。因前往喀喇沁、土默特地方贸易的民人较多，矛盾日益突显，扰乱了蒙古地区的社会秩序，而蒙古王、贝勒又无权治罪内地民人，[1] 于是理藩院奏请在喀喇沁、土默特两旗各设一名司员，负责蒙汉交涉案件的审理。

乾隆十三年（1748 年），为防止札萨克蒙古与同知、通判等地方官彼此袒护所属之人，不利于案件的审理，遂在翁牛特王旗下乌兰哈达地方遣司官一人驻扎，令其将喀喇沁、翁牛特二王、喀喇沁札萨克一旗及翁牛特贝子、巴林、阿禄科尔沁等处，凡有蒙古内地民人交涉事务一并管理；[2] 并在土默特贝子旗下三座塔地方遣司官一人驻扎，负责审理二土默特、一敖汉、喀喇沁贝子及奈曼、喀尔喀、西勒图库伦等处的蒙汉交涉案件，在审理过程中，仍会同该札萨克随事完结。如果审理有不公的，再行赴地方官告知。乾隆二十三年（1758 年），"喀喇沁旗分蒙古民人交涉事件，向经乌兰哈达、三座塔司官分管者，嗣后改归八沟司官兼理"。[3]

---

〔1〕 喀喇沁右旗档案：《乾隆二年下发各札萨克来往公文档》，档案号：505－1－10。转引自白玉双："十八至二十世纪东部内蒙古社会变迁研究"，内蒙古大学 2007 年博士学位论文。

〔2〕（清）会典馆编：《钦定大清会典事例·理藩院》，赵云田点校，中国藏学出版社 2007 年版，第 182 页。

〔3〕（清）会典馆编：《钦定大清会典事例·理藩院》，赵云田点校，中国藏学出版社 2007 年版，第 183 页。

（二）理事同知审理蒙汉交涉案件

雍正朝开始，理藩院在蒙古地区设置理事同知，审理蒙汉交涉案件。雍正元年（1722 年），在热河厅设理事同知，负责旗民日常事务。到雍正十年（1732 年），在八沟厅设理事同知，与理藩院章京分管喀喇沁蒙古民人缉捕等事。[1] 乾隆二年（1737 年），撤回原理藩院章京，遴选通晓汉文、蒙古语的人士为理事同知，专门审理蒙古、民人交涉案件。从各部、院员外郎、主事内遴选会蒙文、通汉文的贤能之人，保举引见补授。如是则使口外设官之例一致。[2] 而且各官员职责明确，在涉及蒙汉的案件中，能公正审理，对蒙古、民人都有益。乾隆六年（1741 年），制定由同知会同各旗进行审理的“会审制度”，蒙古各部应拟绞监候之人送“八沟理事同知”“多伦诺尔理事同知”“归化城理事同知”等外监禁，并实行各处同知会同各旗会审制度。[3] 漠北蒙古归附后，也设立理事同知，乾隆六年（1741 年），凡应拟斩绞监候的蒙古系喀尔喀土谢图汗部落十九旗、车臣汗部落二十一旗以及额鲁特旗蒙古人犯事的，由多伦诺尔理事同知监禁。多伦诺尔蒙汉互讼的案件，由多伦

---

〔1〕（清）海忠：《承德府志》（三）（光绪十三年影印版），成文出版社 1968 年版，第 836、837 页。

〔2〕喀喇沁右旗档案：《乾隆二年下发各札萨克来往公文档》，档案号：505 - 1 - 10。转引自白玉双：《十八至二十世纪东部内蒙古社会变迁研究》，内蒙古大学 2007 年博士学位论文。

〔3〕（清）会典馆编：《钦定大清会典事例 · 理藩院》，赵云田点校，中国藏学出版社 2007 年版，第 470 页。乾隆六年议准：“凡应拟斩绞监候之蒙古等，系科尔沁、札赉特、杜尔伯特、郭尔罗斯十旗，喀喇沁三旗，土默特两旗，札鲁特两旗，敖汉旗，柰曼旗，喀尔喀左翼旗者，送八沟理事同知监禁。”

诺尔理事同知会同该旗审理完结。[1]

乾隆十五年（1750年），八旗游牧察哈尔蒙古地区，镶黄旗、正白旗、镶白旗、正蓝旗地区的蒙汉交涉案件，如犯事地点在镶黄旗，且邻近张家口地区的，由张家口同知监禁；如犯事地点在正白旗，邻近独石口的，由独石口同知监禁；如犯事地点在镶白旗、正蓝旗，邻近多伦诺尔的，由多伦诺尔同知监禁。[2] 张家口、独石口、多伦诺尔三厅的理事同知，在审理察哈尔与本地方交涉的案件时，会同察哈尔各旗游牧理事司员审理；平泉、建昌、赤峰、朝阳四州县与札萨克交涉的案件，由本地区驻扎的理事司员就近会审。[3]

漠西蒙古同漠南、漠北蒙古一样，也设立理事同知。乾隆二十九年（1764年）七月，伊犁将军明瑞等人认为，伊犁的官兵都携家属，且与商民居于同一地方，必定会有纠纷，随向乾隆帝奏请"于兵丁全到之合，在伊犁地区设立理事同知"。[4] 清代随后在伊犁地区设立抚民同知、理事同知各一名。抚民同知负责其管辖范围内的有关商民、绿营的命、盗窃诉讼案件；理事同知负责惠远、惠宁两城满营以及各部落（包括锡伯、索伦、察哈尔、额鲁特、回子

---

〔1〕（清）会典馆编：《钦定大清会典事例·理藩院》，赵云田点校，中国藏学出版社2007年版，第180页。

〔2〕（清）会典馆编：《钦定大清会典事例·理藩院》，赵云田点校，中国藏学出版社2007年版，第472页。

〔3〕（清）理藩院修：《理藩院则例》，杨选第、金峰校注，内蒙古文化出版社1998年版，第334页。

〔4〕（清）官修：《清高宗实录》卷714，乾隆二十九年七月甲子条。"其内地八旗蒙古律例等书，附请给发，以便查照遵行，得旨。军机大臣议奏寻议。查各省驻防，旗民杂处之地，例设理事同知，或通判一员，承办审理词讼。今伊犁所驻满洲、蒙古、绿旗兵及商民回人，尤为错杂，词令讼案件必多，应如明瑞等所奏，设立理事同知一员。"

诸部落）一切人命、盗窃、脱逃各案及旗民交涉事件，有应禁人犯俱寄抚民衙门监内兼管。[1]

四、刑部的司法职能

刑部为“刑名总汇”，负责司法审判及司法的行政管理，“掌天下刑罚之政令，以赞上正万民，凡律例轻重之适，听断出入之孚，决宥缓速之宜，赃罚追贷之数，各司以达于部。尚书侍郎率其属以定议，大事上之，小事则行，以肃邦纪”。[2] 在三法司中，刑部司法审判职权最重。面对各地咨请的案件时，如涉及蒙古地区或蒙古人的，需要查核《蒙古律例》如何规定时，由理藩院负责查例。如果案件由刑部直接确定或解释如何适用《大清律例》的，由刑部直接给予解释。涉及蒙古地区的案件主要由理藩院负责审理，如雍正十一年（1733 年）《大清律例》增订规定：“蒙古案件有送部审理者，即移会理藩院衙门”。[3] 此外，蒙古地区的命盗重案，需要三法司会审的，由三法司会审。康熙元年（1662 年）题准，蒙古地区案件经审理判处死罪的，由负责案件审理的札萨克审理后，上报理藩院，理藩院与三法司共同审理后，予以裁判。其中应当判处监候秋后处决的，由刑部按照秋审的相关规定，会同满洲九卿议定后，上奏皇帝。[4]

---

〔1〕（清）苏尔德等：《新疆回部志》，成文出版社 1968 年版，第 4 页。

〔2〕（清）官修：光绪朝《大清会典三》卷 53，《刑部 · 尚书侍郎职掌一》。

〔3〕马健石、杨育棠主编：《大清律例通考校注》，中国政法大学出版社 1992 年版，第 295 页。

〔4〕（清）会典馆编：《钦定大清会典事例 · 理藩院》，赵云田点校，中国藏学出版社 2007 年版，第 469 页。

（一）接受蒙古司法官员咨询，解释《大清律例》

嘉庆十八年（1813 年），“托斯图误伤巴彦祖尔肯身死”一案中，塔尔巴哈台参赞大臣认为，因托斯图在与巴彦祖尔肯玩耍的过程中，用石掷打马匹，误伤巴彦祖尔肯，致巴彦祖尔肯死亡，故本案应当援引《蒙古律例》“过失杀人”条的规定，罚三九牲畜。刑部接到塔尔巴哈台参赞大臣的咨请后，“此等巡案件向由本部将原咨送理藩院核办”。[1]

另据《刑案汇览》所记载，道光十一年（1831 年），直隶司上报刑部查核：“律应佥遣之犯，如有因妻患病留养，将本犯先行发遣，俟伊妻病痊补解。若伊妻原系有疾不能随行及患病留养后成笃不能补解”，应当如何处理？刑部答复道：犯罪之人的妻子不予发遣，是因为其患病，而不是适用《大清律例》“存养留亲”条的规定，而且犯罪之人的母亲还有儿子绰克土奉养，不存在由长子妻子照顾的情形。应由都统查明呼和齐克患病是否痊愈，如果已经痊愈，应当按照规定，予以发遣。如因病成笃，实在不适合发遣的，再行照例酌留免发。[2] 本案虽系蒙古地区案件，但涉及如何适用“存养留亲”条的规定，由作为“掌天下刑名”的刑部给予解释更为合理。虽然《理藩院则例》中有关于“存养留亲”的规定，毕竟该条不是蒙古族法律文化的自有内容，作为“舶来品”，负责民族地区事务的理藩院，无法给出合理的解释。只能由熟悉中国传统

---

〔1〕（清）祝庆棋等编：《刑案汇览（三编）》（二），北京古籍出版社 2004 年版，第 1150 页。

〔2〕（清）祝庆棋等编：《刑案汇览（三编）》（一），北京古籍出版社 2004 年版，第 28 页。

法律文化、了解《大清律例》的制定背景及目的的刑部，做出如何适用的合理解释。

（二）会同理藩院解释《蒙古律例》

嘉庆十四年（1809年），库伦办事大臣向理藩院请示，《蒙古律例》中有关于偷窃五岁牛只的作为偷窃大牛处理，偷窃六岁马匹作为偷窃大马办理的规定；却没有规定偷窃几岁的骆驼可以作为偷窃大骆驼处理。针对此项请示，理藩院商定后认为，骆驼岁口仿照马匹的岁口，偷窃六岁的骆驼按照偷窃大骆驼的规定处理；偷窃五岁以内的骆驼按照偷窃小骆驼的规定处理。[1]

嘉庆二十三年（1818年），热河都统就"拿获拦抢匪犯王文成等拟遣"案向刑部请示。刑部指出，偷窃四项牲畜之人，应当刺字后发遣。且法律明确规定，盗窃案中有主从之分，主从犯定罪时，以一主为重，并从一科断。另，察哈尔都统向理藩院咨请"乌舍尔等偷窃赵文显、马德良二家牛只，应否各主分计科罪一案"，《大清律例》规定：窃盗贼以一主为重。又二罪重发，罪各等者从一科断。此案中，理藩院认为乌舍尔等偷窃大牛四只、小牛三只，系事主之畜，每事主被窃大牛二只。今该都统合计大牛四只科断，似未允协。对于是否应该分开计算并予以定罪，理藩院因没有办理过此类案件，向刑部咨询如何裁判。

刑部根据理藩院的声明，蒙古例内并无分晳一主各主之文，认

---

〔1〕（清）祝庆棋等编：《刑案汇览（三编）》（一），北京古籍出版社2004年版，第621页。理藩院查乾隆五十年（1785年）十二月，会同刑部定拟口外偷羊四只，作大牲口一只。嘉庆九年（1804年），本院定议牛犊、马驹亦照羊只办理，奏准载入蒙古律内。仅驼只一项，并未分别大小。

为应当照刑律从一科断。之前察哈尔都统将首犯乌舍尔发遣湖广等省、从犯车淋发遣山东等省，刑部改判乌舍尔依偷窃蒙古四项牲畜一二匹为例，发山东等省交驿当差。车淋改依为从，鞭一百，俱分别刺字。通行各处，嗣后凡有同时偷窃各主牲畜，照蒙古例定拟之案，应以一主为重，并从一科断，以照画一，由理藩院载入蒙古例内，以便遵守。[1] 上述案件中，因《蒙古律例》并没有规定具体的犯罪情节，上报至理藩院时，理藩院征求刑部意见；上报至刑部时，也会同理藩院商定如何裁判。但总体来说，作为司法行政的主管部门，即使是蒙古地区的案件，只要涉及法律的适用问题，都由刑部经会同理藩院后，作出具体的答复，并将此作为后续案件裁判的依据。

第二节　札萨克、盟长的司法职能

中原地区的审判制度不同于蒙古地区，内地实施的是行省制。行政设置大部分直接继承了明代的设置与划分。在行省制度下，第一审级是州县级，由州县官依律“拟罪”，并将案件转送到上一级机关审理。州县对笞、杖的轻微刑事案件有权裁决，其他判处徒、流、死刑的重大刑事案件，州县司法官员初审后上报上级机关；府对呈报上来的案件审理后，继续转呈上一级审判机关，其更多的是一种审判监督的权力；第三级为司级，即省级机关的按察司，对上

〔1〕（清）祝庆棋等编：《刑案汇览（三编）》（一），北京古籍出版社 2004 年版，第 621～622 页。

报的案件的法律适用、定罪量刑作出判断，并上报督抚；督抚对不涉及人命的徒刑案件作出终审判决，对于军、流案件复审后，上报刑部，由刑部作出判决。可见，无论是审级，还是各级司法官员的管辖权都有所不同。而这里的不同，主要是因为中原地区与蒙古地区在行政设置上的不同。内地的行政设置为行省制，级别更多，各级官员的司法管辖权不同，而蒙古地区在基层主要是由札萨克审理，盟长和理藩院负责上诉审，同时理藩院对于重大案件也有一定管辖权。同为中央审判机构的理藩院，在涉及蒙古地区的案件中，较刑部拥有更大的司法管辖权。理藩院在审理盟旗的上诉案件时，还派出司官会同札萨克一起审理。不设札萨克的地方由驻防将军、都统、办事大臣就近审理，重案报理藩院核查。充军、发遣等较重刑案，报理藩院会同刑部裁决。

一、旗长的司法职能

札萨克旗是清朝赐给旗内各级蒙古封建主的世袭领地，分为内札萨克旗和外札萨克旗。札萨克旗之外的总管旗系清代的直属领地，旗下不设札萨克和世袭封爵，不实行会盟。另外，就是保护喇嘛教的喇嘛旗，喇嘛旗是上层喇嘛管辖的宗教领地，地位与札萨克旗同等，清代蒙古地区共建喇嘛旗七个。喇嘛旗札萨克除不管军事外，所有宗教事务及行政、司法等事务由司员主持，自行处置。

在札萨克旗，根据《蒙古律例》的规定，蒙古人犯罪的，由札萨克审理裁决，札萨克不能裁决的；由盟长审理裁决，盟长仍不能裁决的，由理藩院审理定案。[1] 各札萨克驻有司官的，司官会同札萨克听审；内属蒙古，则将军、大臣、都统各率其属听审；涉及蒙汉的案件，地方官会同听审。对于重案，即罪至发遣的，报于理藩院会同刑部审断。涉及死刑的，由三法司审断。[2] 同样，在喇嘛旗，也由旗长负责具体案件的审理。

蒙古地区与中原地区不同的另一个方面，就是札萨克对于一些轻微的刑事案件，可以依据本地区的习惯法予以裁决，也可以变通适用刑罚。在蒙古地区享有司法权的官员大多是蒙古王公贵族，他们不仅在当地有一定的权威，而且对蒙古地区的习惯、风俗等更加了解，在处理有一定自由裁量权的民事案件时，能够结合当时的习

---

〔1〕《蒙古志》(光绪三十三年刊本影印)，成文出版社1968年版，第262页。“蒙古之狱讼，各以札萨克听之，不决，则报盟长公同审讯。或札萨克判断不公，亦准两造赴盟长呈诉，又不决，则将全案详送理藩院。其或札萨克皆判断不公，亦准两造赴理藩院呈诉。内蒙古各地有驻司官者，其狱讼由司官会札萨克，内属蒙古则归驻防大臣听之。若蒙古人民与内地人民讼，则由内地地方官会同札萨克判断。汉人在蒙古犯罪，依刑部律。蒙古人在内地犯罪依蒙古律。”

〔2〕(清) 官修：光绪朝《大清会典三》卷68，《理藩院·理刑清吏司》。“凡蒙古之狱，各以札萨克听之，蒙古为匪者，各责成本旗札萨克拏治，有讼，亦令于札萨克呈诉。……蒙古之讼，札萨克不能决者，令报盟长，公同审讯，或札萨克判断不公，亦准两造赴盟长呈诉，不决，则报于院。札萨克盟长俱不能决者，即将全案遣送，赴院。其或札萨克盟长均判断不公，亦准两造赴院呈诉。驻司官者，司官会札萨克而听之。八乐沟塔子沟三座塔乌兰哈达神森宁静夏，皆驻扎司官。……遇有驿站蒙古之案，亦就近管理，皆会同札萨克审办，其命案则先会地方官检验，应报院者，八沟塔子沟三座塔乌兰哈达由热河都统覆，覆报院，驿站司官，由阿尔泰军台都统覆报院。惟神木宁夏司官径行报院。蒙古内属者，将军都统大臣各率其属而听之。归化城土默特之案，归化城副都统土默特旗员审拟，绥远城将军覆核；察哈尔之案，察哈尔各司官审拟，都统覆核；伊犁塔尔巴哈台所属额鲁特、察哈尔之案，伊犁司官审拟，将军覆核；科布多所属乌梁海扎哈沁明阿特额鲁特之案，科布多大臣率司官审拟；唐努乌梁海之案，乌里雅苏台司官审拟，皆定边左副将军覆核，应报完者，由将军、都统报院。与民讼，地方官会审之。”

惯进行裁量。在审理刑事案件时，也能在理解“蒙古律”及《大清律例》的适用原则上，作出较合理的裁判。而对于一些民事案件，则可以制定谕令，作为之后裁决的依据。而在中原地区，虽然州县官员可以依据当地习惯，裁决一些民间细故，但对于刑罚的适用没有变通的权力。当然，到清后期，随着中央集权的加强，蒙古地区札萨克的这项权力受到限制。但在清朝统治蒙古地区的过程中，札萨克在这些方面的决定权，为实现蒙古地区的稳定起到了重要的作用。

在总管旗，由总管旗长负责案件的审理。乾隆七年（1742年），八旗游牧察哈尔的“命盗案件，如凶犯、盗犯、尸亲、失主皆系蒙古，并无内地民人者，令该总管会同该同知、通判审明定拟。鞭责轻罪，照例发保；徒流以上罪犯，即交该同知、通判等收禁，一面报部，一面将鞭责之犯先行发落。俟院会刑部等衙门奏准之后，将应决之人犯，即于犯事处正法”。[1] 不涉及民人的凶犯、盗犯、尸亲、失主皆系蒙古的，由总管会同同知、通判审明定拟。如果是蒙古与内地人交涉命盗案件，由总管委官会该同知、通判审明定拟，应保出者准其保出，应监禁者交该同知、通判等收禁。[2] 乾隆十二年（1747 年）议准：“八旗游牧察哈尔蒙古民人交涉事件，仍会同同知、通判审理，如案犯专系蒙古，与内地人无涉者，

---

〔1〕（清）会典馆编：《钦定大清会典事例·理藩院》，赵云田点校，中国藏学出版社 2007 年版，第 471 页。

〔2〕（清）会典馆编：《钦定大清会典事例·理藩院》，赵云田点校，中国藏学出版社 2007 年版，第 471 页。

令各总管自行审理”。[1]

二、盟长的司法职能

蒙古地区很早以前就有会盟的习惯，清朝为协调各旗之间的关系，在旗之上设立了盟，设盟长和副盟长各一人。“国初定：每会设盟长一人，各于所属三年一次会盟，清理刑名，编审丁籍”。[2] 盟长和副盟长从札萨克中产生，由理藩院报皇帝任命。主要职责是“理讼狱，审丁册”。康熙二十九年（1690 年）复准：“喀尔喀土谢图汗、车臣汗等内属，应照四十九旗例，永定会盟之典。其台吉等有远方住外边者，著理藩院差官预行调取，会盟日期齐集。”[3] 在喀尔喀蒙古地区，也照四十九旗例，定会盟之例。在蒙古地区，“科尔沁、扎赖特、杜尔伯特、郭尔罗斯四部落十旗为一会，盟于哲里穆。敖汉、柰曼、翁牛特、巴林、扎鲁特、喀尔喀左翼、阿禄科尔沁、克西克腾八部落十旗为一会，盟于召乌达。……乌朱穆秦、阿霸垓、蒿齐忒、苏尼特、阿霸哈那尔五部落十旗为一会，盟于锡林郭尔。四子部落、喀尔喀右翼、吴喇沁、毛明安四部落六旗为一会，盟于乌兰察布。鄂尔多斯七旗为一会，盟于伊克召。每会盟设盟长副盟长各一人。归化城土默特会盟集于本城，不设盟长，听简命大臣裁决”。[4] 各旗会盟之处，必设立盟长，定期审理

---

〔1〕（清）会典馆编：《钦定大清会典事例·理藩院》，赵云田点校，中国藏学出版社 2007 年版，第 471 页。

〔2〕《乾隆朝内府抄本〈理藩院则例〉》，赵云田点校，中国藏学出版社 2006 年版，第 29 页。

〔3〕《乾隆朝内府抄本〈理藩院则例〉》，赵云田点校，中国藏学出版社 2006 年版，第 215～216 页。

〔4〕《乾隆朝内府抄本〈理藩院则例〉》，赵云田点校，中国藏学出版社 2006 年版，第 272 页。

刑狱。

盟长并不是一级司法审判机构，也不是蒙古地区案件重要的审判机构，通常是接受各旗上诉案件和会审案件。一般的民事纠纷、刑事纠纷案件，由旗札萨克进行审断，而不能决断的疑难或重大案件，上报盟长会同复审。如旗印务处札萨克审判不公的，向盟长呈诉。[1] 在乌尔津扎布违例审判的案件中[2]，盟长松岱布道尔吉审理后，拟纠正对盗马一案的判决，并呈报理藩院。理藩院对乌尔津扎布一案审理后，把敕文送达喀尔喀四盟各盟长处，并令他们通告所属各旗。

在蒙古地区还有几个未编入盟的札萨克，如阿拉善旗、额济纳土尔扈特旗、科布多旗，它们不会盟，如遇有相应事务，由邻近的总督、大臣统辖。

第三节　驻防大臣等的司法职能

清朝在蒙古地区实施盟旗制度，各盟旗都划有游牧地，彼此之间也相对独立。清朝在中央设置理藩院综合统理蒙古事务，同时，在蒙古地区的重要地方设将军、都统、大臣等驻防官，以监督各地盟旗。蒙古地区涉及民人案件的审理时，通常有多名官员参与审

---

〔1〕（清）会典馆编：《钦定大清会典事例·理藩院》，赵云田点校，中国藏学出版社 2007 年版，第 469 页。

〔2〕转引自［日］萩原守："清代蒙古的刑事审判事例"，哈刺古纳译，载《蒙古学资料与情报》1991 年第 3 期。

理，《大清律》“化外人有犯”条规定，蒙古民人交涉之案，凡遇斗殴、拒捕等事，该地方官与旗员会讯明确。“地方官”系指驻蒙将军、大臣、都统和与蒙古地区分地而治的州、府、县官员，由于蒙古与民人之间的争讼，涉及民族关系的问题，有民人参加的案件，由蒙古旗员单方审理，审理结果可能会有失偏颇。本节主要分析漠南蒙古地区，除札萨克、盟长、理藩院等中央司法机关外，其他参与蒙古地区案件审理的司法官员的审判权限。

一、漠南蒙古地区驻防大臣等的司法职能

漠南蒙古的归化城土默特等地，是清代边疆防御的重要力量，对控驭服绥蒙古、保卫京师、开发边疆起到了重要的作用。漠南蒙古地区驻防大臣的权限也呈扩大的趋势。漠南蒙古与中原紧邻，蒙汉交往颇深，一些地方也有类似中原地区的乡绅等处理一些民事纠纷。在漠南蒙古地区，主要由札萨克、盟长、驻防大臣等负责案件的审理，还有乡长、族长等负责一些民间细故的审理。

（一）绥远城驻防将军的司法职能

归化城土默特位于大青山与黄河环绕的土默川平原（今呼和浩特一带），包括归化城、绥远城、萨拉齐、和林格尔、托克托、清水河和包头地区，系农牧碰撞地带，经贸活动频繁，地理位置特殊。归化城土默地区移民较多，除蒙古居民外，还有满民、汉民、回民。雍正十三年（1735 年）二月，雍正帝下旨在归化城修建城池。[1] 根据《绥远旗志》和《绥远城驻防志》的记载，雍正十三

〔1〕 中国历史第一档案馆藏：《军机处满文月折包》，档案号：1504 - 001，缩微号：039 - 0348。转引自边晋中：“清绥远城修筑时间和过程考”，载《内蒙古师范大学学报》2007 年第 1 期。

年（1735 年）奉旨兴建，乾隆二年（1737 年）竣工。绥远城驻防是清朝在漠南蒙古设置最早的驻防。绥远城将军统率绥远城、归化城土默特二旗等。

绥远城将军从乾隆二年（1737 年）右卫将军移驻绥远城到清宣统三年（1911 年），共派绥远城将军 80 任。土默特部左右两翼，于乾隆二十八年（1763 年）起，划归清朝所派的绥远城将军直接管辖。绥远城驻防设置后，渐渐形成了以绥远城将军为主的司法管理体系。如《绥远全志》记载，“归化城等处蒙古命盗案件，由各该厅会同并兵司参领等官定拟，再由副都统归绥道会勘明确咨报将军覆审，转让咨理藩院核覆”。[1] 绥远城将军参与司法审判的案件主要集中在以下几个方面：

1. 审理蒙汉交涉案件

“朕闻得归化城一带，近来盗案颇多，或于道中肆行劫夺，各案内多系土默特蒙古，该同知间或缉获，而归化城都统等，派出会审之员，又未免袒护蒙古，不据实办理，以致积案未结，嗣后归化城土默特等处盗案，著绥远城建威将军一并管理，务于平时来行查缉，以靖地方”。[2] 乾隆五年（1740 年），命绥远城将军参与管理归化城地区的蒙汉交涉事件。乾隆二十五年（1760 年）进一步规定，“蒙古与民人交涉命盗等案，亦呈请该将军，就近与土默特参领等官会审起限，由山西巡抚咨会具奏完结。于各札萨克等旗分行取会审官员之处，永行停止。结案后，将审拟之处，由归绥道衙门

---

〔1〕（清）贻谷、高庚恩等撰：《绥远全志》（清光绪三十四年刊本影印），成文出版社 1968 年版，第 236 页。

〔2〕（清）官修：《清高宗实录》，乾隆五年四月丁酉条。

行知该札萨克”。[1] 绥远城将军与土默特参领等，参与蒙汉交涉命盗案件的审理。

2. 审理蒙古与蒙古交涉命盗案件

绥远城将军除审理蒙汉交涉的案件外，还负责蒙古与蒙古之间的命盗案件。乾隆二十五年（1760 年）“蒙古律”“蒙古犯就近会审”条规定，“归化城各同知、通判，承办蒙古与蒙古交涉命盗等案，由该同知通判处验讯通详，呈请绥远城将军，就近与土默特之参领等会审起限，由将军处咨院具奏完结”。[2] 绥远城将军与土默特参领、同知、通判承办的蒙古人之间的命盗等案会审起限。归化城土默特命案，绥远城将军亲至归化城审讯，平常案件也与归化城副都统和衷办公。乾隆三十一年（1766 年）至乾隆三十五年（1770 年）间，绥远城将军审理蒙古与蒙古交涉命盗案件的权力受到一定的限制，这一点在分析归化城副都统的司法职能中予以探讨。乾隆三十五年（1770 年）奉旨：“嗣后归化城土默特命盗重案，著绥远城将军亲往归化城复审后，再行定拟”。[3] 乾隆五十五年（1790 年），“乌巴什殴伤鄂尔济图身死”一案中，绥远城将军

〔1〕（清）理藩院修：《理藩院则例》，杨选第、金峰校注，内蒙古文化出版社 1998 年版，第 333 页。

〔2〕（清）理藩院修：《理藩院则例》，杨选第、金峰校注，内蒙古文化出版社 1998 年版，第 333 页。

〔3〕（清）会典馆编：《钦定大清会典事例 · 理藩院》，赵云田点校，中国藏学出版社 2007 年版，第 474 页。

参照《大清律例》，拟判乌巴什绞监候，上报理藩院。[1]

3. 上报案件至理藩院

归化城、土默特两旗命盗重案，由绥远城将军咨院办理。乾隆三十一年（1766 年）议准："归化城土默特两旗命盗重案，如正犯系蒙古，由归化城参领会同同知审明拟罪。该参领呈报归化城副都统，该同知亦即申报归绥道，复审相符后，呈明将军咨院办理。其审供案情，仍由该道详报按察使司，转由巡抚存案，以备查核。"[2] 归化城土默特两旗命盗案件，如果是蒙古人犯罪，最终由理藩院给出处理意见。

（二）归化城都统的司法职能

归化城土默特部是漠南蒙古中仅次于察哈尔的大部落，且归化城靠近漠南、喀尔喀和漠西蒙古的交界地段，是进入西北蒙古的关键所在。清朝非常看重对归化城地区的统治，因而重视归化城官员的设置，归化城都统由古禄格和托博克两个家族世袭担任，主要是掌握归化城土默特部的事务。康熙三十三年（1694 年），归化城土默特两旗增设副都统二人。乾隆二十八年（1763 年），绥远城将军

---

〔1〕土默特档案馆馆藏档案：《绥远将军理藩院审结乌巴什殴伤致死鄂尔济图绞监候的咨文》，件号 210 号。转引自张万军："论清代蒙古土默特地区刑事法律伦理化趋势"，载《社会科学论坛》2016 年第 10 期。绥远城将军咨：乌巴什供称其与被害人鄂尔济图系无服族兄弟关系。乾隆五十年三月，鄂尔济图偷旺扎尔三捆柴火（旺扎尔为乌巴什丈人），乌巴什劝鄂尔济图磕头赔礼，但鄂尔济图不同意。后乌巴什与其丈人一起喝酒，鄂尔济图饮醉走入一同喝酒，并向旺扎尔磕头赔不是。乌巴什加以嘲笑，鄂尔济图与乌巴什发生争执，乌巴什情急之下将鄂尔济图打伤，后鄂尔济图伤重死亡。

〔2〕（清）会典馆编：《钦定大清会典事例·理藩院》，赵云田点校，中国藏学出版社 2007 年版，第 473 页。

“兼司土默特蒙古事务”[1]，归化城都统的权限受到一定限制。

清朝出于权力制衡的目的，对归化城都统与绥远城将军的权力的设置进行一定的限制和调整。在司法职能上，绥远城将军与归化城都统的案件审理权限有一定的重合，这也是清朝希望绥远城将军与归化城都统互相牵制，防止一方权力独大。乾隆三十一年（1766年），“土默特蒙古伊什策楞争控施舍庙宇地亩”一案，由将军嵩椿办理，归化城副都统集福来京，乾隆帝命军机大臣汇报该案的情况，但集福并不知情。乾隆帝认为该案系土默特蒙古事体，应当由绥远城将军与归化城副都统一同商办。“嵩椿如此行事，集福亦当询问，或即行奏闻，乃佯为不知，听其所为，亦属非是。看来各省将军，竟有蔑视副都统之事，各省驻防，设立将军、副都统，原为诸事以将军承办，副都统协办。如事事皆将军一人专主，则设立副都统，果何为乎？即如京内各部院尚书、寺郎、八旗、都统、副都统，亦皆一体办事。……外省副都统，如不循分，与将军争执妄为，将军即当参奏”。[2] 归化城土默特两旗的命盗重案，由归化城都统和绥远城将军共同参与审理，互相牵制。同年规定，“归化城土默特两旗命盗重案，如正犯系蒙古，由归化城参领会同同知审明拟罪。该参领呈报归化城副都统，该同知亦即申报归绥道，复审相

〔1〕《清史稿·刑法志》（卷一百十七），九十二，第1609页。“乾隆三年，置建威将军，二十六年更名。二十八年，兼司土默特蒙古事务。初置都统一人，管土默特二旗。至是省入。副都统一人，康熙三十三年，置归化二人。乾隆二年置绥远二人。十三年，省二人。二十八年，分驻二城，寻省绥远一人，协领五人，佐领六十有四人。防御二十人。骁骑校六十有发人。又归化城初置都统二人，分左、右翼。康熙三十三年，省右翼。四十四年，复故。乾隆二十六年省左翼，二十八年俱省。”

〔2〕（清）官修：《清高宗实录》卷770，乾隆三十一年十月甲辰条。

符后，呈明将军咨院办理”。[1]

由归化城副都统负责土默特两旗命盗重案，由绥远城将军咨理藩院办理。从该规定来看，乾隆三十一年（1766 年），绥远城将军参与土默特两旗蒙古间命盗重案审理的权限受到限制，归化城副都统的司法职能扩大。乾隆三十五年（1770 年）后，又定归化城土默特地区的命盗重案，由绥远城将军到归化城亲自复审后，再行定拟。乾隆三十八年（1773 年），土默特二等台吉喇什巴雅尔图因私行开垦禁地，被绥远城将军传唤，并解去台吉品级，在归化城会同副都统等，将其进行审讯。[2] 从这些规定来看，归化城副都统、绥远城将军在不同时期其司法职能是不同的，但基本上是共同参与，互相限制。

（三）察哈尔都统的司法职能

康熙年间，察哈尔蒙古在东北义洲旧地叛乱，叛乱被平定后，康熙帝下旨将察哈尔部众撤销八旗札萨克，仿满洲八旗制度，将察哈尔分为左右两翼，游牧于宣化、大同边外。因察哈尔紧邻京师，是清朝畿辅驻防的重要部分，设立大员管理。

雍正年间，清朝开始募民垦种察哈尔，满汉之间的矛盾日益增多，但察哈尔镶红旗右翼四旗副总管等人，很多并不懂满文、蒙文，无法有效地解决纠纷，适用法律作出裁决。乾隆二十七年（1762 年），任命巴尔品为察哈尔都统，驻扎张家口，由其总管察哈尔两副都统、八旗总管、宣化及大同二旗和张家口地方，但不得

〔1〕（清）会典馆编:《钦定大清会典事例 · 理藩院》，赵云田点校，中国藏学出版社 2007 年版，第 473 页。

〔2〕（清）官修:《清高宗实录》卷 944，乾隆三十八年十月壬辰条。

干预地方钱谷词讼等事务。[1]

乾隆三十三年（1768 年）奏准，察哈尔都统负责复核“各处台站地方命盗重案”，如系蒙古、民人交涉案件，仍交该地方官办理。如果案犯全系蒙古，照察哈尔旗办理之例，审明后报察哈尔都统复核咨院完结。[2] 察哈尔都统在蒙古之间案件的审理中，主要是复核并上报理藩院。如在“蒙古越狱拟军只可交驿当差”案中[3]，察哈尔都统咨解索诺木到部，询问如何适用刑罚。

（四）热河都统的司法职能

内地民人在喀喇沁及卓、昭两盟的开垦日益增多，嘉庆十五年（1810 年）设热河都统，由热河副都统升任，沿承热河副都统的原有职能。热河都统也负责一定案件的审理，参与喀喇沁及卓、昭两盟案件的审理。[4]

1. 审理蒙汉交涉案件

嘉庆十五年（1810 年）四月，“口外沿边地方，自康熙年间已有内地民人在彼耕种居住。百余年来流寓渐多，生齿益众。……此内各厅有隶吉林将军统辖者，有隶奉天府尹统辖者，有隶山西巡抚

---

〔1〕（清）官修：《清高宗实录》卷 669，乾隆二十七年八月丙辰条。

〔2〕（清）会典馆编：《钦定大清会典事例 · 理藩院》，赵云田点校，中国藏学出版社 2007 年版，第 473 页。

〔3〕（清）祝庆祺等编：《刑案汇览（三编）》（一），北京古籍出版社 2004 年版，第 199 ~ 200 页。“查索诺木系听从罗布桑扎木苏越狱，拟发极力足四千里充军之犯，系蒙古情节较重，不准折枷，题覆在案。惟蒙古人犯只有实发各省驿站充当苦差之条，向无照民人充军之案，该都统按刑律发极边足四千里充军，核计道里远近，只可酌发湖广福建等省驿站，充当苦差。”

〔4〕（清）海忠：《承德府志》（三）（光绪十三年影印版），成文出版社 1968 年版，第 836 页。雍正二年设总管乾隆三年改设副都统，专辖八旗驻防。嘉庆十五年改设都统总理蒙民关案件。

统辖者。至承德府所属各州县及宣化府口北三厅，皆属直隶总督统辖，地方辽阔，于吏治察核，刑名审转，诸多不便。朕意当于热河地方设一大员，将承德府等处附近各属专令统辖”。同年六月谕：“因内地民人租种蒙古地亩，在平泉等州县居住者，生齿日众，案件较繁，酌改设都统一员管理，业将和拉堪简放”。[1] 在喀喇沁三旗及卓、昭两盟、达什达瓦的额鲁特设热河都统，负责热河地方蒙汉交涉事件。在“王连登听从逸犯曹帼旺抢夺蒙古女子玛乍”一案中，热河都统认为王连登在蒙古地方抢夺蒙古女子，《蒙古律例》无明文规定，应照《大清律例》的规定处理。热河都统实际参与蒙汉交涉案件的审理。

2. 核定案件并呈报理藩院

嘉庆十五年（1810 年）议准，八沟、三座塔、乌兰哈达、塔子沟四处司员，“照察哈尔游牧理事司员之例，俱改为蒙古理事官，为都统之属。定为二年一次更换；由礼部铸给满洲、蒙古、汉字三体字样理事关防，加铸所驻地名，遇有应报理藩院之事，皆令呈报热河都统，由都统核定报院”。[2] 凡需上报的案件，都由热河都统核定后，呈报理藩院，包括秋审的案件，“热河都统所承审之命盗案件办理秋审时，由该都统另缮黄册进呈”。[3]

---

〔1〕（清）李鸿章：《畿辅通志》卷四，诏谕四，河北人民出版社 1985 年版，第 261～262 页。

〔2〕（清）会典馆编：《钦定大清会典事例·理藩院》，赵云田点校，中国藏学出版社 2007 年版，第 185 页。

〔3〕（清）理藩院修：《理藩院则例》，杨选第、金峰校注，内蒙古文化出版社 1998 年版，第 332 页。

（五）盛京刑部的司法职能

康熙三十四年（1695 年），设“盛京刑部蒙古员外郎”。[1] 盛京刑部开始处理边外蒙古案件。到乾隆年间，盛京刑部审理蒙古案件的办法已基本成熟，“边外蒙古讼者，侍郎会该札萨克之副台吉共谳之，皆依律定拟，按罪之轻重以别咨题结与直省同”。[2] 每年盛京刑部委贤能司官会同该外札萨克等审理，咨报理藩院。雍正八年（1730 年），盛京所属法库柳条边等处蒙古案件停止由盛京刑部审理。乾隆二年（1737 年），法库柳条边等处与盛京刑部相近，将军乃武职，不熟悉律例，仍由盛京刑部与该旗札萨克台吉会同办理。[3]

（六）族长、乡长等的司法职能

到漠南蒙古地区开垦的民人日益增多，形成了聚居的情形。乾隆十三年（1748 年）议准，“蒙古、民人借耕种为由，互相容留，恐滋事端。嗣后蒙古部内所有民人，民人屯中所有蒙古，各将彼此附近地亩，照数换给，令各归其地”。[4] 族长、乡长主要负责一些民事纠纷。康熙四十四年（1705 年）复准：“蒙古台吉等不立族长，无所统属，应每族设各族长，稽查本族内酗酒行凶等事”。[5] 康熙四十四年（1705 年）设立之族长，只要负责稽查本族内酗酒行凶等事，没有审理的权限，相当于“司法辅助人员”。

[1]（清）官修：《清圣祖实录》卷 167，康熙三十四年五月已丑条。

[2]（清）官修：乾隆朝《清会典》卷 78。

[3]（清）官修：乾隆朝《清会典》卷 137。

[4]（清）会典馆编：《钦定大清会典事例·理藩院》，赵云田点校，中国藏学出版社 2007 年版，第 221 页。

[5]（清）会典馆编：《钦定大清会典事例·理藩院》，赵云田点校，中国藏学出版社 2007 年版，第 220 页。

嘉庆二十二年（1817 年）谕："蒙古地方寄居民人，择其良善者立为乡长、总甲、牌头、专司稽察，有踪迹可疑之人，报官究办。如有作奸犯科者，将该乡长等一并治罪"。[1] 族长、乡长、总甲、牌头等人，不仅稽查，还承担连坐的责任。总的来说，族长、乡长、牌头等人，都是"司法辅助人员"，负责本地区的治安，以及民间细故的解决，并不是真正意义上的司法官员。

（七）邻近县司法官员在涉及蒙古案件中的司法职能

漠南蒙古地区邻近中原地区，在交界处经常发生涉及蒙汉的纠纷，邻近县司法官员也会参与到蒙汉交涉案件的审理。乾隆四十九年（1784 年），"科尔沁地方种地民人，与蒙古有交涉事件，所有宾图郡王地方游牧商民，住址近铁岭县，即交铁岭县管理。达尔汉亲王地方游牧商民，住址近开原县，即交开原县管理。如有词讼案件，该县呈报盛京刑部将军会同核办"。[2] 由铁岭县与盛京刑部将军共同审理边界蒙汉交涉案件。

山西省大同府丰镇厅，民人处所与察哈尔正黄、正红旗连界；朔平府属宁远厅所辖，民人处所与察哈尔镶红、镶蓝旗连界。此四旗蒙古等又与苏尼特、四子部落等各札萨克旗连界。乾隆二十五年（1760 年），"两厅所辖境内蒙古与民人交涉命盗等案内，毋论察哈尔旗下蒙古、各札萨克等所属蒙古，俱按失事地方，令该厅会同察

---

〔1〕（清）会典馆编：《钦定大清会典事例·理藩院》，赵云田点校，中国藏学出版社 2007 年版，第 405 页。

〔2〕（清）会典馆编：《钦定大清会典事例·理藩院》，赵云田点校，中国藏学出版社 2007 年版，第 221 页。

哈尔四旗官员审定”。[1] 乾隆四十一年（1776年），鄂尔多斯、阿拉善两旗的蒙汉交涉命盗案件，由邻近鄂尔多斯、阿拉善两旗的地方官会同蒙古官员相验，之后仍交由宁夏、神木、安边三处理事同知与蒙古官员共同审明定拟。[2]

漠南蒙古因与中原交界，边界之地经常发生蒙汉交涉的案件，此类案件的审理，通常由交界处的蒙汉官员共同审理。

二、漠北蒙古地区驻防大臣等的司法职能

漠北蒙古各旗设札萨克，掌管各旗的行政、民事事务，一般案件也由札萨克处理，然后上报盟长，再由盟长上报理藩院。涉及军事方面的事务，由喀尔喀各部副将军总理，并报定边左副将军、库伦办事大臣。总体上来说，是军事、行政分开。“为了完成旗的监督统辖任务，设置了盟和驻防官，以便使国家权力浸透进去。”[3] 札萨克、盟长不是通过科举取得的官职，而是成吉思汗家族被清朝任命到地方的蒙古贵族。蒙古地方也没有回避制度，各旗札萨克、盟长常与案件有一定的利益关系。因此，随着清朝对蒙古地区统治的加强，驻防官员等越来越多地加入到重要案件的审判中去，他们成为凌驾于札萨克、盟长之上的审判复核机关，遇有疑难案件须亲自审理。而且乾隆初年喀尔喀蒙古地区的重要案件，由理藩院来审

---

〔1〕（清）理藩院修：《理藩院则例》，杨选第、金峰校注，内蒙古文化出版社1998年版，第334页。

〔2〕（清）会典馆编：《钦定大清会典事例·理藩院》，赵云田点校，中国藏学出版社2007年版，第474页。

〔3〕［日］田山茂：《清代蒙古社会制度》，潘世宪译，内蒙古人民出版社2015年版，第95页。

理，依《蒙古律例》予以裁决。[1] 达力扎布通过六个案例分析认为，喀尔喀的大案、跨盟旗之案、蒙汉交涉之案都是以四盟轮值处和定边左副将军军营蒙古衙门共同审理，并具议奏闻和执行。乾隆十七年（1752 年）各地将军参与刑事案件审理的权限发生变化，刑部奏准本年秋审各地减等量刑的案件，由各地将军"一体实行"，这里的"将军"当然也包括蒙古地区的驻防将军，且乌里雅苏台将军军营蒙古衙门将此通告发至喀尔喀各旗，令各旗"一体实行"。[2]

（一）库伦办事大臣的司法职能

库伦是清朝与俄罗斯边境上的重镇，也是喀尔喀最高活佛哲布尊丹巴呼图克图的驻地，是清朝在漠北蒙古统治的政治、经济、宗教中心。乾隆二十七年（1762 年）设置库伦办事大臣，由满洲大员担任。另选蒙古汗、王、公、札萨克一人为办事大臣，同厘其务。整个清代，共任命满洲大臣 64 位，蒙古大臣 13 位。库伦办事大臣设置之初，并没有直接监督盟旗司法的权力。当前许多学者认为，库伦办事大臣设立之初，是为了"管理呼图克图的沙比那尔，并且协助处理和俄罗斯之间的边境事务"，[3] 限制土谢图汗衮布家族的全权管理特权。

经查阅相关史料，从库伦办事大臣设立之初，到乾隆三十八年（1773 年）之间，没有关于库伦办事大臣参与案件审理的记载。喀

---

〔1〕 达力扎布："《喀尔喀法规》制定原因及实施范围初探"，载《中央民族大学学报（哲学社会科学版）》2005 年第 1 期。

〔2〕 达力扎布："《喀尔喀法规》制定原因及实施范围初探"，载《中央民族大学学报（哲学社会科学版）》2005 年第 1 期。

〔3〕《宝贝念珠》，转引自［日］冈洋树："关于'库伦办事大臣'的考查"，乌云格日勒、佟双喜译，载《蒙古学信息》1997 年第 2 期。

尔喀蒙古地区汉人之间、蒙汉之间的案件，在库伦大臣设置之前，由理藩院驻扎司官初审。凡拟罪至遣者，由理藩院会同刑部审决，死罪须三法司定狱，若是监候则入秋审。到乾隆三十九年（1774年），《钦定大清会典事例·理藩院·审断》中才有关于库伦办事大臣可以参与案件审理的规定，“蒙古等词讼，不先在札萨克盟长处具控，竟赴院越诉者，无论事之虚实，系台吉官员罚三九，系属下家奴鞭一百。寻常案件，仍交该札萨克盟长办理。其命盗重案，由院详讯，应派大臣办理之外，具奏请旨。如已在札萨克盟长处呈控，或不为秉公办理，复赴院呈者，由院按事之轻重，或派员办理，或奏遣大臣办理”。[1] 也就是说，命、盗重案由库伦办事大臣参与办理的，需“具奏请旨”。

随着清朝对喀尔喀蒙古统治的加强，库伦办事大臣的司法权也日益扩大。乾隆四十二年（1777年），库伦办事大臣参与案件审理的权限进一步扩大，“嗣后库伦办事部员，即令驻扎库伦大臣兼管所有蒙古、民人交涉案件，俱著呈报该大臣办理”。[2] 自乾隆四十年（1775年），库伦办事大臣开始兼管所有蒙汉交涉的案件。随着越来越多的民人到库伦等处贸易，涉及民人的案件也增多。乾隆四十四年（1779年），“库伦等处贸易民人，有不守本分滋生事端者，解至赛尔乌苏部员处，转解张家口都统递加原籍，严加管束”。[3]

---

〔1〕（清）会典馆编：《钦定大清会典事例·理藩院》，赵云田点校，中国藏学出版社2007年版，第474页。

〔2〕（清）会典馆编：《钦定大清会典事例·理藩院》，赵云田点校，中国藏学出版社2007年版，第475页。

〔3〕（清）会典馆编：《钦定大清会典事例·理藩院》，赵云田点校，中国藏学出版社2007年版，第475页。

对于滋生事端的汉人，转解张家口递加原籍。库伦办事大臣仍管辖涉及蒙汉的案件，如有人命案件，库伦办事大臣定拟具奏。乾隆四十五年（1780年），库伦等处商民，在库伦地方有人命案件，仍交库伦部员办理。其库伦、恰克图两处商民出张家口在察哈尔、苏尼特等处地方有人命案件，即交察哈尔部员办理，由张家口都统定拟具奏。若在喀尔喀所属地方有人命案件，亦就近交库伦部员办理，俱由驻扎库伦大臣定拟具奏。[1] 库伦办事大臣在其管辖范围内，监督各盟旗案件的审理及有关内地民人的案件。

嘉庆年间，库伦办事大臣参与审理案件的范围扩大到土谢图汗、车臣汗二部落蒙古民人交涉命盗案。嘉庆十六年（1811年）议定："土谢图汗、车臣汗二部落蒙古民人交涉人命盗案，由库伦办事大臣办理。蒙古与蒙古盗案，由盟长办理"。[2] 而蒙古与蒙古之间的寻常人命案件，由盟长审理并拟罪后上报库伦办事大臣。库伦办事大臣对该类案件再详细审理，认为所定之罪与适用的法律不相符的，可饬驳另审。蒙古与蒙古之间重要的人命案件，盟长不能审办的，库伦办事大臣可以亲自审理并拟定罪刑，再上报理藩院。库伦办事大臣除参与蒙古与蒙古之间人命案件的审理，对蒙古与民人之间的命案也有详驳和提审的权力。如果案件发生在札萨克图汗、三音诺彦二部落，由定边左副将军照库伦办事大臣一体办理。

---

〔1〕（清）会典馆编：《钦定大清会典事例·理藩院》，赵云田点校，中国藏学出版社2007年版，第475页。

〔2〕（清）会典馆编：《钦定大清会典事例·理藩院》，赵云田点校，中国藏学出版社2007年版，第475~476页。"其蒙古与蒙古寻常人命案件，该盟长审明拟罪报明库伦办事大臣详审无异，转为报院。倘案情不确，录供拟罪与例不符者，该大臣饬驳另审。如紧要命案，该盟长实不能审办者，该大臣亲提案内人犯审拟，应报院者报院，应奏者具奏。其札萨克图汗、三音诺彦二部落案件，由定边左副将军照库伦办事大臣一体办理。"

（二）定边左副将军的司法职能

定边左副将军地位之变化分为三个阶段[1]：第一阶段是雍正十一年（1733 年）到乾隆十五年（1750 年），即策凌初任定边副将军到其亡故。此阶段策凌总揽喀尔喀一切事务。第二阶段是乾隆十六年（1751 年）到乾隆四十五年（1780 年），从成衮扎布任职到《将军、参赞大臣、盟长、副将军办事务各单程》的制定。此阶段清朝分散定边左副将军的权力。第三阶段是乾隆四十五年（1780 年）到清末。乾隆二十七年（1762 年），设库伦办事大臣，负责哲布尊丹巴呼图克图的俗务管理。定边左副将军的职责是管理军营事务，驻防阿尔泰山。喀尔喀军营定边副将军一人，乌里雅苏台参赞大臣一人，科布多参赞大臣一人，掌喀尔喀四部之军政。[2]

策凌父子三人历任定边副将军近四十年，期间定边左副将军掌

---

〔1〕 徐实："清朝对外蒙古管理体制研究"，中央民族大学 2011 年博士学位论文。

〔2〕 赵尔巽等撰：《清史稿·职官志》，中华书局 1977 年版，第 1613 页。"乌里雅苏台定边左副将军一人。参赞大臣二人。雍正九年，设阿尔泰营置，辖唐弩乌梁海五旗三佐领，兼辖土谢图汗部汗阿林盟一部二十旗，赛音诺部齐齐尔里克盟一部二十四旗，并所附额鲁特旗乌梁海十二佐领，车臣汗部喀鲁伦巴尔和屯盟一部二十四旗，札萨克图汗部毕都里淖尔盟一部十九旗，并所附辉特一旗，乌梁海五佐领。内参赞一人，以蒙古王、公、台吉兼任。科布多参赞大臣，办事大臣，各一人。乾隆二十六年置，辖札哈沁、明阿特、额鲁特各一旗，阿尔泰乌梁海七旗又二旗，兼辖布尔干河新扈尔特青色启勒盟一部二旗，哈弼察克新和硕特部一旗、杜尔伯特乌兰固木赛音济雅哈图盟左翼十一旗，右翼三旗，及所附辉特二旗。同治七年，增置布伦托海办事大臣、帮办大臣各一人，八年省，仍隶科布多。库伦办事大臣，帮办大臣，各一人。雍正九年，设互市处，驻司员经理。后改置办事大臣，监督恰克图俄罗斯通商事宜。乾隆四十九年，增一人。寻定为额缺。内一人以蒙古王、公、台吉兼任。所属有印房章京，理刑司员，管理商民事务司员，笔帖式等官。分驻恰克图办事司员一人。塔尔巴哈台副都统，乾隆二十九年置参赞大臣一人。光绪十四年省，移伊犁副都统来驻。领队大臣，乾隆四十一年置，辖额鲁特。所属有印房章京，管理粮饷司员，笔帖式等官。西宁办事大臣，乾隆元年置，辖青海三十六旗会盟。所属有司员，笔帖式。各一人。西藏办事大臣一人。雍正五年置。光绪三十四年增一人。宣统二年省一人。兼辖达木蒙古八旗。"

喀尔喀军政大权，自他们之后，喀尔喀人与此职位绝缘，定边左副将军的权掌也逐渐缩小。自车布登扎布以后历任定边左副将军全是八旗贵族，且满八旗占多数。作为对喀尔喀的补偿，定边左副将军的一些民事权力被剥离出来，交喀尔喀王公处理。后定边左副将军的地位下降，清朝对其任免也更为随意。定边左副将军和参赞不再办理喀尔喀游牧的事务。因定边左副将军、参赞及四部落盟长，各自有其专办的事务。就如何划定职权，乾隆四十五年（1780 年）十一月谕，“其如何分别拟定条例，俾不至瞻顾误事，亦不至越畔营私，久远奉行之处，著军机大臣会同该部议奏”。[1]贼盗、人命等案，由该札萨克呈该盟长报院定夺。只有出现札萨克、盟长不秉公办理或被人控告的情形，由定边左副将军等参奏，照例治罪。定边左副将军在喀尔喀不准干预地方事务，案件由札萨克上报理藩院定夺。

到嘉庆七年（1802 年），因“赛因诺颜、札萨克图汗、二部落事务，即就近在乌里雅苏台会集，与定边左副将军一同办理。土谢图汗、车臣汗二部落事务，即就近在库伦会盟，与办事大臣一同办理”。[2] 定边左副将军参与办理土谢图汗、车臣汗二部落的事务，鉴于此，“札萨克图汗、三音诺彦二部落的案件，由定边左副将军照库伦办事大臣一体办理”。[3] 库伦办事大臣与定边左副将军、科布多参赞大臣共同管理喀尔喀和厄鲁特等蒙古驻防的清军。一开始

---

〔1〕（清）官修：《清高宗实录》卷 1118，乾隆四十五年十一月甲申条。

〔2〕（清）官修：《清仁宗实录》卷 102，嘉庆七年八月乙酉条。

〔3〕（清）会典馆编：《钦定大清会典事例 · 理藩院》，赵云田点校，中国藏学出版社 2007 年版，第 476 页。

定边左副将军与库伦办事大臣平级，到嘉庆朝以后，库伦办事大臣有凌驾于定边左副将军之势，渐成为漠北第一人。定边左副将军参与司法审判的权限，仅是参与札萨克图汗、三音诺彦二部落案件的审理。

三、漠西蒙古地区驻防大臣等的司法职能

漠西蒙古地区以准噶尔部最为强大，清朝多次平定准噶尔。准噶尔汗国也由于长期的战争，土地荒芜。清朝为恢复生计，乾隆二十六年（1761 年）正月，续派同一千名察哈尔兵丁携眷移驻伊犁，得到乾隆的批准。[1] 同年九月三十日，大学士傅恒提出拣选察哈尔官兵携眷移驻伊犁，建议“从察哈尔兼管新旧厄鲁特及察哈尔八旗之单身余丁内，拣选年富力强、情愿携眷迁移者一千名，分别迁往伊犁、乌鲁木齐永久驻防”。[2] 乾隆帝批准：“现拟选派之一千名察哈尔、厄鲁特兵，著富德、巴图济尔噶勒驰驿前往察哈尔游牧地方拣选”。[3]

漠西蒙古的杜尔伯特部于乾隆十八年（1753 年）归附。第二年，仿漠南、漠北蒙古之例，编旗、设佐领。附牧于杜尔伯特的一

〔1〕 中国第一历史档案馆：军机处满文议复档，6876－1（No. 30）。转引自：马大正：“清代西迁新疆之察哈尔蒙古的史料与历史”，载《民族研究》1994 年第 4 期。《清实录》第 17 册，中华书局 1986 年版，第 18 页。“本年派出驻防伊犁健锐蒙古前锋校一员，骠骑校一员，前锋三十七名，察哈尔总管一员，佐领一员，兵八十九名，厄鲁特兵二十四名，效力之原任总管舍通额等四名，共官兵一百五十八名，照例给马驼盐莱银两，口粮羊只，每五人给帐房一架并军器等物，又伊犁屯田都司一员等。”

〔2〕 中国第一历史档案馆：军机处满文议复档，860－1（No. 2）。转引自：马大正：“清代西迁新疆之察哈尔蒙古的史料与历史”，载《民族研究》1994 年第 4 期。

〔3〕 中国第一历史档案馆：军机处满文议复档，860－1（No. 2）。转引自：马大正：“清代西迁新疆之察哈尔蒙古的史料与历史”，载《民族研究》1994 年第 4 期。

部分辉特，于乾隆二十年（1755 年）编二旗，加入盟内。土尔扈特部，其中以属于渥巴锡汗的部人为旧土尔扈特部，编成十三旗；舍棱为所属为新土尔扈特部，编成三旗。大多于乾隆三十七年（1772 年）设立。和硕特族与新土尔扈特族联合，于乾隆三十年（1765 年）被编为四旗。[1]

（一）伊犁将军的司法职能

清朝平定准噶尔后，乾隆二十七年（1762 年）在伊犁设置"总统伊犁等处将军"，统属伊犁地区。这是清朝在新疆地区的最高军事、行政长官，下设都统、参赞大臣、办事大臣、领队大臣等官。天山北路的命盗刑事案件一般由同知衙门初审，伊犁将军衙门复审结案，咨送刑部等。[2] 渥巴锡旧领土尔扈特（旧土尔扈特），分设四盟，归伊犁将军管辖，伊犁将军共管辖十三旗。[3]

---

〔1〕（清）官修：嘉庆朝《清会典事例二》卷 739，《理藩院·设官·外蒙古部落官制》。

〔2〕中国第一历史档案馆：军机处满文录副奏折，3649－15，嘉庆七年（1802 年）十月二十一日，"伊犁将军松筠奏审明察哈尔营披甲茂肯打死其妻一案并按律拟罪折"。吴元丰、胡兆斌、阿拉腾奥其尔、刘怀龙主编：《清代西迁新疆察哈尔蒙古满文档案全译》，新疆人民出版社 2004 年版，第 323 页。嘉庆七年（1802 年）九月，察哈尔营的茂肯与其妻子萨恰发生口角，萨恰被打。萨恰恼怒之下辱骂茂肯的父母。茂肯气急将萨恰殴打致死。该案由领队大臣禀报松筠，松筠令理事同知提审犯人。经过理事同知浩凌的初宣，伊犁将军松筠与察哈尔邻队大臣复审。查得萨恰平时性情刚烈，"无礼辱骂其夫父母属实"，遂依蒙古律拟罪上报。

〔3〕（清）理藩院修：《理藩院则例》，杨选第、金峰校注，内蒙古文化出版社 1998 年版，第 63～64 页。"乌讷恩素珠克图部落南路旧土尔扈特卓哩克图汗一旗，南路旧土尔扈特中札萨克固山贝子一旗，南路旧土尔扈特右札萨克辅国公一旗，南路旧土尔扈特左札萨克头等台吉一旗，北路旧土尔扈特札萨克和硕亲王一旗，北路土尔扈特左札萨克辅国公一旗，北路旧土尔扈特右札萨克头等台吉一旗，东路旧土尔扈特右札萨克多罗郡王一旗，东路旧土尔扈特左札萨克固山贝子一旗，西路旧土尔扈特札萨多罗贝勒一旗，巴图赛特厅奇勒图部落中路霍硕特中札萨克固山贝子一旗，中路霍硕特左札萨克头等台吉一旗，中路霍硕特右札萨克头等台吉一旗。"

后蒲大芳因反叛，获罪发配新疆，在塔尔巴哈台为遣戍，仍不服清朝处罚，行“聚谋不轨之事”。被告发后，松筠派伊犁领队大臣色尔衮以巡查金厂为名，前往剿办。缉拿蒲大芳等31人，并立即处斩。嘉庆认为松筠太过草率，不能胜任伊犁将军之职，“著传旨严行申饬，交部严加议处，来京候旨，至伊犁将军员缺现已将晋昌补授”。[1] 光绪十年（1884年），新疆建省，行省制度取代了军府制，“改总统伊犁将军为驻防将军”[2]，与内地将军职掌完全相同，伊犁将军权限大为缩小。

从伊犁将军的奏折中，可以看出伊犁将军的司法职能以及其对蒙古地方案件审理的纠查之职。乾隆五十六年（1791年）十月二十五日，伊犁将军保宁奏察哈尔营佐领萨木彦等管束兵丁不严致使偷盗马案。在该案的审理过程中，保宁认为伊犁地方与哈萨克、布鲁特毗连，伊犁地方之人偷窃外藩人的牲畜，系重大案件。在向乾隆上书的过程中，也提到其多次晓谕各营官员，多留心管束各自的兵丁。因察哈尔官员未严加管束其兵丁，致使玛穆特等偷窃哈萨克马匹。经查佐领萨木彦等系专管之人，应当从重处置。保宁担心只罚其俸禄，不能起到警示的作用，便逐一训导，对偷窃之人，分别治罪。对住在牧场附近负责牧场的人，从重处罚，认为察哈尔、厄鲁特等皆系蒙古人，“虽罚其俸禄，然不被众人得钓，仍不惧怕”。如今当差的各营官兵，逐一训导，将佐领萨木彦从重鞭笞六十下，

〔1〕 中国第一历史档案馆藏：《军机处录副嘉庆朝》，档案号：03－1522－024。
〔2〕 曾毓瑜：《征西纪略》（卷4），文海出版社1979年版，第60页。

以示儆戒；并处罚其他涉案失职之人，上奏请示予以惩处。[1]

伊犁将军是蒙古地区重要的司法官员。嘉庆十年（1805 年）八月十五日，“察哈尔领队大臣托云转据总管乌尔图那素图报称，闲散旗丁额尔队于闰六月二十日与闲散旗丁策凌旺舒克戏骂，被策凌旺舒克用鞭桿打伤，于二十七日因伤身故等。松筠派理事同知前达尔札前往该处相驗讯。策凌旺舒克一犯合依斗殴杀人不问手足他物金刃，绞监候律[2]，拟绞监候秋后处决”。[3] 松筠作为伊犁将军，参与案件的审理，并上报理藩院、刑部。

（二）科布多参赞大臣的司法职能

雍正八、九年至乾隆十九年，科布多参赞大臣统辖杜尔伯特、新土尔扈特、新和硕特、明噶特、额鲁特、札哈沁、阿尔台乌梁海、阿尔台诺尔乌梁海各地兵马。舍楞所领的土尔扈特（新土尔扈

---

〔1〕 中国第一历史档案馆等编：《清代西迁新疆察哈尔蒙古满文档案译编》，全国图书馆文献缩微复制中心出版社 1994 年版，第 259～260 页。“我方人偷盗外藩人牲畜案件关系重大，奴才曾经屡次晓谕各营官员，务必不时留心严加管束各自所辖兵丁，断不可行盗。今察哈尔营官员并未遵照奴才谕严加约束，致使玛穆特等偷盗哈萨克马匹，乃玩忽职守，不成体统，理应分别治罪。查得，该翼副总管娄干、该牛录骁骑校旺舒克均派牧故官场牲畜，住于别处。相应毋庸议外，佐领萨木彦及该佐领下领催等住地均距玛程特等相近，系专管之员，理应从重处置。唯察哈尔、厄鲁特等皆系蒙古人，虽罚其俸禄，然不被众人得钧，仍不惧怕。奴才召集在城内当差之各营官兵。逐一训导，将佐领萨木彦从重鞭笞六十下，以示儆戒外，仍请罚俸一年；并将领催等鞭笞一百下，即行革职。领队大臣讷音、总管六十七虽系统领之员，亦难辞其咎，均应议罪。惟讷音、六十七遵照奴才札谕，在数日之间，将盗马贼犯及被盗马匹无一遗漏均查拿送来，尚属认罪，奋勉效力，相应准其抵罪，宽免察议。当否之外，恩出自皇上。再，佐领乌尔固纳逊遵奉讷音之命，即刻留心访察盗贼及马匹，并拿送前来，奋勉效力。奴才酌情奖赏乌尔图纳逊及随行兵丁绸缎、布匹、茶叶等物，以资鼓励。”

〔2〕《大清律例》，田涛、郑秦点校，法律出版社 1999 年版，第 430 页。“凡斗殴杀人者，不问手足、他物、金刃，并绞，监候。”

〔3〕 中国第一历史档案馆藏：《宫中朱批奏折》，档案号：04－01－27－0020－017，“奏为审明察哈尔旗丁策凌旺舒克斗殴致毙人命按律定拟事”。

特)，设二盟二旗，居科布多、阿尔泰一带，也归科布多参赞大臣管辖。科布多参赞大臣共管辖十九旗。[1]

科布多参赞大臣的前身是定边左副将军，设立于乾隆元年（1736 年）。初设立时，是定边副将军的副手。策凌之后，参赞大臣的权限逐渐加重。乾隆二十年（1755 年），杜尔伯特、新土尔扈特归附清朝，设旗建盟，由参赞大臣管辖，参赞大臣的权限日增。科布多参赞大臣虽隶属于定边左副将军，但其可直接上奏朝廷，不必再向将军奏报。“从前，乌梁海事务，另派人处理者，特因乌梁海之人初附，恐其不谙内地礼法，特派人经理。嗣后乌梁海事务即交科布多大臣经理，仍着乌里雅苏台将军统辖。”[2] 乾隆四十五年（1780 年）议定：“科布多地方命盗案，毋庸解送刑部，即由该参赞大臣审明定案后，将该犯解往乌里雅苏台将军处，由该将军复核，入于秋审汇奏。”[3] 科布多参赞大臣对所属地方的命盗案件，开始拥有一定的司法审判权。

（三）塔尔巴哈台参赞大臣的司法职能

塔尔吧哈台军政区是西北的重要门户，东至噶札乐巴什诺尔与科布多所属阿尔泰乌梁海旗接界，西至察汉郑博，南到戈壁，北至

---

〔1〕（清）理藩院修：《理藩院则例》，杨选第、金峰校注，内蒙古文化出版社 1998 年版，第 63 页。“三音济雅图部落左翼杜尔伯特特固斯库噜克达来汗一旗，左翼杜尔伯特中后左札萨克头等台吉一旗，左翼杜尔伯特中札萨克多罗郡王一旗、左翼杜尔伯特中上札萨克固山贝子一旗，左翼杜尔伯特中左札萨克多罗贝勒一旗，左翼杜尔伯特中前左札萨克头等台吉一旗，……新土尔扈特左固山贝子一旗，霍硕特札萨克头等台吉一旗。”

〔2〕（清）官修：《清高宗实录》卷 878，乾隆三十六年二月庚辰条。

〔3〕（清）会典馆编：《钦定大清会典事例 · 理藩院》，赵云田点校，中国藏学出版社 2007 年版，第 459 页。

额尔齐斯河。乾隆二十九年（1764 年），在塔尔巴哈台设立参赞大臣，受伊犁将军节制。两年后，建立楚呼楚城，即绥靖城。

根据《清实录》的记载，可以看到塔尔巴哈台参与案件审理的司法职能，扎克塔尔奏，“哈萨克抢掠土尔扈特衣服驼马，请旨将哈萨克爱达布克勒等正法”，嘉庆帝认为，“爱布达克勒胆敢伙众白昼越边，将土尔扈特等绑缚劫其衣物驼马，实属目无法律，凶恶已极，即著照扎克塔尔所奏，将爱布达克勒押送卡伦枭首示众，其在逃贼犯土尔巴克等，著塔尔巴哈台参赞大臣，转饬哈萨克台吉托克托库楚克等缉捕审办”。[1] 当然，塔尔巴哈台作为驻防大臣，其并不是设立之初就参与案件的审理，而是随着其职能的转变，会参与到案件的审理中。但与伊犁将军等相比，塔尔巴哈台参与案件审理的并不多。

四、青海蒙古地区驻防大臣等的司法职能

青海蒙古也适用盟旗制度，札萨克总揽旗内的司法、行政诸权。雍正三年（1725 年）在青海蒙古开始适用盟旗制度。

（一）西宁办事大臣的司法职能

西宁办事大臣全称为“钦差总理青海蒙古番子事务大臣”，正式设立于雍正三年（1725 年）[2]，是青海最高军政长官，常由满

〔1〕（清）官修：《清仁宗实录》卷 187，嘉庆十二年十一月庚子条。

〔2〕关于西宁办事大臣设立的时间，学界一直有争议，有认为是设立于雍正三年，有认为是设立于乾隆元年。《乾隆朝内府抄本〈理藩院则例〉》和《清史稿》中都记载为，“乾隆元年设驻扎办事大臣”和“西宁办事大臣”，且关于西宁办事大臣的称呼也很多，有“青海副都统”“总理青海番夷事副都统”“青海大臣”“青海办事大臣”“设驻扎办事大臣”等。

族官员担任，管辖二十九旗。[1] 仅有两位汉族官员曾担任该职，一位是汉正红旗吴必淳（1851—1854 年），一位是汉军旗李慎（1882—1888 年）。[2] 西宁办事大臣的辖区包括青海蒙古三十长和玉树四十族的游牧地。乾隆五十六年（1791 年），循化及贵德两厅所属“熟户”部落和“生番”部落也归西宁办事大臣调遣。[3] 嘉庆二十二年（1817）进一步明确西宁办事大臣的职责：“青海蒙古抢劫之案，如有被伤人命，必须报明西宁办事大臣，验系被伤，方为查缉。倘呈报抢劫并无踪迹，被伤人命毫无证据，除驳斥不行准理外，仍将捏报之札萨克严行参处。”[4]

1. 处理蒙藏纠纷

西宁属循化、贵德两地，番民与临界蒙古之间纠纷不断，处理这些纠纷是办事大臣衙门工作中的重要内容。青海与甘肃西宁沿边的有关蒙藏纠纷常常久而不决，兼因青海属西宁办事大臣管辖，西宁、河州等地藏族归地方管辖。两方管理范围和权限制了青海与甘肃西宁沿边蒙藏纠纷的解决。且因抢杀蒙古的案件多年未得到解决，乾隆六年（1741 年）西宁办事大臣陵阿奏请由“地方官缉拿，

〔1〕（清）理藩院修：《理藩院则例》，杨选第、金峰校注，内蒙古文化出版社 1998 年版，第 63 页。“青海霍硕特西前札萨克多罗郡王一旗，青海霍硕特前首札萨克多罗郡王一旗，……青海土尔扈特南前札萨克头等台吉一旗，青海土尔扈特南中札萨克头等台吉一旗，青海土尔扈特西札萨克头等台吉一旗，青海察罕诺们汗一旗。”

〔2〕邓承伟、基兰生：《西宁府续志》卷十之“职官”。出于维护对青海蒙古地区的统治地位，清朝对西宁办事大臣的人选予以限制。

〔3〕（清）文孚：《青海事宜节略》，魏明章标注，青海人民出版社 1993 年版，第 14 页。

〔4〕（清）会典馆者编：《钦定大清会典事例 · 理藩院》，赵云田点校，中国藏学出版社 2007 年版，第 476 页。

定以处分，部议交督抚会议”。[1] 陕甘总督和巡抚则认为，沿边番民抢夺蒙古的案件，由地方官缉拿，与现行的规定不符，而且内地与蒙古地区的情况不同。“如夺劫于夷境旷野无从之处，既非有司管辖，又无营汛驻防”，地方官不熟悉当地的情形，根本无法缉拿犯罪之人。而且番民自相盗杀，依据番例审理，地方官无权处理。番夷互盗系同样的情况，如果由地方官来审理的话，于情于理都是不行的，“请照从前定例，其巴凌所奏应无庸议经部覆准。”[2]

乾隆五十六年（1791年）六月，“循化、贵德所管各族番归西宁办事大臣管辖。即循化所属的南番二十一寨，西番上隆布十八寨，合儿五寨……以及贵德所属巴乃亥总攻，统归西宁办事大臣衙门管辖”。[3] 此外，由于和硕特蒙古不设盟长，由西宁办事大臣主持，处理各旗纠纷积案。乾隆五十六年（1791年）八月，勒保缉获番贼，并查出青海蒙古有人与番子共同抢劫，请求一同处理抢劫之人。乾隆认为，青海等处番子相隔较远，也不宜由地方管理，“乃向来俱由西宁办事大臣报明内地，为之缉拿，辗转稽延。殊属

〔1〕（清）龚景瀚：《循化志》卷八，青海人民出版社1981年版，第298页。

〔2〕（清）龚景瀚：《循化志》卷八，青海人民出版社1981年版，第298页。

〔3〕（清）龚景瀚：《循化志》卷八，青海人民出版社1981年版，第307～308页。“而谓地方官能禁约而钤束之哉，至番蒙古接界又皆深山旷野，非有汛防可以踪迹而贪利嗜杀。又番夷情性之常报仇泄忿互相抢劫，此皆无足怪者。若归内地地方官办理，则必以内地之法治之，过于认真。所谓束缚之驰骤之急，则败矣颟顸了事，又启番民轻视中国之渐，故响之都统及各镇管理，总其大纲而不责其细目。盖大员则轻重操纵，可以自如度势酌宜量为完结，而蒙古为都统所辖，身任其责自不肯轻信一而之词，蒙古亦不敢以虚词耸听。故自乾隆三十七年以前，番人岂尽醇良蒙古岂无失窃，而数十年相安无事者，用此道也自三十七年清理旧案，署贵德县丞林奉檄办理始，将其事归之地方官林丞以赔赃，尽清积案，一时虽见功而贻数十年之害，盖蒙古刁风自此长矣，嗣后青海衙门竟忘为已分内所应办之事，尽诿之地方官。凡抢劫之案，不勘不讯，但奉蒙古一言即为铁案，咨檄频繁不总督亦不查照往例严檄，催迫地方官无计可施。”

鞭长莫及，自有应导照谕，归并西宁办事大臣就近管理，遇有抢掠事件，即行上紧缉拿，呼应较零，自为捷便。至此案蒙古合拉纳杭等，胆敢勾通番贼，抢窃其主，以致其主伤毙，是即与自戕其主无异”，此类犯罪极为严重，各犯罪之从，应当区分首从，依法惩处，以示警戒。[1]

2. 审理汉蒙贸易纠纷案件

乾隆五十六年（1791 年），青海地区除“番子与汉民交涉命盗案件，亦归地方官办理外，遇有番子抢掠蒙古之案”[2]，均由西宁办事大臣衙门照例办理。[3]涉及甘肃边民和青海蒙古的案件，由甘州县报西宁办事大臣，西宁办事大臣派员参与审理。最后由西宁办事大臣与陕甘总督予以复核。[4] 总体来说，是由西宁办事大臣负责审理番子抢掠蒙古的案件。

本章小结

清朝在保证国家司法权统一的前提下，在蒙古地区设置了不同

---

〔1〕（清）官修：《清高宗实录》卷 1385，乾隆五十六年八月下。

〔2〕中国第一历史档案馆：《军机处上谕档》，乾隆五十六年九月十一日，第四条。

〔3〕（清）官修：《清高宗实录》卷 1385，乾隆五十六年八月庚午条。乾隆五十六年（1791 年），循化的藏人勾通蒙古人，结伙偷窃青海札萨克台吉沙喇布提理的游牧牲畜，沙喇布提夺回马匹的过程中身亡。因此案中台吉在追捕过程中身亡，事关重大，西宁办事大臣报陕甘宁总督勒保，由勒保领衔具奏。乾隆帝认为：“此案蒙古合拉纳杭等，胆敢勾通番贼，抢窃其主，以致其主伤毙，是即与自戕其主无异，情罪甚为重大。所有拿获各犯，俱应不分首从，即于该处正法，以示惩创。”

〔4〕中国社会科学院边疆史地研究中心：《嘉庆朝〈大清会典〉中的理藩院资料》，《清代理藩院资料辑录》，全国图书馆文献缩微复制中心 1988 年，第 119 页。

于中原地区的司法官员，在地方有札萨克、盟长、驻防大臣等，在中央有理藩院以及刑部。中央和地方共同负责蒙古地区的民刑案件的审理，既保证了地方特色，又实现了国家司法权的统一。漠南、漠北、漠西以及青海蒙古，由于归附时间、地理位置等方面的原因，各地的司法机构的设置又略有不同。其中，理藩院是最为重要的司法审判机构，在很多情况下，理藩院参与到案件的全部审理过程中。《刑案汇览》所记载的“蒙古典衣疑贼拷问释放自尽”案〔1〕，先由理藩院派出机构初审，即宁夏驻扎部员审理，后上诉到理藩院，再由理藩院核拟后与刑部会审。理藩院从案件的一开始就介入审理。军流发遣案件由理藩院和刑部会审，死刑案件由理藩院和三法司会审。其他蒙古地区的案件，理藩院有终审权。“惟系蒙古，应否如斯，应听理藩院酌议后，再行送回本部会画。”〔2〕地方司法官员、驻防大臣、中央司法机关等各级司法机关的设置，都是为了保证蒙古地区的法制统一。

〔1〕（清）祝庆祺等编:《刑案汇览（三编）》（二），北京古籍出版社 2004 年版，第 1786 页。“梅林罗布藏色楞因民人魏九儿被窃衣服向伊告知，后有蒙古妇人乌巴里借衣包裹，央沁里典当，罗布藏色楞瞥见，心疑沁里乌巴里行窃，当时捉获，约同梅林津巴等审问，因其不认，将乌巴里用棍压杠，乌巴里始行供明伊借董姓衣服，即行释放，乌巴里回家后自缢身死。罗布藏色楞闻知畏罪，起意令达鲁噶等移尸灭迹，至被野兽残食，旋经被控破案。”

〔2〕（清）祝庆祺等编:《刑案汇览（三编）》（二），北京古籍出版社 2004 年版，第 1786 页。

第三章 蒙古地区对《大清律例》的适用

漠南蒙古各部较漠北、漠西蒙古各部归附清朝的时间早，从其归附时起，清朝就开始对漠南蒙古各部颁布法令。从最初的以军事法令为主到后来的《理藩院则例》，可见清朝对漠南蒙古各部逐渐加强统治。在漠南蒙古地区的司法实践中，《蒙古律例》成为漠南蒙古的重要法律。随着漠南蒙古与中原地区交往的加深，漠南蒙古受到汉文化的影响也日益加深。为限制蒙汉之间的交往，清朝采取了蒙汉隔离的政策，但仍有大量汉人移入漠南蒙古地区，使得漠南蒙古地区的汉化较漠北、漠西蒙古更进一步。康熙三十年（1691年），喀尔喀部归附时，清朝已为外藩蒙古制定了较为完备的法律。之后，针对漠北蒙古的情况，增加了有关漠北蒙古地区边禁、朝觐等内容。同时，清朝对蒙古地区统治也因漠北蒙古归附而进一步加强。而《蒙古律例》从康熙六年（1667年）到康熙三十五年（1696年），也进行了大量的增删，内容越来越严密，“有与内地法律趋同的趋势，中央集权进一步加强”。[1] 虽然漠北蒙古归附后，

---

〔1〕 达力扎布：“康熙三十五年《蒙古律例》研究”，载《民族史研究》2004年第00期。

清朝对蒙古地区的立法较为详细，但在伦理等方面的规定仍较少。而此时，清朝先后平定了一系列叛乱，漠西蒙古、青海蒙古先后归附清朝，清朝的统治趋于稳定，开始注重对归附的蒙古地区的管理。

到乾隆后期，清朝对内地流民涌向蒙古地区谋生，事实上是采取了默许和鼓励的态度。各旗蒙古王公为了满足其对于物质利益的欲望，对内地流民主动出荒招租，容留定居，如实施开边禁、借地养民等政策。山东、河北、山西、陕西等地流民，“走西口”“去归化”等开始涌进漠南蒙古各地“觅食求生”。乾隆八年（1743 年），天津、河间等地出现旱情，造成两地人民无法生活，这些流民闻知口外可以谋得一线生机。大量流民出喜峰口、古北口、山海关去边外谋生。各地官弁，仍按照禁止内地民人到蒙古地区的禁令，不准其出关。对此，乾隆帝令“边口官弁等，如有贫民出口者，门上不必拦阻，即时放出”。[1] 随着蒙古地区汉民的增加，汉族的农民、手工业者等大批涌入蒙地，逐渐从习俗、语言等方面与蒙民融合，引起了清朝的担心。为切断蒙汉之间日益密切的关系，防止蒙古族的力量日渐增大，清朝对已迁入蒙古地定居的汉民，规定了严格限制蒙汉接触的法律。如“凡内地民人出口，于蒙古地方贸易、耕种，不得娶蒙古妇女为妻。倘私相嫁娶，查出将所嫁之妇离异，给还母家，私娶之民照地方例治罪。知情主婚，及说合蒙古人等，各罚牲畜一九”。[2]《理藩院则例》还规定：“内外札萨克汗、王、贝勒、贝子、公、台吉、塔布囊等不准延请内地书吏教读或充当书

〔1〕（清）官修：《清高宗实录》卷 195，乾隆八年六月丁丑条。
〔2〕（清）官修：光绪朝《清会典事例三》卷 978，《理藩院・婚姻》（十六）。

吏，违者，王公、台吉照不应重私罪议处，该书吏交地方递籍，严行收管。但讯有串通教唆等情，加等治罪”。[1] 蒙古人学习和使用汉文、起汉名、用汉姓，都要按照违制例科罪。在民人折算典当蒙古地条款方面，更是进行了严格且细致的规定。[2]

在法律方面，适用《大清律例》审理蒙古地区案件的情形越来越多。乾隆五年（1740 年），刑部奏准，审理蒙古地区案件时，“如蒙古无正律，援引刑部律例定拟”。理藩院审理蒙古人犯罪时，遇有《蒙古律例》无法解决，或《蒙古律例》规定不详细的案件，经常比照《大清律例》作出裁判。一方面是因为《蒙古律例》在罪名、量刑、惩处方面虽适合蒙古地区的特点，但其律文简单，所涵盖的罪名较少，不能解决蒙古地区日益复杂的社会关系。另一方面，《蒙古律例》在尊卑长幼、主奴关系方面的规定很少。对于此类案件，理藩院经常援引、比照《大清律例》的某些条款作为

---

〔1〕（清）理藩院修：《理藩院则例》，杨选第、金峰校注，内蒙古文化出版社 1998 年版，第 365 页。

〔2〕《土默特志》（清光绪间刊印版），成文出版社 1968 年版，第 123 页。喀喇沁、土默特有大量种地的民人，法律规定，不允许民人以其所耕种的土地，折算蒙古人所赊欠的钱款。如有违反此项规定的，依照规定予以惩处。根据《理藩院则例》的规定，已经折算的土地，以所得三年地租清偿等。如果地租不够土地价格的，可以逐年递加，还本利清后终止。土地仍属蒙古人，如民人仍希望继续耕种的，交租耕种；如蒙古人不愿耕种的，可以不再耕种。如果喀喇沁、土默特蒙古的土地系定例制定之前典给民人的，蒙古备人价回赎，民人应当归还此土地；如有勒措情事，将民人递籍。赎地原价，交旗充公，地归蒙古；如喀喇沁、土默特蒙古无办回赎的，民人典种已过三年的，可以再耕种四年等。最终土地仍归蒙古，归地后民人希望继续耕种的，仍按年交租等。喀喇沁、土默特旗种地民人，更不得转典民人，违者追回地价，交旗充公。土地归蒙古，民人回原籍。定例以前已经转典的土地，按定例予以处理。喀喇沁、土默特旗，除界内种地民人交纳租息之房屋地基外，不得添盖房间，再招游民。违者均照私募开垦例治罪。

《蒙古律例》的补充。[1]

蒙古地区的法律适用主要有以下几个方面的发展趋势：一是涉及伦理方面的案件以适用《大清律例》为主，尤其是乾隆朝以后。清朝对蒙古地区的统治加强，针对蒙古的立法也日益完善，但《蒙古律例》中关于伦理方面的规定还是很少，涉及伦理方面的案件，多适用《大清律例》的规定。二是有关蒙古地区"四项牲畜"的犯罪，适用《蒙古律例》。牲畜是蒙古地区的重要生产资料，因此涉及牲畜的案件，多适用《蒙古律例》的规定。三是《大清律例》或《蒙古律例》对某类犯罪，明确规定如何适用的，按照规定适用。如在蒙古地方抢劫，都是蒙古人的适用《蒙古律例》，都是民人的适用《大清律例》。蒙古民人伙同抢劫，但《蒙古律例》重于《大清律例》的适用《大清律例》，《大清律例》重于《蒙古律例》的适用《蒙古律例》。四是涉及民人的案件，如《大清律例》规定得更为详细的，适用《大清律例》的规定。

本部分主要结合《蒙古律例》《大清律例》的规定，在分析相关案例的基础上，梳理蒙古地区适用《大清律例》的情形。

第一节　涉及伦理犯罪适用《大清律例》的情形

顺治元年（1644 年）五月清军入关，"国初定"而法律不明，"详释明律"，采取以适用明律为主的策略。顺治三年（1646 年）

〔1〕 关康："理藩院题本中的蒙古发遣案例研究——兼论清前期蒙古地区司法调适的原则及其内地化问题"，载《清史研究》2013 年第 4 期。

由刑部尚书吴达海等，根据具体情况增减删改。顺治四年（1647年）颁布《大清律》，其内容基本照抄明律。因《大明律例》中关于化外人犯罪的法律适用原则是“依律拟断”。《大清律》关于“化外人犯罪”仍“依律拟断”，《大清律》成为适用于漠南蒙古地区的重要法律。此外，清入关前后，对归附的蒙古地区颁布过法令，这些法令[1]的内容虽无法考证，也是适用于蒙古地区重要的法律规范。之后，随着清朝对蒙古地区立法的完善及蒙古地区与中原汉民族交往的加深，蒙古地区的法律适用也呈现出了新的变化。

随着清朝对蒙古地区统治的加强，蒙古地区受到中原传统法律文化的影响越来越多，尤其是与汉民族交往更多的漠南蒙古地区，受到中原传统法律文化的影响也更大。如康熙朝的丹津任归化城都统后，加速了归化城地区的汉化，因中原各地方都建文庙，设立官学。其以归化城虽系夷地，但希望受中原文化影响为由，便将新建而尚未完成的生祠改为文庙。[2] 且由于蒙汉的交往以及汉人移入蒙古地区，代表中原传统文化的儒家思想开始影响蒙古地区。在蒙古地区，尤其是漠南蒙古地区，很多官员受到了中原传统文化的影响。据《绥远全志》记载：将军署所藏书包括，汉文《大清律例》，满文《大清律例》《大清律集解附例》《续纂大清例》《蒙古例》《洗冤录》等书籍。[3] 蒙古地区不仅沿用其习惯法，也开始接受代表中原传统法律文化的《大清律例》的影响，这直接导致蒙古

[1] 这些法令，就是崇德八年（1643 年）颁发的《蒙古律书》，到顺治十四年（1657 年），对相关内容予以修改，也就是《清实录》中所记载的“顺治十四年定例”。

[2] （清）刘鸿逵撰：《归化城厅志》（卷二十），远方出版社 1992 年版。

[3] 《绥远全志》（清光绪三十四年刊本影印），成文出版社 1968 年版，第 47 页。

地区的司法实践开始发生变化。最直接客观的反映就是《大清律例》调整的范围越来越广，甚至影响了《蒙古律例》的内容，到修订《理藩院则例》时，很多中原传统法律文化的内容都体现在《理藩院则例》中。

一、亲属间犯罪

《大清律例》中关于亲属间的犯罪，在定罪与量刑上都充分考虑服制问题，尊卑长幼之间，相同的侵害行为，会构成不同的量刑问题。也就是说，服制关系直接决定最后的定罪量刑。《蒙古律例》中并没有关于亲属间犯罪，区分适用法律的具体规定。在蒙古地区相关案件的审理中，《大清律例》越来越多地调节蒙古地区亲属间的犯罪。可以说，到乾隆中后期，涉及亲属间的犯罪，蒙古地区在裁判时，多引用《大清律例》。这种法律的适用，对《理藩院则例》的内容产生了一定的影响。

（一）"殴期亲尊长"条的适用

期亲系指，丧服一年的亲属，齐衰一年之服为期服。凡长辈，如祖父母、伯叔父母、在室姑之丧；平辈如兄弟、姊妹、妻之丧；小辈如侄、嫡孙之丧，均服之。又，子之丧，其反服，亦为期服。此外，如已嫁之女为祖父母、父母服丧，也服期服。服者用杖，称杖期。[1] 殴期亲尊长，系殴以上服制关系的亲属，适用法律的问题。

案例一：乾隆三十九年（1774 年），福隆案等奏"土默特贝子

〔1〕马建石、杨育裳主编：《大清律例通考校注》，中国政法大学出版社 1992 年版，第 842 页。

旗布林殴伤伯母致其身死”案。

“布林于乾隆三十九年三月二十七日，撞见伯母罗摩噶与喇嘛垂多布通奸。布林因心生羞愧，与罗摩噶争吵。布林非常生气，推搡罗摩噶，致使其头部磕在缸沿上成伤。当日傍晚，罗摩噶自缢身亡。理藩院定拟时因《蒙古律例》没有相关条例援引刑律定罪：‘查照刑律、弟、妹殴兄、姊成伤，于杖一百徒三年以上加一等，杖一百，流二千里……布林即照刑律加一等，杖一百，流二千里，折枷五十日，满日鞭一百。喇嘛垂多布杖一百，徒三年折枷四十日，满日鞭一百”。[1]

《蒙古律例》没有关于谋杀亲属的规定，仅在“斗殴杀人”条规定：“凡斗殴伤重五十日内死者，下手之人绞监候”[2]。因布林与罗摩噶系期亲，司法官员并没有直接适用《蒙古律例》“斗殴杀人”条的规定，而适用《大清律例》“殴期亲尊长”条的规定。“殴期亲尊长”条规定，“凡弟妹殴（同胞）兄姊者，杖九十、徒二年半；伤者，杖一百、徒三年。……若侄殴伯、叔父母、姑（是期亲尊属）及外孙殴外祖父母，（服虽小功，其恩义与期亲并重），各加（殴兄姊罪）一等”。[3] 根据沈之奇的《大清律辑注》“侄殴伯叔等”条：“若侄殴伯叔父母、姑，及外孙殴外祖父母，各加弟

〔1〕《兼管理藩院事务工部尚书福隆安等题议土默特贝子旗布林殴伤自姐身死按律拟罪杖流本》，（乾隆三十九年九月初三日），《清朝前期理藩院满蒙文题本》卷13，第603页。转引自关康：“理藩院题本中的蒙古发遣案例研究——兼论清前期蒙古地区司法调适的原则及其内地化问题”，载《清史研究》2013年第4期。

〔2〕刘海年、杨一凡主编：《中国珍稀法律典籍集成》（丙编第二册），郑秦、田涛点校，科学出版社1994年版，第343页。

〔3〕刘海年、杨一凡主编：《中国珍稀法律典籍集成》（丙编第一册），郑秦、田涛点校，科学出版社1994年版，第377页。

妹殴兄弟罪一等；殴者杖一百，徒三年；伤者杖一百，流二千里。”[1] 理藩院在裁判时，照《大清律例》加一等，杖一百，流二千里，折枷四十日，满日鞭一百的规定予以裁判。而蒙古人在旗人之后也享有折枷免遣的特权。即蒙古人犯罪的，按照《大清律例》的规定处以笞杖刑的，照例鞭责；按《大清律例》的规定处以军流徒刑的，免发遣等。[2] 本案中，先适用《大清律例》定罪量刑，后又适用《蒙古律例》关于“折枷免遣”的规定，在刑罚上予以变更。裁判时不仅考虑到对违反伦理方面案件的惩罚，也充分考虑到蒙古地方的特殊规定，予以处罚。

（二）“尊长殴卑幼条”的适用

中国传统法律文化“准五服以制罪”，尊长殴打卑幼，处罚较卑幼殴打尊长时轻，即此种情形下服制越近处罚越轻。从乾隆年间相关案件的记载可以看到，蒙古地区在尊长殴卑幼的案件中，也适用《大清律例》定罪量刑。

案例二：乾隆三十八年（1773 年），绥远城将军容宝奏“土默特蒙古贡格殴毙侄弟阿拉克泰”案。

土默特蒙古贡格与阿拉克泰同院居住，平日以帮工谋生。乾隆三十八年（1773 年），阿拉克泰喝醉酒以后闯入贡格家。二人发生争吵。阿拉克泰慌乱中用棍棒殴打贡格。贡格自卫时，失手将阿拉克泰打死。在审理本案时，理藩院认为《蒙古律例》并无殴毙兄、侄弟等的规定，无法适用《蒙古律例》进行裁判。《大清律例》中

---

〔1〕（清）沈之奇撰：《大清律辑注》，怀效锋、李俊点校，法律出版社 2000 年版，第 764 页。

〔2〕（清）官修：光绪朝《清会典事例三》卷 994，《理藩院·刑法》。

有“殴毙大功弟妹”的规定,“凡殴毙大功弟妹的,杖一百,满流”。理藩院奏请将贡格杖一百,满流,折枷六十日,期满后鞭一百完结。[1]

《蒙古律例》关于“人命”的规定有:“王等故杀别旗之人”“王等以刃物戳杀属下家奴”“斗殴杀人”“夫故杀妻”“奴杀家主”“迎去杀来投逃人”“王等将家奴射砍割去耳鼻”“斗殴损伤眼目折伤肢体”等。关康引用此案例时,用于分析蒙古发遣案例,便没有进一步说明贡格与阿拉克泰的关系。从关康翻译的理藩院审理此案时的意见,可以推测贡格与阿拉克泰系兄弟关系。

理藩院在案件的审理过程中,参照《大清律例》“尊长殴卑幼”条的规定,[2]“尊长殴卑幼”折伤以上的,殴杀同堂(大功)弟妹的,杖一百、流三千里。且“卑幼殴尊长,分兄姊、尊长两项,而尊长殴卑幼,则统言之”。[3] 理藩院根据《大清律例》的规定,将贡格杖一百,满流。“犯罪免发遣”条又规定:“凡旗人犯罪,笞、杖,各照数鞭责。军、流、徒,免发遣,分别枷号。徒一年者,枷号二十日,每等处加五日。总徒、准徒,亦处枷五日。流

---

〔1〕 转引自关康:“理藩院题本中的蒙古发遣案例研究——兼论清前期蒙古地区司法调适的原则及其内地化问题”,载《清史研究》2013 年第 4 期。《兼管理藩院事务工部尚书福隆安等题议归化城土默特旗贡格殴毙堂弟案按律拟罪杖流本》(乾隆三十八年二月初十日),《清朝前期理藩院满蒙文题本》卷 13,第 313 页。

〔2〕 刘海年、杨一凡主编:《中国珍稀法律典籍集成》(丙编第一册),郑秦、田涛点校,科学出版社 1994 年版,第 377 页。“尊长殴卑幼,非折伤勿论。至折伤以上,缌麻(卑幼),减凡人一等;小功(卑幼),减二等;大功(卑幼),减三等。至死者,绞。(监候。不言故杀者,亦止于绞也)其殴杀同堂(大功)弟妹、(小功)堂侄及(缌麻)侄孙者,杖一百、流三千里。”

〔3〕(清)沈之奇撰:《大清律辑注》,怀效锋、李俊点校,法律出版社 2000 年版,第 761 页。

二千里者，枷号五十日，每等亦处枷五日。"[1] 理藩院认为，贡格杖一百，折枷六十日，期满后鞭一百。

理藩院在审理中也没有适用《蒙古律例》"斗殴"杀人条的规定，而是适用《大清律例》"殴杀大功弟妹"条的规定。清朝对蒙古地区的法律控制，体现在对各类案件管理权的重新划定。原本由《蒙古律例》调整的案件，如此类案件关乎国家利益、关涉统治秩序时，应当适用《大清律例》调整的，会开始在具体案件的审理中，确定法律适用的原则。而并不是等到原则确定后，再规范法律的适用。虽乾隆五年（1740 年）规定，如蒙古无正律，援引刑部律例定拟。但是，蒙古无正律如何理解，即其"无正律"的犯罪如何界定，终归是由清王朝来确定的，认为应当由《大清律例》调整的，会对该条做出合理的解释，确定法律的适用。

（三）"亲属相隐"条的法律适用

《蒙古律例》中没有关于"亲属相隐"的规定，《大清律例》中"亲属相隐"条规定，同居之亲属，无论是否同籍，是否有服制关系，都系"亲属相隐"的规定。[2] "亲属相隐"的规定，是儒家伦理道德的体现，是中国传统法律文化中"人情"的体现。蒙古地区没有这样的文化背景，在涉及"亲属相隐"的案件中，原本的法律传统是不考虑这一层关系的。到乾隆年间，蒙古地区有关"亲属

---

〔1〕 刘海年、杨一凡主编：《中国珍稀法律典籍集成》（丙编第一册），郑秦、田涛点校，科学出版社 1994 年版，第 84 页。

〔2〕《大清律例》，张荣铮、刘勇强、金懋初点校，天津古籍出版社 1993 年版，第 134 页。"凡同居，（同，谓同财共居。亲属，不限籍之同异，虽无服者，亦是）。若大功以上亲，（谓另居大功以上亲属，系服重）及外祖父母、外孙、妻之父母、女婿若孙之妇、夫之兄弟及兄弟妻（系恩重）有罪（彼此得）相为隐。……其小功以下相容隐及漏泄其事者，减凡人三等。无服之亲减一等。"

相隐”的案件中，出现了司法官员考虑《大清律例》中关于亲属相隐的规定，予以裁判的情形。

案例三：乾隆四十八年（1783 年），“归化城蒙古洒拉行窃败露羞愧投井淹死”案。

洒拉自幼父母俱故，随其叔腮不痛生活。一日窃取本村井旁王才所有的汲水麻绳。此后，洒拉又到殷贵玉家窃取毛口袋、泥袜、铁斧等物。王必令、都楞看到洒拉异常慌张，询问得知洒拉窃得他人之物。王必令念洒拉年轻，考虑其日后事犯会累及其叔，便用洒拉所窃麻绳同都塄拴住洒拉，将其带回交腮不痛。腮不痛斥责洒拉后，打算将洒拉呈送。因洒拉告饶且欲寻死路，暂且没有将其呈送。傍晚洒拉羞愧投井毙命。

归化城兵司佐领、和林格尔通判共同审理此案，审理认为洒拉因偷窃的行为被发现，其叔欲将其送官治罪，经洒拉求饶后，没有立即送官。然后，洒拉羞愧难堪轻生自尽。另，王必令、都塄既知同村蒙古为窃携有赃物，“令其回家不允，用绳拴送交于伊叔事无不合”。因洒拉系腮不痛的亲侄，腮不痛没有呈送官府治罪，符合《大清律例》“亲属相隐”的规定。但腮不痛不能禁约侄子为窃，因《蒙古律例》没有相关规定，按照《大清律例》的规定，笞四十。因腮不痛年已七十，例得收赎，其赤贫如洗且即当场供述其侄子的行窃行为，交出赃物情有可原，邀免置议。[1]

司法官员在裁判中，适用《大清律例》的“亲属相隐”的规

---

〔1〕 土默特档案馆馆藏档案：《和厅通判详报洒拉因窃被获自行跳井的呈文》，件号：198。转引自张万军：“论清代蒙古土默特地区刑事法律伦理化趋势”，载《社会科学论坛》2016 年第 10 期。

定，是考虑到洒拉与腮不痛系叔侄关系，属大功亲，有罪可相为容隐不论罪。因此，适用《大清律例》有罪容隐不论罪的规定，认为腮不痛应当“相容隐”。

除“相容隐”外，腮不痛还应当禁约其侄子的行窃行为。《大清律例》“窃盗”条规定，[1] 凡父、兄不能禁约子弟为窃盗者，应当笞四十。本案中，腮不痛应照《大清律例》的规定拟笞四十，但腮不痛年已七十，根据《大清律例》“老小废疾”条的规定，腮不痛照例得收赎。[2] 本案从定罪到量刑，甚至刑罚的执行都完全按照《大清律例》的规定进行。不仅是《大清律例》中有关伦理的法律规范用于调整相关案件，而且统治者希望这些伦理的内容起到约束蒙古地区的效力。如在本案中，对腮不痛没有尽到管束其侄子的行为予以惩罚，就是希望通过在蒙古地区建立儒家所提倡的伦理秩序，实现其统治。

案例四：乾隆十五年（1750 年），“护军库本首告布坤偷窃达尔扎牛”案。

据正蓝旗查哈尔（察哈尔）总管呈称：“护军库本首告布坤偷窃达尔扎牛只”一案，讯据库本供：“我到女婿布坤家，见拴着一只牛。问时，布坤说偷藏在这里的。我细看那牛是达尔扎的。随将布坤并牛送交事主达尔扎。他隐匿不报。我所以告知本佐领，将布坤拿获等语。”布坤供：“我在拉噶苏图沟地方，见有一只牛，随偷

---

〔1〕《大清律例》，张荣铮、刘勇强、金懋初点校，天津古籍出版社 1993 年版，第 392 页。“凡窃盗同居父、兄、伯、叔与弟，知情而又分凡赃者，照本犯之罪减二等。虽经得财而实系不知情者，减三等。父、兄不能禁约子弟为窃盗者，笞四十。”

〔2〕《大清律例》，张荣铮、刘勇强、金懋初点校，天津古籍出版社 1993 年版，第 117 页。“凡年七十以上十五以下废疾，（瞎一目，斩一肢之类），犯流罪以下，收赎。”

来拴藏在家，我妻父库本来家看见，询问，我告知他。随将牛与我一并送交事主达尔扎。他要寝息，就将我放了。库本报知佐领，将我拿获……”布坤应照蒙古律绞候。报部，经臣部以例载，小功缌麻亲首告，得减罪三等，等语。又从前“格勒克偷窃必什楞儿马匹，被伊伯布彦图首告”一案，据该总管问拟绞罪。经臣部以理藩院例内偷窃牲畜，有无不准自首及亲属不准首告之文，行查去后。准理藩院覆称，并无其文。遂令该总管将格勒克遵照刑部律例定拟在案。今布坤偷窃牛只，即系伊妻父首告，与格勒克事同一辙，乃该总管仍照蒙古律拟绞，殊未允协。应令该总管另行按照刑部律例妥拟报部。等因。咨驳去后，续据该总管将布坤照知人欲告而自首律减二等，拟以满徒。咨部。臣部复将布坤改依小功缌麻亲首告，得减三等例，于绞罪上减三等，杖九十，徒二年半。乾隆十五年（1750 年）十二月咨覆结案。[1]

布坤系库本女婿，库本告发布坤偷牛，布坤偷牛照《蒙古律例》规定“绞候”。《蒙古律例》规定，蒙古人偷窃他人四项牲畜的，一人偷盗的，“不分主仆绞死”；二人偷盗的，“一人绞决”；三人偷盗的，“二人绞决”。如系“纠众伏盗”的，则为首的二人处以绞决，为从的其他人处以鞭刑，即每人鞭一百，罚三九。[2] 刑部查询理藩院例关于“偷窃牲畜”条，发现并无“不准自首”和“亲属不准首告”的规定。同时刑部认为，之前的格勒克偷窃必什

〔1〕杨一凡、徐立志主编：《历代判例判牍》（第六册），中国社会科学出版社 2005 年版，第 15 页。

〔2〕（清）官修：乾隆朝《清会典则例一》卷 144，《理藩院·盗贼》。达力扎布："康熙三十五年《蒙古律例》研究"，载《民族史研究》2004 年第 00 期。

楞儿马匹遵照《大清律例》定拟，察哈尔总管按《蒙古律例》定拟是不合适的，便令察哈尔总管照《大清律例》定拟，亲属得相容隐[1]。最后，将布坤改依小功缌麻亲首告，得减三等例，杖九十，徒二年半。嘉庆朝制定《理藩院则例》时，"首告"条规定，"凡犯罪自首者，照刑例分别办理"。[2] 对于"首告"的法律适用原则予以明确规定。正蓝旗察哈尔适用《大清律例》的规定，依《大清律例》拟定罪量刑。

（四）其他涉及亲属间犯罪适用《大清律例》的情形

到乾隆朝，蒙古地区涉及伦理的犯罪，尤其是在漠南蒙古地区，大多适用《大清律例》的规定，蒙古地区的伦理化程度逐渐加深。

案例五：乾隆五十五年（1790 年），"乌巴什殴伤鄂尔济图身死"案。

乌巴什与被害人鄂尔济图系无服族兄弟关系。鄂尔济图偷旺扎尔三捆柴火（旺扎尔为乌巴什丈人），乌巴什劝鄂尔济图磕头赔礼，但鄂尔济图不同意。后乌巴什与其丈人一起喝酒，鄂尔济图饮醉走入一同喝酒，并向旺扎尔磕头赔不是。乌巴什加以嘲笑，鄂尔济图

---

〔1〕（清）沈之奇撰：《大清律辑注》，怀效锋、李俊点校，法律出版社 2000 年版，第 74 页。"谓同居若大功以上亲，及外祖父母、外孙，妻子父母、女婿。……为自首，代为之首也。……状首曰告，口诉曰言，虽其意非已出，而人实已亲，于法得相容隐，于情当为首告，犹自首也，均得如自首法免罪。"

〔2〕（清）理藩院修：《理藩院则例》，杨选第、金峰校注，内蒙古文化出版社 1998 年版，第 330 页。

与乌巴什发生争执，乌巴什情急之下将鄂尔济图打伤，后伤重死亡。[1]

本案中，绥远城将军适用《蒙古律例》“斗殴杀人条”规定：“斗殴伤重五十日内死者下手之人绞监候”。认为乌巴什因斗殴，且致鄂尔济图五十日内死亡，拟判处乌巴什绞监候，并就此咨理藩院。理藩院会同刑部，先查乌巴什与鄂尔济图是否有服制，经查两人系无服制兄弟。故认为，乌巴什殴鄂尔济图案中，“同凡论”，乌巴什依例拟绞监候。虽然，本案最终适用《蒙古律例》定罪量刑，但定罪量刑还是考查了乌巴什与鄂尔济图是否有服制，因两人并没有服制关系，没有适用《大清律例》有关服制的规定。

漠北蒙古地区虽归附时间较晚，也有自行制定的地方性法规，但无论是归附后的《蒙古律例》还是《喀尔喀法规》，都没有相关规定。所以，随着清代对漠北蒙古地区统治的加强，涉及伦理方面的案件，也逐渐开始适用《大清律例》的规定。

二、涉及管官等案件适用的情形

早在《唐律》中，就有谋杀府主等官的规定，原附于盗律中。到明朝时，改为谋杀制使及本管官律。清沿用明律，在明律的基础

[1] 土默特档案馆馆藏档案：《绥远将军理藩院审结乌巴什殴伤致死鄂尔济图绞监候的咨文》，件号 210 号。转引自张万军：“论清代蒙古土默特地区刑事法律伦理化趋势”，载《社会科学论坛》2016 年第 10 期。

上进行删改，规定了谋杀管官的内容。[1] 儒家伦理，是各朝制定法律的重要依据，或者说是原则。对于谋杀本属、本管、本部之人处以重罚。蒙古地区的社会结构不同于中原地区，社会等级划分也不同于中原地区，故在《蒙古律例》中，仅有“奴仆反抗家主”的惩处，而没有谋杀本属、本管、本部等规定。康熙六年（1667年）题准：“奴仆杀家主者凌迟”[2] 规定的较为简单，处罚方式也较为单一。在审理“奴仆杀家主”相关的案件中，理藩院会比照、参考《大清律例》的规定。

案例六：乾隆五十六年（1791 年），土谢图汗部札萨克“乌尔津札布旗婢女谋杀主人未遂”案。[3]

额穆伯果的叔父那旺，盗窃恩奇吉尔哈勒马三匹，交给额穆伯果的父亲旺堆出售。那旺系喇嘛，恩奇吉尔哈勒系同旗台吉。旺堆将那旺所偷之马卖给民人达什抵偿其所欠达什旧债。后那旺、旺堆被捕，罚三九牲畜，但因二人无牲畜可赔，后私了。旺堆将女儿额穆伯果给台吉恩奇吉尔哈勒役使，后恩奇吉尔哈勒将额穆伯果转送

---

〔1〕马建石、杨育裳主编：《大清律例通考校注》，中国政法大学出版社 1992 年版，第 776 页。“顺治三年及康熙九年律内始添入小注。查原律内‘军士谋杀本管’下有‘指挥，千户、百户’等六字，雍正三年馆修，以现无指挥、千户、百户名色，将‘指挥、千户、百户’等字样亦照名例改‘本管官’三字。再，查‘已杀者，皆斩’句下注内，末句原文系‘本条具不载，各依凡人谋杀论’等语。乾隆五年修，将此句照雍正三年律内总注改为‘其非本属、本管、本部者，亦依凡人谋杀论’等语，乾隆五年馆修，将此句照雍正三年律内总注改为‘其非本属、本管、本部者，亦依凡人谋杀论’句、其‘本条俱不载’等字删去。”

〔2〕（清）会典馆编：《钦定大清会典事例·理藩院》，赵云田点校，中国藏学出版社 2007 年版，第 458 页。

〔3〕达力扎布教授在其《〈喀尔喀法规〉汉译及其研究》一书中，将此案译为“敖恩孛胡案件”，萩原守在《清代蒙古的一刑事审判事例》中称其为“奥木宝合案”。

给札萨克乌尔津札布。额穆伯果在乌尔津札布家结识负责放马的奇巴克，二人交好。奇巴克告诉额穆伯果，如果她能将札萨克或哈屯令（札萨克之妻）中一人杀死，就可被释放回家，二人即能结婚。额穆伯果趁乌尔津扎布旗长夫妇熟睡时，刺二人所睡蒙古包。因刀短，无法刺杀。第二年，额穆伯果因干活不力，遭到哈屯令的毒打，后额穆伯果又因不听哈屯令的话被打。额穆伯果怀恨在心，又行凶，仍未遂。额穆伯果被捕后，对自己的罪行供认不讳。[1]

理藩院会审该案时查明，额穆伯果系其父将其抵债赔偿时送给台吉恩奇吉尔哈勒、后经恩奇吉尔哈勒转送札萨克乌尔津札布的。因此，额穆伯果并不是乌尔津扎布的家奴。理藩院认为，《大清律例》有奴婢、雇工人谋杀家长以及民人谋杀该管官未成伤条，因额穆伯果与乌尔津扎布不是此关系，量刑时无法照《大清律例》定罪量刑。但考虑到额穆伯果为乌尔津札布旗下人，且有通奸、行刺未遂情节，奏准将其从重发遣为奴："额穆伯果虽在乌尔津札布家供役七年，究非主奴名分，理应照常人例治罪，但额穆伯果终系乌尔津札布所管旗下人之女，且与奇巴克通奸，又听从奇巴克唆使，胆敢行刺乌尔津札布夫妇，亦系无耻凶暴妇人。若仅照谋杀该管官未成伤为首之人杖一百、流二千里定拟，不足庇辜。请将额穆伯果从

---

〔1〕《管理理藩院事务大学士和珅等奏喀尔喀土谢图汗部札萨克乌尔津札萨克乌尔津札布旗婢女谋杀主人未遂按律拟罪事宜本》(乾隆五十六年七月二十五日)，《清朝前期理藩院满蒙文题本》卷 19，第 514 页。转引自关康："理藩院题本中的蒙古发遣案例研究——兼论清前期蒙古地区司法调适的原则及其内地化问题"，载《清史研究》2013 年第 4 期。

重发广东，赏给驻防兵丁折磨役使”。[1]

本案为札萨克所管旗下人之女谋杀该管官未成的定罪量刑问题，额穆伯果系札萨克乌尔津札布旗下人的女儿，是其父抵债赔偿时送给恩奇吉尔哈勒后，被转送给乌尔津札布，该转送并未使额穆伯果成为乌尔津札布的家奴。关于额穆伯果的身份，从材料中看，应当是平民。[2] 根据萩原守在《清代的蒙古审判事例》中关于此案的描述及本案的审判依据，同时，根据《清朝前期理藩院满蒙文题本》的记载，在裁判的过程中，理藩院认为，额穆伯果毕竟是乌尔津扎布旗下人之女，参照适用《大清律例》关于“谋杀制吏及本管长官”条的规定，[3] 判处额穆伯果“杖一百，流二千里”，且因通奸行为，请将额穆伯果从重发广东，赏给驻防兵丁折磨役使。

在《蒙古律例》中，没有关于“谋杀本管长官”的规定，仅

〔1〕《管理理藩院事务大学士和珅等奏喀尔喀土谢图汗部札萨克乌尔津札萨克乌尔津札布旗婢女谋杀主人未遂按律拟罪事宜本》（乾隆五十六年七月二十五日），《清朝前期理藩院满蒙文题本》卷19，第514页。转引自关康：“理藩院题本中的蒙古发遣案例研究——兼论清前期蒙古地区司法调适的原则及其内地化问题”，载《清史研究》2013年第4期。

〔2〕［日］田山茂：《清代蒙古社会制度》，潘世宪译，内蒙古人民出版社2015年版，第134页。隶属于贵族、获得维持生活的土地而具有负担兵役、劳役、力役和贡赋等阿勒巴义务的身份的称为平民。

〔3〕刘海年、杨一凡主编：《中国珍稀法律典籍集成》（丙编第一册），郑秦、田涛点校，科学出版社1994年版，第347页。“部民谋杀本属知府、知州、知县、军士谋杀本管官，若吏卒谋杀本部五品以上长官，已行（未伤）者，（首），杖一百、流二千里；已伤者，（首）；（流、绞俱不言［皆］，则为从各减等。官吏谋杀监候，余皆决不待时，下斩同）已杀者，皆斩。”

是康熙六年（1667 年）题准的“家奴杀其主者，凌迟处死”[1] 的规定。额穆伯果并不是乌尔津扎布的奴仆，没有适用此条的规定。在“额穆伯果谋杀乌尔津扎布”案中，最终还是适用了《大清律例》的规定，即“如蒙古无正律，援引刑部律例定拟”。本案并非一般的谋杀案件，而是“部民谋杀本管官”，在此类案件中，如果《大清律例》有更加具体的规定，还是适用《大清律例》的规定。这一观点的另一个佐证，就是乾隆五年（1740 年）刑部奏准的，“如蒙古无正律，援引刑部律例定拟”。

此外，关于“通奸”行为，《大清律例》中关于通奸的规定是“凡和奸，杖八十”[2]。额穆伯果因通奸行为，被重发广东。通过本案可以看出，适用《大清律例》定罪量刑的，大多涉及伦理方面的犯罪。此类案件中，《蒙古律例》对其规定较少，而《大清律例》则规定得较为详细。《大清律例》对涉及伦理的案件，往往处罚也较重。从乾隆五年开始，《蒙古律例》没有规定的，适用《大清律例》的规定定罪量刑。适用《大清律例》的“正律”进行定罪量刑，成为司法实践中的重要法律适用原则。根据目前史料的记载，到乾隆年间，在漠北蒙古地区，《大清律例》也发挥了一定的作用。到乾隆年间，理藩院才在实质上对重大案件拥有裁判权。

三、“存留养亲”条的适用

存留养亲制度主要用于解决被判死刑或流、徒刑犯人父母老疾

---

〔1〕 刘海年、杨一凡主编：《中国珍稀法律典籍集成》（丙编第二册），郑秦、田涛点校，科学出版社 1994 年版，第 343 页。

〔2〕 刘海年、杨一凡主编：《中国珍稀法律典籍集成》（丙编第一册），郑秦、田涛点校，科学出版社 1994 年版，第 423 页。

无人善待的问题。该制度是一项体现统治者“仁慈”“宽厚”的怜悯犯人父母衰老无依而采取的“宽政”。当清朝加强对蒙古地区统治时，其必然也扩大此类“宽政”在蒙古地区的适用。《蒙古律例》中没有关于“存留养亲”的规定，康熙六年（1667 年）和康熙三十五年（1696 年）的《蒙古律书》中都没有“存留养亲”的相关规定，嘉庆朝制定的《理藩院则例》中有所规定。《理藩院则例》关于“留养”的相关规定为，“凡内外札萨克等处蒙古地方，偷窃四项牲畜应拟死罪及发遣有犯，有声明亲老丁单，其祖父母、父母实系年逾六十，取具该族长及该管官印甘各结，俱准留养。将该犯枷号四十日，鞭一百。如再犯窃，不准留养”。“蒙古家奴犯罪，查明实系亲老丁单，均准一体照例留养”。[1] 对“存留养亲”的适用范围予以明确，即“偷窃四项牲畜应拟死罪及发遣”的情形，与《大清律例》中关于“存留养亲”的适用范围不同。

《刑案汇览》记载的“蒙古佥妻发遣妻因患病未解”案中，律应佥遣之犯，如有因妻患病留养，将本犯先行发遣，俟伊妻病痊补解。若伊妻原系有疾不能随行及患病留养后成笃废不能补解者，报部查核。特古素因偷窃什尔莫家衣物，致伤他人，拟绞监候，秋审缓决，三次减等，佥妻发遣。特古素因之妻呼和齐克照例停解，并称特古素因的母亲年逾六旬，且其丈夫的弟弟早年外出未归，恳求

〔1〕（清）理藩院修：《理藩院则例》，杨选第、金峰校注，内蒙古文化出版社 1998 年版，第 358 页。

留养。[1]

经查，虽特古素因的弟弟不知去向，尚有三子绰克土奉养，故呼和齐克并不能侍亲留养，待其病好后，应照例补解。根据《大清律例》“存留养亲”的规定，犯死罪且不是“常赦不原”的人，如其祖父母（包括高、曾祖父母）以及父母年七十岁以上的，且或老、或疾，家里没有十六岁以上成年人可以照顾的，与家人只有独子的情形相同，“有司推问”明白后，“开具所犯罪名，及应侍缘由”后请旨是否可以准予留养。如果犯罪之人被判徒、流，且祖父母、父母老疾无人侍养的，杖责一百后，余罪收赎，准予以“存留养亲”。[2] 关于“家中有无次成丁”，顺治、康熙律内原注：于“家无以次成丁者”，既经“有司推问明白”。[3] 最后，经皇上决定才可适用。沈之奇所撰《大清律辑注》：“凡犯死罪，非常赦所不原者，而祖父母、父母老疾应侍，家无以次成丁者，（有司推问明白），开具所犯罪名（并应侍原由）奏闻，取自上裁。［四］若犯徒、流（非常赦所不原，而祖父母老疾无人待养）者，止杖一百，

〔1〕（清）祝庆祺等编：《刑案汇览（三编）》（一），北京古籍出版社 2004 年版，第 28 页。“经本部行令查明取结报部去后。兹据该都统咨称特古素之母杜兰比里克供称，次子白彦早已不知去向，三子绰克土分居另过，除儿媳呼和齐克奉养，无人可靠。再呼和齐克患病未愈，只求把呼和齐克留养等情取结报部等因。查佥妻发遣之犯将其留养，系指妻患病不能解配而言，并无因侍亲留养之例。且犯母杜兰比里克次子虽不知去向，尚有三子绰克土奉养，未便酌留长媳侍奉，应令该都统查明呼和齐克患病曾否痊愈，如果病痊即行照例补解，倘因病成笃，实在不能解配，再行照例酌留免发。”

〔2〕刘海年、杨一凡主编：《中国珍稀法律典籍集成》（丙编第一册），郑秦、田涛点校，科学出版社 1994 年版，第 90 页。

〔3〕马建石、杨育裳主编：《大清律例通考校注》，中国政法大学出版社 1992 年版，第 240 页。雍正三年馆修，以现行则例内，徒流犯罪应侍养者，即准养，因将小注非常赦不原句删去。

余罪收赎，存留养亲。"[1]

通过对《大清律例》"存养留亲"律、例的查阅，并无关于罪犯之亲可以"存留养亲"的规定。且虽父母老疾，但家中仍有次丁。根据《刑案汇览》"蒙古佥妻发遣妻因患病未解"案及《理藩院则例》关于"留养"的规定，对蒙古地区如何适用"存留养亲"、适用的范围有了较为详细的规定。再有，在蒙古地区，仅是在"偷窃四项牲畜"中适用存留养亲，也可以看出是蒙古地区最重视的内容之一是关于牲畜的保护。但如果蒙古偷马窃贼弟兄均应发遣，家中又有老亲的，根据《大清律例》的规定，犯罪有兄弟俱拟正法者，存留一人养亲。"弟兄共犯军流以下等罪人犯，向俱援引此例，酌留一人枷责留养。"另，根据《刑案汇览》的记载，即使是喇嘛犯罪出现存养留亲的情形，也是根据《大清律例》"存养留亲"条的规定，予以裁决。[2]

第二节　涉及民人犯罪适用《大清律例》的情形

涉及蒙古民人之间的案件，尤其是蒙古与内地交界处蒙古与民人交涉案件的审理，都由地方官员会同蒙古官员共同审理。如陕

---

〔1〕（清）沈之奇撰：《大清律辑注》，怀效锋、李俊点校，法律出版社 2000 年版，第 48 页。

〔2〕（清）祝庆祺等编：《刑案汇览（三编）》（一），北京古籍出版社 2004 年版，第 67 页。"喇嘛索诺木端云系同胞弟兄，均听从巴勒丹霍卓偷窃马匹，例应俱发湖广等省交驿当差。今据该将军声称，该犯等现有应待之亲，蒙古例并无留养专条，自应仿照刑例，于该二犯内酌留一人，照例枷责，准其存留养亲。"

西、甘肃两省交涉的案件，发生在延榆绥道境内的案件，由神木部员负责审理；发生在宁夏道境内的案件，由宁夏部道员办理；发生在山西保德等地方的案件，先呈报神木部员，由神木部员会同雁平道员共同办理；发生在鄂尔多斯地区的蒙汉交涉案件，均照例会同两处部员办理。[1] 鄂尔多斯、阿拉善两处蒙古汉民交涉命案，就近地方官会同蒙古官员相验后，由宁夏、神木、安边三处同知中就近的会同蒙古官员审明定拟，咨报该处部员及该处道员复审完结。[2]

总的来说，清朝在边疆地区审理汉人与其他民族之间的纠纷，都就近审理，并有汉族官员的参与，保证法律的适用更符合统治者的意愿[3]。蒙古地区，当然也是蒙汉官员共同审理，也使得涉及民人的案件，适用《大清律例》的情形增多。

一、涉及民人案件的法律适用原则

《大清律例》中关于蒙、汉交涉案件的法律适用，最早见于乾隆二十六年（1761 年）修订的，“蒙古与民人交涉之案，凡遇斗殴、拒捕等事，该地方官与旗员会讯明确，如蒙古在内地犯事者，照刑律办理；如民人在蒙古地方犯事者，即照蒙古律办理”。[4] 该条强调法律适用的属地主义，蒙古人在内地的违法行为，按照《大

〔1〕（清）会典馆编：《钦定大清会典事例 · 理藩院》，赵云田点校，中国藏学出版社 2007 年版，第 473 页。

〔2〕（清）会典馆编：《钦定大清会典事例 · 理藩院》，赵云田点校，中国藏学出版社 2007 年版，第 474 页。

〔3〕（清）官修：《清高宗实录》卷 937，乾隆三十八年六月乙巳条，“安南国王公文有内地民人竜云等，在该国地方恐吓需索，称系云南臬司衙门，差拏逸犯，偷越生事，将该犯等接收解滇等语，现在拟驻怀远地方，即行就近审明”。

〔4〕马建石、杨育裳主编：《大清律例通考校注》，中国政法大学出版社 1992 年版，第 296 页。

清律例》的规定定罪量刑，民人在蒙古地区的犯罪行为，按照《蒙古律例》的规定定罪量刑。

康熙六年（1667 年）和康熙三十五年（1696 年）的《蒙古律书·例》，均没有关于蒙、汉交涉案件如何适用法律的相关规定。乾隆二十六年（1761 年），山西按察使索琳等上书，刑部议定，“蒙古与民人交涉之案，凡遇斗殴拒捕等事，该地方官与旗员会讯明确。如蒙古在内地犯事者，照刑律办理，如民人在蒙古地方犯事者，即照蒙古例办理”。〔1〕《理藩院则例》对蒙古与民人交涉案件的法律适用有了进一步的规定，即“蒙古民人伙同抢劫从重处罚”条：“蒙古地方抢劫案件，如俱系蒙古人，专用蒙古例；俱系民人，专用刑律。如蒙古民人伙同抢劫，核其罪名，蒙古例重于刑律者，蒙古与民人俱照蒙古例问拟；刑律重于蒙古例者，蒙古与民人俱照刑律问拟。”〔2〕该条系嘉庆二十三年（1818 年）谕。此外，嘉庆二十二年（1817 年）定：“凡办理蒙古案件，如蒙古例所未备者，准照刑例办理。”〔3〕道光二十年（1840 年）定：“蒙古等在内地犯事，照依刑律定拟，民人在蒙古地方犯事，照依蒙古律定拟。”〔4〕在热河承德地方，关于抢夺案件的法律适用原则，咸丰二年（1852 年）进行了变通，如事主系蒙古人，不论贼犯是民人还是蒙古，专

---

〔1〕刘海年、杨一凡主编：《中国珍稀法律典籍集成》（丙编第二册），郑秦、田涛点校，科学出版社 1994 年版，第 374 页。

〔2〕（清）理藩院修：《理藩院则例》，杨选第、金峰校注，内蒙古文化出版社 1998 年版，第 312 页。

〔3〕（清）会典馆编：《钦定大清会典事例·理藩院》，赵云田点校，中国藏学出版社 2007 年版，第 423 页。

〔4〕（清）会典馆编：《钦定大清会典事例·理藩院》，赵云田点校，中国藏学出版社 2007 年版，第 424 页。

用蒙古例；如事主系民人，不论贼犯是蒙古还是民人，专用刑例。[1] 道光二十九年（1849 年），热河都统惠丰等奏请[2]，热河地方蒙古抢夺案件变通适用法律，即在热河地方的抢夺案件中，如蒙古人为被抢夺之人，无论是民人还是蒙古人抢夺，都适用《理藩院则例》；如民人为被抢夺之人，无论是民人还是蒙古人抢夺，都适用《大清律例》。热河地区属蒙汉混居之地，涉及蒙汉之间的案件也很多，本条系“合并审理”，即一人有数罪，以重者论之。这也是中国传统法律文化的内容。[3]

在“偷窃牲畜”之类的案件中，以适用《蒙古律例》为主，同时也采取属地主义原则。乾隆十四年（1749 年）奏定，“民人、蒙古、番子偷窃四项牲畜，以蒙古、内地界址为断。如在内地犯窃，即照刑例计赃，分别首从办理”。[4]

《理藩院则例》中关于涉及民人犯罪如何适用法律的规定，多体现在某一类具体的犯罪中；《大清律例》中关于蒙古地区涉及民人犯罪的法律适用，多规定的是具体的法律适用原则。综上，在蒙古地区发生的涉及民人的案件，可以确定的是，《蒙古律例》有规定的适用《蒙古律例》，《蒙古律例》没有规定的适用《大清律

---

〔1〕（清）姚润原纂，胡仰山增辑：《大清律例刑案新纂集成》，同治十年，第 58 页。“热河承德府所属地方，遇有抢夺之案，如事主系蒙古人，不论贼犯是民人还是蒙古，专用蒙古例；如事主系民人，不论贼犯是蒙古是民人，专用刑例。倘有同时并发之案。如事主一系蒙古，一系民人即计所失之贼。如蒙古所失贼重，照蒙古律问拟；民人所失贼重，照刑律问拟。”

〔2〕（清）薛允升：《读例存疑》（卷五），道光二十九年《热河地方蒙古抢夺案件变通办理折》。

〔3〕［日］岛田正郎：《清朝蒙古例的研究》，创文社 1982 年版，第 94 页。

〔4〕《大清律例》，张荣铮、刘勇强、金懋初点校，天津古籍出版社 1993 年版，第 398 页。

例》。而"蒙古例"所未备者的范围，则不仅仅是有无此类犯罪，还会涉及具体的犯罪情节以及伦理问题等情形。在蒙汉混居的热河地区，清朝作了更为细致的规定。

二、涉及民人的抢劫类案件

"蒙古民人伙同抢劫从重处罚"系嘉庆二十三年（1818 年）谕，在这之前尚未有关于此内容的规定。也就是说，嘉庆朝之前，关于蒙古地区涉及民人案件的法律适用问题，还主要是属地主义的适用原则，并结合《蒙古律例》没有规定的，适用《大清律例》的法律适用原则。在一些具体案件中，可以看到，《大清律例》在弥补《蒙古律例》不足上发挥着一定的作用。

案例一：乾隆五年（1740 年），"蒙古栋多克等抢劫杀人"案。

归化城蒙古人栋多克以为他人帮工谋生。乾隆四年（1739 年），栋多克约诺尔穆等三人打劫杨成恩。同年八月，栋多克等前往喀喇沁，打死杨成恩。几人在逃跑的途中盗窃了唐古特喇嘛三匹马。后几人被捕。[1]

本案先是栋多克、图鲁孙、车凌札木苏、诺尔穆四人在归化城打劫杨成恩，后栋多克等人到喀喇沁打死杨成恩，并瓜分杨成恩的财产。案件报送到理藩院，理藩院援引《大清律例》"行劫得赃不分首从"和"强盗杀人"条的规定定罪量刑。经查康熙三十五年（1696 年）《蒙古律例》关于"强盗杀人"规定："凡公开抢劫物件

---

〔1〕《管理理藩院事务怡亲王弘晓等题议归化城蒙古栋多克等杀人抢劫按律拟斩立决本》（乾隆五年六月十二日），《清朝前期理藩院满蒙文题本》卷 2，第 240 页。转引自关康："理藩院题本中的蒙古发遣案例研究——兼论清前期蒙古地区司法调适的原则及其内地化问题"，载《清史研究》2013 年第 4 期。

者，若为王等，则马百匹；若为札萨克贝勒、贝子、公等罚马七十匹；若为台吉等，则罚马五十匹；若为平人，则斩。”[1]如平人抢劫的，不论具体的犯罪情节，都斩，刑罚非常严厉。乾隆二十八年（1763 年）十一月对《蒙古律例》此条内容进行修改。军机大臣等遵旨会同刑部、理藩院议奏定例，“官员、平人或一二人伙众强劫什物杀人者，不分首从，俱即处斩，枭首示众。强劫伤人者，不分首从，皆即处斩，籍没其妻子、产畜，给付事主”。[2]嘉庆朝制定《理藩院则例》时规定，“凡寻常盗劫之案，均照刑例，为首斩决，为从，分别法无可贷、情有可原、免死、发遣之例，发烟瘴地方，该管官照例议处”。[3] 直到《理藩院则例》制定时，才规定寻常盗劫之案均按照刑例，即《大清律例》的规定裁判。一方面认识到盗劫之案犯罪情形多样，统一适用恐过于严苛；另一方面，出于保护蒙古地区牧民的生产资料（马匹、牛羊）等，限制了适用《大清律例》的范围，即寻常盗劫之案。

本案发生在蒙古地区，但涉及民人，适用《蒙古律例》过于严苛，故理藩院认为应当适用《大清律例》“行劫得赃不分首从”和

[1] 达力扎布：“康熙三十五年《蒙古律例》研究”，载《民族史研究》2004 年第 00 期。

[2] 刘海年、杨一凡主编：《中国珍稀法律典籍集成》（丙编第二册），郑秦、田涛点校，科学出版社 1994 年版，第 333 页。

[3] （清）理藩院修：《理藩院则例》，杨选第、金峰校注，内蒙古文化出版社 1998 年版，第 309 页。

"强盗杀人"条的规定。[1] 经理藩院奏请，准予将栋多克、图鲁孙和车凌札木苏斩立决，枭首示众。同时考虑到诺尔穆仅传递消息，并未参与行劫，免死发遣福州。

本案中适用《大清律例》"强盗"条对栋多克、图鲁孙和车凌札木苏定罪，处以斩立决，枭首示众。司法官员认为诺尔穆仅传递消息，实未行劫，免死发遣。从判决上来看，虽理藩院认为诺尔穆仅传递消息未参与行劫，但仍属于"强盗已行而不得财者"，也就是说诺尔穆仍构成"强盗"罪。根据沈之奇的理解，"强盗律全重在'强'上，凡先有强谋，执有器械，带有火光，公然直至事主之家，攻打门墙者，是谓已行。……强盗之赃虽未分，事主之财则已失，强盗之罪所重在强，故但论财之得与不得，不论赃之分与不分也"。[2] 只要有"强"盗之行为，即构成"强盗"罪。栋多克等人公开打劫杨成恩，有构成"强"盗行为。

案例二：道光六年（1826 年），"热河都统咨王连登听从逸犯曹帼旺抢夺蒙古女子玛乍"案。

"玛乍与李建春约为夫妇被诱同逃，实属苟且无耻，与犯奸之女无异。曹帼旺稔知玛乍被李建春诱拐情由，王连登等乘夜将玛乍抢拉出门，王连登背负先行，行至山后，与玛乍行奸一次，报县获犯，审供属实。该都统以王连登在蒙古地方抢夺蒙古女子例，无明

---

〔1〕 刘海年、杨一凡主编：《中国珍稀法律典籍集成》（丙编第一册），郑秦、田涛点校，科学出版社 1994 年版，第 3 页。"凡强盗已行而不得财者，皆杖一百、流三千里。但得（事主）财者，不分首从，皆斩。""强盗杀人，放火烧人房屋，奸污人妻女，打劫牢狱仓库，及干系城池、衙门，并积至百人以上，不分曾否得财，俱照得财律，斩，随即奏请审决枭示。"

〔2〕（清）沈之奇撰：《大清律辑注》，怀效锋、李俊点校，法律出版社 2000 年版，第 574 页。

文应照依刑律办理，并查明王连登，听从抢夺，下手抢出负至中途，奸污，未便照为，从问拟将王连登依法依聚众伙谋抢夺，曾经犯妇女已成为首例，发回城给大小伯克为奴，沿属允协。惟查此例现已改发云贵两广极边烟瘴充军，该都统将王连登发回城系属错误，应请交司更正，并将右面改刺‘改发’二字，以符定例是否仍候钧定。”[1]

嘉庆十七年（1812 年）刑部议覆热河都统奏请定例，依据《大清律例》对强劫罪的首犯、从犯及其他参与者的处罚标准，将蒙古例重新作了调整。强劫之案中，《蒙古律例》所规定的刑罚轻于《大清律例》。“刑例与蒙古例本无二致，是引用蒙古例自应参观刑例，方免畸重畸轻。”鉴于此，应当将《蒙古律例》中关于强劫杀伤人的规定，仿照“伙同杀人伤者不分首从”的规定，分别拟以斩决枭示。“其同行上盗而未帮同杀人伤人之犯仍按各本例定拟，相应声明听候部（刑部）议”。热河都统上奏，“查蒙古例载官员平人或一二人伙众强劫什物杀人者，不分首从，指首伙各犯俱下手杀伤人而言，又随同上盗并未帮同杀伤人之犯，例无治罪明文，伏思蒙古有犯应依蒙古例拟断，如蒙古例内不及赅载，方准参用刑律”。[2] 虽该案发生在蒙古地方，热河都统认为《理藩院则例》仅有“平人或一二人伙众强劫什物杀人者，不分首从”等规定，遂将《理藩院则例》“强劫杀人”条仿照《大清律例》“伙同杀人伤人

〔1〕 高柯立、林荣辑：《明清法制史料辑刊》（第二编）第 52 册，国家图书馆出版社 2014 年版，第 155 ~ 156 页。

〔2〕 高柯立、林荣辑：《明清法制史料辑刊》（第二编）第 52 册，国家图书馆出版社 2014 年版，第 156 页。

者”的规定，“凡聚众伙谋抢夺路行妇女，或卖或自为奴婢者，审实不分得财与未得财者，为首者，斩立决；为从者，皆绞监候”[1]，分别拟以斩决枭示。

热河都统认为，王连登在蒙古地方抢夺蒙古女子，应当适用《理藩院则例》的规定定罪量刑，但《理藩院则例》并没有相关规定。在此情形下，热河都统认为应参照《大清律例》的规定处理。只要聚众伙谋抢夺妇女，为首者，都应斩立决。热河都统在选择适用法律的问题上，并没有考虑犯罪之人为民人，而适用《大清律例》这样的规定。他还是从法律适用的属地主义原则出发，认为应适用《理藩院则例》，只是《理藩院则例》对此类犯罪规定不是很详细，而《大清律例》又有此类犯罪情节下如何裁判的详细规定。最后，综合考虑适用《大清律例》定罪量刑。

根据本节几个案例的分析，可以看出，涉及民人的抢劫类案件，并非当然适用《大清律例》，还要先考虑法律的适用原则，再结合具体的案件情况来选择适用《大清律例》还是《蒙古律例》。嘉庆二十三年（1818 年）后，如“如蒙古人与民人伙同劫，核其罪名，蒙古例重于刑律者，蒙古与民人俱照蒙古例问拟；刑律重于蒙古例者，蒙古与民人照刑律问拟”。[2] 采取从重处罚的原则，这一点与中国传统法律中“从重处罚”的内容相符。在抢劫类案件

---

〔1〕 刘海年、杨一凡主编：《中国珍稀法律典籍集成》（丙编第一册），郑秦、田涛点校，科学出版社 1994 年版，第 324 页。

〔2〕（清）会典馆编：《钦定大清会典事例·理藩院》，赵云田点校，中国藏学出版社 2007 年版，第 425 页。“俱系蒙古人，专用蒙古例；俱系民人，专用刑律。如蒙古人与民人伙同劫，核其罪名，蒙古例重于刑律者，蒙古与民人俱照蒙古例问拟；刑律重于蒙古例者，蒙古与民人照刑律问拟。”

中，如俱系蒙古人，专用蒙古例；俱系民人，专用刑律，开始适用属人主义原则。当然，如果在具体的抢劫案件中，关于抢劫的一些情节适用《蒙古律例》，但《蒙古律例》没有规定的，仍适用《大清律例》。

三、涉及蒙汉的“斗殴”类案件

在《蒙古律例》关于“斗殴”的相关规定中，顺治十五年（1658 年）定：“凡斗殴伤重，五十日内身死，殴之者绞监候，其共殴者，照刑例定拟。”[1] 关于“斗殴”的规定较为简单，仅是规定，伤重且五十日内身死，殴打之人处以绞监候。但同时也规定对共殴之人，照《大清律例》处罚。康熙六年（1667 年）、康熙三十五年（1696 年）制定的《蒙古律书·例》中规定，斗殴致伤眼目、折伤肢体者，罚三九牲畜，平复者罚一九牲畜。若使孕妇堕胎，罚一九牲畜。若以拳、鞭、抽棍殴人者，罚五牲畜，若互殴，则免罚。若折人牙齿，罚一九牲畜。揪落发辫、缨者，罚五牲畜。[2]《蒙古律书·例》较顺治十五年定例规定得更为详细，区分了斗殴致伤的不同情形，包括伤眼目、折伤肢体、使孕妇堕胎等几种情形。

案例三：乾隆五年（1740 年），“左翼喀尔喀苏尼特哈尔扣打死民人王三”案。

蒙古人哈尔扣、汉人王三共同在商人史如玉家帮工。乾隆三年

---

〔1〕（清）理藩院修：《理藩院则例》，杨选第、金峰校注，内蒙古文化出版社 1998 年版，第 307 页。

〔2〕李保田所译康熙六年《蒙古律书》和达力扎布所译康熙三十五年《蒙古律书》。

（1738 年），王三令哈尔扣外出捡粪用于点火，但哈尔扣捡来的粪潮湿无法点燃。王三、哈尔扣因此发生争吵，王三将粪摔在哈尔扣的脸上。哈尔扣愤怒之下，殴打王三，将其打伤。王三于七日后毙命。[1]

理藩院经审理，认为哈尔扣殴打王三虽未造成王三重伤，仍应对王三的死负责。根据《大清律例》的规定[2]，"蒙古哈尔扣殴打民人王三，伤不致死。王三被打后第七日因病殒命，既非因伤致死，请将哈尔扣照例免偿命，减等满流，既系蒙古，枷号两个月，杖一百"。[3] 之后王三因病殒命，涉及保辜条的适用。在本案的审理中，还适用了《大清律例》关于保辜的规定。"原殴伤轻不至于死者，越数日后或因伤身死，将殴打之人免其抵偿，杖一百，流三千里。其因患他病身死，与本伤无涉者，虽在辜限之内，仍依律从本殴伤法。"[4] 王三非因伤致死，故将哈尔扣照例免偿命，"减等

〔1〕《管理理藩院事务怡亲王弘晓等题议蒙古哈喇扣于张家口殴伤民人身死按律拟遣并追埋葬银本》（乾隆五年七月十八日），《清朝前期理藩院满蒙文题本》卷 2，第 360 页。转引自关康："理藩院题本中的蒙古发遣案例研究——兼论清前期蒙古地区司法调适的原则及其内地化问题"，载《清史研究》2013 年第 4 期。

〔2〕《大清律例》，田涛、郑秦点校，法律出版社 1998 年版，第 443 页。《大清律例》"斗殴"条规定："凡斗殴（与人相争），以手足殴人不成伤者，笞二十。（但殴即坐）成伤，及以他物成伤者，笞三十。（他物殴人）成伤者，笞四十。（所殴之皮肤）青赤而肿者为伤。非手足者，其余（所执）皆为他物，即持兵不用刃，（持其背柄以殴人）。亦是。（他物）。拔鬓立寸以上，笞五十。若（殴人）血从耳目中出，及内损（其脏腑而）吐血者，杖八十。（若止皮破、血流及鼻孔出血者，仍以成伤论。）以秽物污人头面者，（情固有重于伤，所以）罪亦如之。杖八十。"

〔3〕《管理理藩院事务怡亲王弘晓等题议蒙古哈喇扣于张家口殴伤民人身死按律拟遣并追埋葬银本》（乾隆五年七月十八日），《清朝前期理藩院满蒙文题本》卷 2，第 360 页。转引自关康："理藩院题本中的蒙古发遣案例研究——兼论清前期蒙古地区司法调适的原则及其内地化问题"，载《清史研究》2013 年第 4 期。

〔4〕《大清律例》，田涛、郑秦点校，法律出版社 1998 年版，第 447 页。

满流”，但因哈尔扣为蒙古人“枷号两个月，杖一百”。

《蒙古律例》关于“斗殴”的规定的较少，涉及“斗殴”的各种情形较《大清律例》少，司法官员在审理的过程中，并没有选择适用《蒙古律例》。同时，因为本案涉及“保辜”的内容，理藩院最终适用《大清律例》进行裁判。

四、《蒙古律例》《大清律例》都无规定的案件

通常来讲，《蒙古律例》没有规定的，都适用《大清律例》的规定进行裁判。尤其是涉及伦理的案件，《大清律例》相关条款在蒙古地区的渗透越来越多。在涉及伦理方面的案件，当《大清律例》也没有相关规定时，司法官员在裁判时会适用儒家的伦理原则作出法律适用的解释。

案例四：道光十六年（1836 年），“民蒙结婚并无媒妁谋其夫”案。[1]

毛口肯是蒙古人板尖尔什的女儿，民人张名富欲为其子张随正儿娶毛口肯为妻。张名富谂知汉蒙不准为婚，亲自与板尖尔什之母什也乜商议，并许给财礼，什也乜应允，同时告知板尖尔什。板尖尔什不同意此事，但迫于母命无奈，允许张名富为其儿张随正儿迎娶毛口肯。婚后，毛口肯回娘家居住时，与毛口肯之嫂托琥通奸的阿包代见毛口肯少艾，亦与调戏成奸，阿包代通奸情热，起意将张随正儿毒死，即窃取板尖尔什熏羊等物给与毛口肯，令其拌在饭内，适张随正儿患病稍痊，欲食稠饭，毛口肯将饭煮就取出毒药撒

〔1〕（清）祝庆祺等编：《刑案汇览（三编）》（一），北京古籍出版社 2004 年版，第 333～334 页。

入饭内，张随正儿五岁之弟张四正儿见饭索食，张随正儿另取小碗拨给半碗，张四正儿取食，毛口肯在旁着急，因恐败露不敢声张，张随正儿、张四正儿被毒殒命。

本案中，毛口肯、张随正儿系违例结婚，根据《理藩院则例》“民人聘娶蒙古妇女”条的规定，禁止内地民人聘娶蒙古妇女，如有私自婚嫁的，二人应当离异，所娶的蒙古妇女归宗。并将主婚的蒙古人，违令的民人每人各枷号三个月等。管官台吉及失察的札萨克都应受到处罚。[1] 法律明确禁止蒙汉通婚，如有蒙汉通婚，民人将被递解回籍。但并没有“其夫禁止有犯作何治罪”的规定。陕西司法官员咨询刑部，刑部认为，查嫁娶违律按均应离异，而嘉庆十四年（1809 年）续纂例内则有依凡人科断，及伤按服制定拟之分。根据《大清律例》的规定，同姓及尊卑良贱为婚等项，虽亦应离异，然乡曲愚民不谙例禁，似此婚娶之后所在多有，既系明媒正娶，婚姻之礼已成，夫妇名分已定，未便因违例嫁娶之轻罪而置夫妇名分于不论，倘有与亲属相犯，即应照已定名分，各按服制定拟。也就是说，《大清律例》规定应当离异的，犯罪之人仍按照服制的规定予以刑罚。

本案中，毛口肯、张随正儿应当离异。如果实系愚民不谙例禁，而又明媒正娶，有犯尚照例服制定断，乃张随正儿之父张名富稔知蒙汉不准为婚，既非不谙例禁可比，而又央媒说，私向毛口肯祖母议定迎娶成亲，亦与明媒正娶者不同，有犯自未便仍照服制科断，致与例意不符。所以因奸听从奸夫谋毒张随正儿身死之毛口

---

〔1〕（清）理藩院修：《理藩院则例》，杨选第、金峰校注，内蒙古文化出版社 1998 年版，第 249 页。

肯，自应即照凡人谋杀加功律，拟以绞候。经查本谋杀一人，而行者杀二人，按《大清律例》的规定，谋杀人造意者斩监候，从而加功者绞监候。又本谋杀一人而行者杀二人，造意不行之犯拟斩立决。[1] 又例载：谋杀人而误杀旁人，发系一家二命，拟斩决，免其枭示，毋庸酌断财产。又嫁娶违律，应行离异者，与其夫有犯，如系先奸后娶，或私自苟合，或知情买休，虽有媒妁婚书，均依凡人科断。若止系同姓及尊卑良贱为婚，或居丧嫁娶，或有妻更娶，或将妻嫁卖娶者，果不知情，实系明媒正娶者，虽律应离异，有犯仍按服制定拟。[2]

今毛口肯只欲谋杀张随正儿一人而误杀其弟，是意料之外的，如果按照《大清律例》"谋杀而误杀旁人"的规定，即杀一家里两个人的，拟斩决，处罚较重，有失平允。理藩院认为应当酌情问拟。此外，关于"违律嫁娶"的，《大清律例》规定按服制定拟。两者相结合，理藩院最终裁定，拟以斩决。在涉及伦理犯罪的案件，如何适用法律、解释法律，都是从传统伦理的角度予以考虑，确定法律的适用。在这一点上，此时涉及蒙古案件的裁判已与中原地区无异。

---

〔1〕《大清律例》，田涛、郑秦点校，法律出版社1999年，第420页。"其造意者，通承已杀、已伤、已行三项。身虽不行，仍为首论，从者不行，减行（而不加功）者一等。"

〔2〕《大清律例》，田涛、郑秦点校，法律出版社1999年版，第408～409页。"同姓为婚"条："凡同姓为婚者，（主婚男女），各杖六十，离异。""尊卑为婚"条："凡外姻有服（或）尊属（或）卑幼，共为婚姻，及娶同母异父姊妹，若妻前夫之女者，各以亲属相奸论。"

第三节 其他适用《大清律例》的情形

《理藩院则例》中有很多“从重治罪”“照例议处”的条文。道光三年（1823年）重修《理藩院则例》时，对这些原则性的规定进一步修订。《续修则例原奏》中指出：“臣等详查现行《则例》别项事宜尚可奉行无弊，惟‘处分’各款殊未明晰，且多畸重畸轻之处。伏思例未明备，会意难免参差；律无专条，定案易失出入，除臣院《则例》内例有明条者，无庸轻更旧章外，如例内所称‘从重治罪’及‘照例议处’语涉含混各条，臣等请比照内地文武官员‘处分’条例，量从末减定拟。于我皇上明罚敕法之中，仍寓柔远怀徕之意。臣等当经调吏、兵、刑三部‘处分’条款，参互考订，定为专条。”[1] 道光十三年（1833年），理藩院在《〈蒙古则例〉应行修辑奏折》也指出，应当对原例文不完备、例意模糊等处进行修辑。[2] 到光绪十七年（1891年），《理藩院则例》大部分条例都进行过增纂、修改。关于“人命”“强劫”“偷窃”的内容，有一半以上条文按《大清律例》进行过修改，一些未修改的大多也规定照《大清律例》办理。[3]

---

〔1〕（清）理藩院修：《理藩院则例》，杨选第、金峰校注，内蒙古文化出版社1998年版，第34页。

〔2〕（清）理藩院修：《理藩院则例》，杨选第、金峰校注，内蒙古文化出版社1998年版，第38页。

〔3〕徐晓光：“蒙古立法在清代法律体系中的地位”，载《比较法研究》1990年第3期。

在蒙古地区适用《大清律例》裁判案件，逐渐影响蒙古地区的立法。在司法实践中，除之前分析的涉及伦理、涉及民人等方面的案件外，《大清律例》仍在蒙古地区发挥着重要的作用。《大清律例》不仅影响蒙古地区的法律适用，还影响《蒙古律例》的内容，如关于偷窃“四项牲畜”的处罚。在蒙古地区的司法实践中，经常通过具体案件的审理，确定以后此类案件如何裁判。

一、适用《大清律例》量刑的情形

牲畜系蒙古地区重要的生产资料，《蒙古律例》关于牲畜类犯罪的处罚也较重。涉及牲畜的犯罪通常适用《蒙古律例》。但在具体的量刑上，在《蒙古律例》没有规定或规定不明确时，还是会参照适用《大清律例》。

《刑案汇览》嘉庆二十三年（1818 年），理藩院咨查山东省请示“抢劫拟遣之巴雅斯呼朗应刺何字”[1]案中，热河都统认为，王文成等照匪徒拦抢拟遣案，以蒙古民人偷窃四项牲畜刑律内既经指出在地方偷窃，各照本例刺字，自应遵例概行刺字。理藩院认为，偷窃四项牲畜，照蒙古例定拟之犯，概行遵例各按窃盗本例刺字等因，通行理藩院、直隶、山西、陕西、奉天、热河、察哈尔等处画一办理在案。适用《蒙古律例》[2] 定罪的，自应按《蒙古律例》的规定刺字。审理过程中，司法官员认为，《蒙古律例》规定

〔1〕（清）祝庆祺等编：《刑案汇览（三编）》（一），北京古籍出版社 2004 年版，第 792 页。

〔2〕（清）理藩院修：《理藩院则例》，杨选第、金峰校注，内蒙古文化出版社 1998 年版，第 352 页。“蒙古等免死减等发遣，自配所脱逃，拿获时审无为匪等事，亦一体加等调发，仍分别脱逃次数，初次枷号两个月，二次枷号三个月，刺字。”

蒙古发遣人犯在配脱逃例内仅称刺字，但并未载明刺何字，又蒙古抢劫拟遣，并抢劫应拟死罪减等拟遣各犯刑例内亦无刺字明文。而蒙古抢劫之案重于偷窃，偷窃既行刺字，则抢劫断无不当刺字之理，《蒙古律例》内既没有明文规定，可以参照《大清律例》[1] 的规定。

理藩院查《大清律例》关于抢夺窃盗问拟死罪，及遣军徒犯"俱分别面刺抢夺窃盗字样"，则蒙古抢劫人犯亦应面刺拊二字，惟关系志纂蒙古刺字专条，未便遽行咨覆。对此，理藩院汇折具奏，"此后应当按此执行，其应拟死罪减等拟遣拟军之犯，《大清律例》内如抢夺系应减发烟瘴改发极边，则面刺烟瘴改发，如窃赃逾贯窃盗三犯系应减发新疆改发内地，俱面刺改发，其余减军减流各犯并非烟瘴及新疆改发者，向不刺字，若蒙古抢劫之犯由死罪减遣，虽与《大清律例》抢夺等犯相同，惟《蒙古律例》不处遣，系发内地交驿当差，并非由烟瘴及新疆条款改发，应当参照《大清律例》内减等军流各犯毋庸刺字"。

刑部认为，至蒙古发遣人犯并蒙古免死减军人犯在配脱逃，《大清律例》内虽有刺字之文，而应刺何字未经指明，此等案件向来由理藩院主稿，其无成案可稽。根据"民人有犯军流脱逃被获"的规定，系分别刺逃军、逃流字样，如系发遣除依法处罚外，其余俱系枷责，仍发原配，向不刺字。蒙古例免减军人犯在配脱逃，自

---

〔1〕（清）沈之奇撰：《大清律辑注》，怀校锋、李俊点校，法律出版社 2000 年版，第 593～594 页。"凡窃盗已行而不得财，笞五十，免刺。但得财（不论分赃、不分赃），以一主为重，并赃论罪。为从者，各（指上得财、不得财言）减一等（以一人为重，谓如盗得二家财物、从一家赃多者科罪。并赃论，谓如十人共盗得一家财物，计赃四十两，通算作一处，共十人各得四十两之罪。造意者为首，该杖一百；余人为从，减一等，止杖九十之类。余条备此）。初犯并于右小臂上，刺窃盗二字，再犯刺左小臂膊，三犯者，绞（监候）。以曾经刺字为坐。"

应面刺“逃军”二字，其蒙古发遣人犯在配脱逃，既应加等调发，与民人仍发原配者不同，应酌情面刺“逃遣”二字，以昭慎重。此案系理藩院主稿之案，应咨行理藩院查明原案，照现拟刺字章程咨覆该抚遵照办理。理藩院、刑部在对本案的审理过程，结合《大清律例》的相关内容，经奏准，对此案类案件如何刺字予以明确。

上述案件，是关于如何适用《大清律例》进行量刑，在司法实践中，经常因《蒙古律例》没有规定，而参照《大清律例》进行量刑的情形。

案例一：“监候待质遣犯赛哈拉十年其满咨部查办”案，“人命抢窃等案有正犯未获，现获从犯，问拟遣军流监候待质者如已过十年，即原拟罪名即行发配等语”。[1]

赛哈拉系听从在逃之赛吉尔琥等强劫刘景玉衣物、马匹。塞哈拉供称赛吉尔琥等先起意，其只是在外接赃，并不知道拒捕事。[2]本案最初审理时，赛哈拉原拟罪名与台木嘎系同一例，台木嘎脱逃被获后照平常遣犯定拟。嘉庆二十五年（1820年），刑部认为“台木嘎原犯系听从行劫，未伤人，拟遣，并非由死罪减遣。将该犯改依平常发遣人犯逃例枷责，核覆”。[3]审理本案的都统认为，赛哈

---

〔1〕 高柯立、林荣辑：《明清法制史料辑刊》（第二编）第50册，国家图书馆出版社2014年版，第557页。

〔2〕 高柯立、林荣辑：《明清法制史料辑刊》（第二编）第50册，国家图书馆出版社2014年版，第558页。“该犯依蒙古伙众强劫什物其随从入伙，并未伤人者。刑例伤人伙盗情有可原免死发遣例，发云贵两广当差。因赛吉尔琥在逃未获仍监候待质等因，查该犯定案时系比照情有可原伙盗径行，拟遣。另台木嘎在配脱逃，止照平常发遣人犯脱逃例，还回原籍发配，拟以枷号鞭责，亦与免死发盗犯脱逃被获如逾五日即行正法者办理，轻重悬殊。”

〔3〕 高柯立、林荣辑：《明清法制史料辑刊》（第二编）第50册，国家图书馆出版社2014年版，第557页。

拉“监禁已逾十年，应照例查办，并声明案内有抢劫四项牲畜，虽遇大赦不准援免，仍照原拟。发遣之处均属允协，应即照”。[1]

道光元年（1821年），遇大赦对于应否查此办案，直隶总督认为，本案系塞哈拉听从在逃之赛吉尔琥等强劫刘景玉，只是在外接赃，不知拒捕之事，依蒙古例“伙众强劫什物其随从入伙，并未伤人者”[2]，及《大清律例》伙盗情有可原免死发遣例，发云贵两广当差。另查赛哈拉定案时，“系比照情有可原伙盗径行，拟遣。与《大清律例》所载情有可原免死盗犯，由斩决改为发遣者不同。自应即行以寻常遣犯论”。[3] 在刑部看来，[4] 将来拏获逸犯，如

---

〔1〕 高柯立、林荣辑：《明清法制史料辑刊》（第二编）第50册，国家图书馆出版社2014年版，第558页。

〔2〕（清）理藩院修：《理藩院则例》，杨选第、金峰校注，内蒙古文化出版社1998年版，第310页。“凡寻常盗劫之案，均照刑例，为首斩决，为从，分别法无可贷、情有可原、免死、发遣之例，发烟瘴地方，该管官照例议处。”

〔3〕 高柯立、林荣辑：《明清法制史料辑刊》（第二编）第50册，国家图书馆出版社2014年版，第562页。“曹七系情有可原免死，盗犯因首犯未获监候待质，酌议监禁二十年再行查办，通行各省在案。大赦应否查办一案，经本部以曹七情有可原免死。盗犯因首犯未获监禁待质，酌议监禁二十年，再行查办，并通行各直省在案。此案系赛哈拉听从在逃之赛吉尔虎等强劫刘景起意，伊止在外接赃，不知拒捕情事。将该犯依蒙古伙众强劫什物其随从入伙，并未伤人者。《大清律例》伤人伙盗情有可原免死发遣例，发云贵两广当差。”

〔4〕 高柯立、林荣辑：《明清法制史料辑刊》（第二编）第50册，国家图书馆出版社2014年版，第561页。“人命抢窃等案有正犯，未获，现获从犯问拟，遣军流罪监候待质者，如过十年照原拟罪名即行发配等。又嘉庆二十五年，据热河都统咨，拏获逃且台木嘎，依秋审免死减等，人犯脱逃枷责。例咨部，经本部以台木嘎原犯，系听从行劫，未伤人，拟遣，并非由死罪减遣。将该犯改依平常发遣，人犯脱逃枷责例，核覆。又道光元年，据直隶总督监候待质，拟遣盗犯曹七羁禁十年，恭逢。”“如讯系该犯起意强劫，拒伤事主，罪在不赦，不准查办，并声明，仍俟监禁期满，再行咨刑部核办等。因题覆亦在案，兹据该都统以赛哈拉监禁已满十年，声明该犯并非由死罪减遣，照寻常遣犯例，限查办，毋庸监禁二十年等。因咨部查赛哈拉未伤人，伙盗情有可原科断。径据发遣与刑例情有可原盗犯，由斩决改为发遣者不同，即与寻常遣犯无异。且此项人犯在配脱逃。”

果是其起意强劫，拒伤事主，罪在不赦，仍监禁期满[1]，再行核办。既照平常发遣人犯脱逃例，逋回原配，拟以枷号鞭责，亦与免死发遣盗犯脱逃被获，如逾五日即行正法得办理。[2]

赛哈拉伙盗未伤人，且已监禁十年，也不是由死罪减遣，加之“伙盗情有可原”的情节，应当参照《大清律例》另行科断。《理藩院则例》“强劫”条规定，寻常盗劫之案，均依据《大清律例》，涉及“情有可原”“免死”“发遣之例”，由该司法官员“照例”议处，即具体情节参照《大清律例》的规定裁决。《刑案汇览》所载“蒙古照刑例之强盗待质年限”案中，也出现类似情形。道光十五年（1835 年）“纳木加、端沐住格监候已逾十年，首伙各犯仍未弋获，按强盗不准宽释之例，似应仍行监禁”。刑部认为，“查遣军流犯监候待质已过十年，正犯无获，照原拟罪监候待质不应宽释，例内已有明文，本部向来核办监候待质案件，如系照强盗情有可原例拟罪监禁，盗首日久无获，俱照例不准查办，历经遵行在案”。[3]

---

〔1〕（清）沈之奇撰：《大清律辑注》，怀效锋、李俊点校，法律出版社 2000 年版，第 96～97 页。“凡二人共犯罪，而有一人在逃，见获者称逃指为首，更无（人）证佐，则（但据其所称），决其从罪。后获逃者，称前（之获）人为首，鞫问是实，还（将前人）依为首论，通计前（之决）罪，以充后（之问）数。若犯罪事发而逃者，众证明白，（或系为首，或系为从），即同狱成，（将来照提到官，止以原招决之），不须对问。（仍加逃罪二等）。”沈之奇认为：“此条以鞫问成狱言。虽有逃者，尚有共犯之人可审，不必停囚待对也。前段言更无证佐，故将见获者决其从罪，后段言众证明白，故其在逃者即同狱成。更无证佐，与众证明白。”

〔2〕高柯立、林荣辑：《明清法制史料辑刊》（第二编）第 50 册，国家图书馆出版社 2014 年版，第 558 页。

〔3〕（清）祝庆祺等编：《刑案汇览（三编）》（四），北京古籍出版社 2004 年版，第 31 页。“陕西司查例载：人命抢窃等案，正犯日久无获，为从监候待质人犯除强盗案件不应宽释外，其余人命等案如原拟遣军流罪已过十年，该督抚查明咨部，照原拟罪名即行发配等语。此案纳木加、端沐住格二犯前据陕甘总督审奏，该犯等均系被河南番贼掳去服役，逼胁上盗，纳木加仅止看管衣服，并未行抢，端沐住格跟随徒手步行，俱各止此一次，并无凶恶情状，声明情有可原，惟盗首均未拿获，将该犯等监禁待质等因，经本部照拟核覆在案。”

纳木加、端沐住格虽系蒙古番子，与内地民人听从行劫应拟遣者不同，照寻常遣军流犯办理。

二、适用《大清律例》定罪的情形

涉及伦理、民人等的案件多适用《大清律例》定罪量刑，当《蒙古律例》对某一类行为没有规定时，司法实践中，多适用《大清律例》对此类行为予以制裁。在法律的适用上，《大清律例》有类似"保底"的作用。只要某一类行为系《大清律例》予以惩治的，即使《蒙古律例》并没有规定此类行为为犯罪的，仍应当适用《大清律例》定罪。在这一点上，《蒙古律例》与《大清律例》有点类似特别法与一般法的关系。关于某一类行为《蒙古律例》认为并不违法，而《大清律例》认为是违法的；或者《蒙古律例》认为某一类行为违法，但关于此类行为的刑罚较为简单。这时，《大清律例》就起到规范、调节的作用。司法官员在司法实践中，就会慎重考虑并上报理藩院，以便最终确定如何适用法律。根据乾隆五年（1740 年）刑部奏准的"如蒙古无正律，授引刑部律例定拟"的原则，正式确定了蒙古地区案件适用《大清律例》的情形。

道光四年（1824 年）"蒙古有犯移尸讹诈、冒认尸亲"〔1〕案中，有蒙古人被控冒认尸亲，以尸讹诈。《理藩院则例》中并没有

---

〔1〕 高柯立、林荣辑：《明清法制史料辑刊》（第二编）第 51 册，国家图书馆出版 2014 年版，第 311 ~ 312 页。"查旗人犯军流徒等罪，如果情节较重者，原有不准折枷实发驻防当差之案。但系本部随时酌量办理，刑例内并未立有专条，似未便作为定例。且蒙古犯罪例，应实发者应按其所犯情罪轻罪，分别发遣河南、山东、湖广、福建等省，交驿充当苦差，即比例实发变未便发驻防当差。有假控人命及以尸讹诈钱财之案，应如该都统所奏，即照刑例办理，其声请实不准折枷之处，似应仿照蒙古例发遣之例，按其情罪分别轻重发遣。如犯该徒者，发河南、山东等省。犯该军流者，发遣湖广、福建、广东等省，均交驿站充当苦差，以示区别。"

规定此案犯罪，应当参照《大清律例》进行裁判。根据《大清律例》“恐吓取人财者”的规定，恐吓取人财者按窃盗罪加一等计赃。“凡恐吓取人财者，计赃，准窃盗论，加一等，（以一主为重并赃，分首从。其未得财者，亦准窃盗不得财罪上加等）免刺”。[1]所谓“恐吓”，是“假借事端，张大声势，以恐吓乎人，使之畏惧而取其财也。内蓄穿踰之心，[五] 外托公强之势，恶其情逾窃贼，故准盗论而加一等。原其实非真盗，故免刺字，而罪不至死也”。[2] 故对“恐吓取财”之人，依“窃盗”加一等量刑，免刺。另《大清律例》“窃盗”条规定，“五十两，杖六十、徒一年；六十两，杖七十、徒一年半；七十两，杖八十、徒二年；……一百两，杖一百、流二千里”。[3]

本案中，热河都统认为，口外地方辽阔，蒙古流民杂处，每每冬日严寒，山岩荒僻处，所时多倒毙，竟有刁徒冒认尸亲，任意讹诈为害。实深非寻常诈索可比。可否照《大清律例》问拟军流徒罪，即行实发俱不准折枷。随向道光帝请奏“可否照刑例问拟军流徒罪”，“发湖广、广东、福建等省，均交驿站充当苦差，不准折枷完案”。因《理藩院则例》《大清律例》中都没有实发的明文规定，应当比照蒙古犯发遣的规定，按其情节轻重分别发遣山东、河南、

〔1〕 刘海年、杨一凡主编：《中国珍稀法律典籍集成》（丙编第一册），郑秦、田涛点校，科学出版社 1994 年版，第 332 页。

〔2〕（清）沈之奇撰：《大清律辑注》，怀效锋、李俊点校，法律出版社 2000 年版，第 610 页。

〔3〕 刘海年、杨一凡主编：《中国珍稀法律典籍集成》（丙编第一册），郑秦、田涛点校，科学出版社 1994 年版，第 324 页。

福建、湖广、广东等省交驿站充当苦差之例定拟，不折枷完案。[1]蒙古地区本可参照旗人折枷免发遣，而该案系情凶恶势之情，不应当免发遣。同时，建议蒙古地方刁民徒，假控人命冒认尸亲，移尸讹诈等案，依照刑律"科断"。

三、蒙古在内地犯罪适用的情形

关于蒙古在内地犯罪，《蒙古律例》有明确的规定。入关之初，确定蒙古在内地犯罪适用《蒙古律例》，"边内人在边外犯罪，依刑部律，边外人在边内犯罪，依蒙古律"。[2]乾隆二十二年（1757年）"科尔沁蒙古垂扎布等于黑龙江地方抢掠财物"案中[3]，垂扎布在塔拉哈驿站遇到布伦、特克什，三人共同行走时，又遇到民人安国君。三人便抢走安国君皮袄、短羊皮袍以及一匹马。理藩院审理时，依据《蒙古律例》的规定，拟定垂扎布绞监候，并抄没产畜。乾隆二十六年（1761年），山西按察使索琳奏请，刑部会同理藩院议覆，"蒙古等在内地犯事，照依蒙刑律定拟"。道光二十年（1840年）议定，"蒙古等在内地犯事，照依刑律定拟，民人在蒙

---

〔1〕 高柯立、林荣辑：《明清法制史料辑刊》（第二编）第51册，国家图书馆出版2014年版，第313～315页。"窃盗赃五十两杖六十徒一年一百两，杖一百流二千里，又例载棍徒屡次生事行凶，无故扰害良人，人所共知确有实处者，民人发极边足四千里安置，凡系一时一事，实有情凶势恶者，亦照例拟发各等。""臣等公同酌议嗣后蒙古地方刁民徒，假控人命冒认尸亲，移尸讹诈等案，悉照刑律科断。如犯徒罪者发山东、河南等省，犯该军流者发湖广、广东、福建等省、均交驿站充当苦差，不准折枷完案。"

〔2〕（清）会典馆编：《钦定大清会典事例·理藩院》，赵云田点校，中国藏学出版社2007年版，第419页。

〔3〕《兼管理藩院事务大学士傅恒等题议科尔沁蒙古垂扎布等于黑龙江地方抢掠财物按律分别拟罪本》（乾隆二十二年年五月二十二日），《清朝前期理藩院满蒙文题本》卷6，第541页。转引自关康："理藩院题本中的蒙古发遣案例研究——兼论清前期蒙古地区司法调适的原则及其内地化问题"，载《清史研究》2013年第4期。

古地方犯事，照依蒙古律定拟”。[1]

蒙古人在内地犯罪的，适用《大清律例》的规定。应该说，在乾隆年间，蒙古人在内地犯罪的，就开始适用《大清律例》。而《理藩院则例》很多条款，是在整理之前裁判的基础上制定的，关于法律适用，往往也是基于司法实践，最后明文规定如何适用法律。

四、涉及其他民族的案件

虽然，乾隆四十三年（1778 年）谕：“嗣后回子等有寻常命盗案，应照回子例绑于巴眢尔立行打死，即行办理，于年终汇奏，毋庸专折请旨”[2]，但涉及回民等其他民族的案件，也存在适用《大清律例》规定的情形。道光十一年（1831 年）二月二十八日，库伦办事大臣常格：“奏为审明沙雅尔阿哈墩庄回民鄂斯满图财致毙人命依例定拟事”，鄂斯满因欠江海帐债，又见其尚有财物乘其睡熟取，敢起意致死人命意图了债得财，实属凶恶已极。咨询刑部、理藩院，鄂斯满一犯合依图财害命得财而杀死人命者拟斩立决例，[3] 拟斩立决。[4]

---

〔1〕（清）会典馆编：《钦定大清会典事例·理藩院》，赵云田点校，中国藏学出版社 2007 年版，第 424 页。

〔2〕（清）会典馆编：《钦定大清会典事例·理藩院》，赵云田点校，中国藏学出版社版 2007 年版，第 459 页。

〔3〕《大清律例》，田涛、郑秦点校，法律出版社 1998 年版，第 420 页。“凡图财害命，应分别曾否得财定拟，其得财而杀死人命者，首犯从而加功者，俱拟斩立决；不加功者，拟斩监候；不行而分赃者，照强盗免死减等例问发。伤人未死而已得财者，首犯拟斩立决；从而加功者，拟斩监候；不加功者，亦照例问发；不行而分赃者，杖一百、流三千里。如未得财，杀人为首者，拟斩监候。”

〔4〕 中国第一历史档案馆：《宫中朱批奏折》，档案号：04－01－26－0058－025，“奏为审明沙雅尔阿哈墩庄回民鄂斯满图财致毙人命依例定拟事”。

五、伊犁地区以适用《大清律例》为主

漠西蒙古地未归附时，根据《大清律例》“化外人有犯”条的规定，在准噶尔地区，“尔噶尔丹博硕克图汗，尚毋违朕视四海一家，中外一体至意。敬慎遵行。嗣后遣使，必选贤能头目，严行约束。若仍前沿途抢掠、殃民作乱。即依本朝律例，伤人者以伤人之罪罪之，盗劫人财物者以盗劫之罪罪之，特此先行晓谕”。[1]

准噶尔蒙古归附后，清朝在准噶尔地区实施了较为严厉的政策。从18世纪60年代开始，满洲、索伦、察哈尔、厄鲁特、锡伯兵丁迁入伊犁，其中察哈尔蒙古[2]占重要地位。此外，清朝招募从甘肃到新疆屯田的民人。在新疆地区，不仅有原来的卫拉特蒙古人、西迁的察哈尔等人，还有来屯田的民人。满洲人、蒙古人等大致有不同的生活范围，伊犁地区形成了一个多民族居住的地方。在法律的适用上，乾隆帝也意识到伊犁地区的特殊性，于乾隆五十七年（1792年）定，新疆大臣处理本地区事务时，可以不拘泥于内地律例，视情况灵活裁决。在伊犁地区，如有回民侄杀其胞叔等案，参照内地律例定罪量刑。如果犯罪之人与被害之人系远宗命案，按照回民之例定罪量刑。[3] 综合这些因素，伊犁地区以适用

---

〔1〕（清）官修:《清圣祖实录》卷112，康熙二十二年九月癸未条。

〔2〕其后裔今天成为居住在新疆博尔塔拉蒙古自治州蒙古族的主要组成部分。

〔3〕（清）会典馆编:《钦定大清会典事例·理藩院》，赵云田点校，中国藏学出版社2007年版，第459页。

《大清律例》为主。[1]

案例二：嘉庆九年（1804 年）三月十三日，伊犁将军松筠“奏为缉获审明遣犯梁德秀刘应有殴毙平民案按律拟事”案。[2]

抚名同知毓宁阿于嘉庆八年（1803 年）十一月初五日验报，沙嘴地方有不识姓名男子尸身约年四十余岁，左额角有木器伤围长二寸一分，皮破血出等。毓宁阿认为，若仅按律拟绞监候，《大清律例》“斗殴及故杀人”条，“凡斗殴杀人者，不问手足、他物、金刃，并绞监候”。[3] 按此规定，梁德秀应拟绞监候。但伊犁遣犯多，适用《大清律例》定罪量刑，不足以示惩儆。随奏请嘉庆帝，嘉庆帝下旨，审明后将该犯梁德秀押赴市曹，即行处绞示众，以达到严惩的目的。本案在适用《大清律例》的基础上，加重处罚。

不光是涉及民人的案件适用《大清律例》进行裁判，也存在其他适用《大清律例》的情形。嘉庆十年（1805 年）八月十五日，伊犁将军松筠奏为审明“察哈尔旗丁策凌旺舒克斗殴致毙人命”案

---

〔1〕（清）松筠等纂：《钦定新疆识略》，清道光元年影印版，第 694 ~ 695 页。保宁奏：“土尔扈特家奴三吉，将伊主母孀妇伯克木库强奸，因伯克木库不从，三吉即将伊主母颈骨扭折殒命。将三吉照例即行凌迟处死。土尔扈特三吉意欲强奸伊主母孀妇伯克木，因伯克木不从胆敢起意，将伯克木库颈骨扭折，以致殒命，焚房逃走，甚属目无法纪。淫恶已极，保宁审明将三吉即行凌迟处死办理甚当。但内地凡有旗民人等因奸以致尽节殒命者，例应奏明旌表。伯克木库系一索伦妇人，即知大义至死不从，殊属可嘉，自应旌表。”

〔2〕 中国第一历史档案馆：《宫中朱批奏折》，档案号：04 - 01 - 27 - 0014 - 012，“奏为缉获审明遣犯梁德秀刘应有殴毙平民案按律定拟事”。本案中，将土尔扈特家奴三吉凌迟处死，系依据《蒙古律例》予以裁判，可见伊犁地区，并非都适用《大清律例》。

〔3〕《大清律例》，田涛、郑秦点校，法律出版社 1998 年版，第 430 页。“斗殴及故杀人（独殴曰［殴］，有从为同谋共殴：临时有意欲杀，非人所知曰［故］。共殴者惟不及知，仍只为同谋共殴，此故杀人所以与殴同条，而与谋有分）。凡斗殴杀人者，不问手足、他物、金刃，并绞监候。”

按律定拟事。[1] 察哈尔领队大臣托云转据总管乌尔图那素图报称，闲散旗丁额尔他于闰六月二十日与闲散旗丁策凌旺舒克戏骂，被策凌旺舒克用鞭桿打伤，于二十七日因伤身故等。松筠派理事同知达尔札前往该处相验讯。策凌旺舒克一犯合依斗殴杀人不问手足他物金刃，依绞监候律，拟绞监候秋后处决。策凌旺舒克、额尔他系察哈尔蒙古人，策凌旺舒克将额尔他用鞭桿打伤身亡，后依《大清律例》"斗殴杀人条"判处绞监候。

通过以上案例的分析，在伊犁地区，涉及民人、察哈尔蒙古八旗的案件适用《大清律例》进行裁判，而厄鲁特、土尔扈特等其他蒙古人仍适用《蒙古律例》进行裁判。即察哈尔蒙古八旗之外的其他蒙古人，适用《蒙古律例》与《大清律例》的原则与漠北、漠南蒙古地区是一样的。但因伊犁地区的人员构成不再以蒙古人为主，所以以适用《大清律例》为主。

六、热河地区涉及蒙古的抢夺案件

关于热河承德府所属地方抢夺案件的法律适用，咸丰二年（1852 年）新纂，"遇有抢夺之案，如事主系蒙古人，不论贼犯是民人，是蒙古，专用蒙古例。如事主系民人，不论贼犯是蒙古，是民人，专用刑律。倘有同时并发之案，如事主一系蒙古，一系民人，即计所失之赃。如蒙古所失赃重，照蒙古例问拟，民人所失赃重照刑例科断"。[2] 按照事主是蒙古人还是民人，以及财产所遭受

---

〔1〕 中国第一历史档案馆：《宫中朱批奏折》，档案号：04－01－27－0020－017。"奏为审明察哈尔旗丁策凌旺舒克斗殴致毙人命案按律定拟事。"

〔2〕（清）姚润原纂，胡仰山增辑：《大清律例刑案新纂集成》同治十年，第 58 页。

到的损失，共同决定热河承德府地方的法律适用。

本章小结

清入关前对蒙古地区的立法以军令为主，结合后金、蒙古的习惯法，对严重的危害社会的奸盗行为予以重惩。入关后，关于蒙古地区的立法内容越来越完善，有关于婚娶、谋反、服色、随从等方面，这时的立法开始吸收中原传统法律文化。在刑罚内容上，也开始有“凌迟”[1] 等处罚方式。在李保田翻译的康熙六年（1667年）《蒙古律书》中，也可以看到这些内容。蒙古地区也建立了以《大清律例》《蒙古律例》为主导的刑事法律体系。中国传统法律文化重伦理，刑法内容具有浓厚的伦理色彩，《蒙古律例》在定罪与量刑上缺乏这种伦理化的内容。在日常的案件审理中，涉及伦理方面的内容时，刑部、理藩院通过适用《大清律例》将纲常伦理转化为蒙古地区的法律，到清朝中后期这一趋势更加明显。

---

〔1〕 齐木德道尔吉、巴根那等编：《清朝太祖太宗世祖朝实录蒙古史史料抄——乾隆本康熙本比较》，内蒙古大学出版社2001年版，第855页。“议政王、贝勒、大臣遵旨议定理藩院大辟条例，平人与外藩蒙古各贝勒福金通奸，福金处斩，奸夫凌迟处死，其兄弟处绞。”

第四章　蒙古地区对《蒙古律例》的适用

清入关前，漠南蒙古各部开始归附清。清划定疆界，设旗、编牛录，颁布法令，于天聪元年（1627 年）至崇德八年（1643 年）加以整理后，清对蒙古颁布法令而编定《蒙古律例》。该《蒙古律例》经康熙六年（1667 年）和康熙三十五年（1696 年）两次大幅修改，到嘉庆十六年（1811 年）开始编修《理藩院则例》。《蒙古律例》作为蒙古地区特别刑事法规，是清代刑法体系的组成部分，是蒙古地区的基本法规。嘉庆朝制定的《理藩院则例》，不仅是蒙古地方的基本法规，更成为理藩院日常工作的法律依据。

自清入关到清朝灭亡，《蒙古律例》的内容一直随着蒙古地区社会的发展而不断变化。杨强在《清代蒙古法制变迁研究》一书中，将清代蒙古地区的法律变迁分为三个阶段：第一阶段是从天聪年间到嘉庆二十四年（1819 年），这一阶段蒙古各部相继归附，清朝把蒙古族作为自己的战略盟友和军事依靠力量，同时，又怕蒙古族强大而威胁其统治，采取“因俗而治”和“众建而分其势”的方针。第二阶段是从嘉庆元年（1796 年）到光绪二十七年（1901 年），随着汉族移民的增加，清朝通过蒙汉隔离以达到羁縻蒙古、统治汉族的目的，但民族融合的趋势并没有被阻挡，立法也进一步内地化。第三阶段是从光绪二十八年（1902 年）到清灭亡。此时实行全面放垦，开始“借地养民”“移民实边”，对蒙古政策的转变带来了蒙古法制的变化。[1] 其实，从第一阶段到第三阶段，每一时期法律变迁的主要动力不同，但总的趋势是随着清朝对蒙古地区统治的加强及蒙汉等民族的融合，《蒙古律例》不断吸收中原法律的内容，以调整蒙古地区的法律关系。本章主要通过分析《蒙古律例》适用的情形，总结《蒙古律例》在蒙古地区司法实践中，如何与《大清律例》共同发挥作用。

第一节 各部蒙古适用《蒙古律例》的情形

蒙古族是中国北方诸民族中形成较晚的民族，直到 1206 年才开始出现成文化法制的建设，如《大扎撒》，形成了带有本民族特色的法律体系。蒙古民族的法律注重对牲畜的保护，对偷窃牲畜的行为处以非常重的惩罚。正是基于对本民族重要生活资料的保护，发生此类案件时，以适用《蒙古律例》为主。漠北、漠西蒙古各部归附后，也开始适用《蒙古律例》的规定进行裁判。

一、漠南蒙古地区适用《蒙古律例》的情形

漠南蒙古地区与内地交往较多，而交往的增多，也加剧了漠南

---

〔1〕 杨强:《清代蒙古法制变迁研究》，中国政法大学出版社 2010 年版，第 314 ~ 329 页。

蒙古地区法律适用的伦理化。此点，在之前蒙古地区适用《大清律例》的情况部分也进行了分析。清朝最早制定《蒙古律例》时，也是为了更好地管理漠南蒙古地区，针对漠南蒙古地区而制定的。且漠南蒙古地区没有像漠北蒙古地区一样制定《喀尔喀法规》这类地方性法规，还是以适用《蒙古律例》为主。

乾隆年间，直隶司所判“窃四头牲畜”案〔1〕中，蒙古贼犯绰罗灰等偷窃了一只朋苏克的牛，并主使伊西扎布等人到哈尔占五巴什牛群偷牛分吃，后在哈布塔海地方偷牛分吃。几人被捕后，绰罗灰供称，伊西扎布等人到哈尔占五巴什盗牛，偷窃朋苏克的牛。关于偷窃时，到底是何人起意宰牛分食、绰罗灰是否知道是朋苏克的牛等情节，令察哈尔总管审讯明确，再报部。察哈尔总管审理后，对伊西扎布改依“偷窃四项”为首例，拟绞监候，绰罗灰拟以鞭刑。〔2〕

本案中，司法官员最初审理时认为，绰罗灰主使伊西扎布等偷牛分吃，绰罗灰系起意应依《蒙古律例》拟绞，伊西扎布拟鞭罚。报部后，认为是贼犯起意商同偷窃，为首者临时有别的主意而没有参与。鉴于案情不确定，且影响裁判，故令再行审讯明确后按例上

---

〔1〕 齐木德道尔吉、田军等编：《清朝世宗朝实录蒙古史史料抄》，内蒙古大学出版社2009年版，第7页。雍正元年（1723年），“办理土默特事务刑部郎中福柱等奏，披甲阿纳等盗牛二头，照例应绞立决。得旨，偷盗一二牲畜，即将蒙古立绞，人命重大，嗣后应改为拟绞监候。若从此蒙古盗案渐少，则照此例行。傥蒙古无知，法轻多玩，而盗案比往年较多，则仍照原例拟罪”。办理土默特事务的福柱认为，《蒙古律例》中对于“偷盗一二牲畜，即将蒙古立绞”的刑罚规定太过严苛，建议改为“拟绞监候”，如果实施“绞监候”后蒙古地区盗案变少，就可以适用新例的规定。否则仍适用旧例的规定。

〔2〕 杨一凡、徐立志主编：《历代判例判牍》（第六册），中国社会科学出版社2005年版，第58~59页。

报。后将伊西扎布改依偷窃四头牲畜为首例绞候，绰罗灰改依鞭刑。审判过程中，援引的是《蒙古律例》的规定，即《蒙古律例》乾隆三十一年（1766 年）本卷六《盗贼》“官员平人强劫而未杀人”条。该条规定：“一人行劫，未至杀伤人者，将本犯妻子畜产，一并解送邻近盟长，给效力台吉为奴。如二三人以上，将起意一人拟绞监候，籍没畜产，给付事主，妻子暂寄该旗，俟本犯减等，佥发邻近盟长，给效力台吉为奴，为从盗犯，妻子畜产一并解送邻（近）盟长，给（近）效力台吉为奴。”[1] 该案的首犯即依此条，拟绞监候。《蒙古律例》重视对牲畜的保护，也是对蒙古地区核心利益的保护。此类案件，不仅在漠南蒙古地区，在漠北、漠西以及青海蒙古，涉及牲畜的案件，也是以适用《蒙古律例》为主。

“偷窃四项牲畜”类犯罪适用《蒙古律例》，该原则是基于犯罪客体进行划分。在适用的过程中，要区分《大清律例》“盗马牛畜产”条规定。[2] 蒙古人偷窃马匹案件，照《蒙古律例》拟罪；察哈尔蒙古有犯偷窃马匹之案，经审查，如系盗民间马、牛者，依《大清律例》计赃，以窃盗罪论。该规定表明，在涉及察哈尔蒙古时，还要考虑所盗之马、牛的主人是民人还是蒙古。

---

〔1〕（清）官修：乾隆朝《钦定大清会典则例一》卷 144，《理藩院 · 理刑清吏司》。

〔2〕《大清律例》，张荣铮、刘勇强、金懋初点校，天津古籍出版社 1993 年版，第 396 页。“凡盗民间马、牛、驴、骡等，以窃盗论”。“偷窃马匹案件，除外藩蒙古仍照理藩院蒙古律拟罪外，其察哈尔蒙古有犯偷窃马匹之案，审明，如系盗民间马、牛者，依律计赃以窃盗论”。

当然，在漠南蒙古地区，因没有《喀尔喀法规》这类法典，除去适用《大清律例》的情形，都是适用《蒙古律例》来调整社会关系。早期的《蒙古律例》也都是结合漠南蒙古地区的习俗而制定，之后，随着漠北、漠西、青海蒙古的归附，《蒙古律例》中增加了一些仅涉及新归附地区的规定。

二、漠北蒙古地区适用《蒙古律例》的情形

漠北蒙古归附后，又制定了《喀尔喀法规》，关于此法规在喀尔喀蒙古适用的情形，在第五章有具体的分析。虽然《喀尔喀法规》与《蒙古律例》的规定并不完全冲突，但在一些刑罚方式上有所不同。在司法实践中，会存在适用《喀尔喀法规》或《蒙古律例》的不同情形。从现有汉译后的案件可以看出，喀尔喀蒙古归附清朝的时间越久，其适用《喀尔喀法规》的情形也越少。而清朝也通过一次又一次参与喀尔喀蒙古地区案件的审理，扩大《蒙古律例》，甚至是《大清律例》在喀尔喀蒙古地区的适用。

案例一：乾隆四十九年（1784 年），“那旺、旺堆二人偷马”案。

那旺、旺堆系兄弟二人。那旺在驿站错骑了熟人的马，马死于途中，那旺从同旗恩和吉尔格勒台吉处偷盗了三匹马，旺堆又从那旺处盗走三匹马用来为自己偿还欠债。[1]

本案审判时，并未呈报盟长，而拟处“那旺枷首一年”，罚畜“一九”；旺堆赔偿恩和吉尔格勒牲畜“三九”。旺堆交不出牲畜，

---

〔1〕 转引自［日］萩原守：“清代蒙古的刑事审判事例”，哈剌古纳译，载《蒙古学资料与情报》1991 年第 3 期。

代之以女儿、儿子，一座蒙古包和一头骆驼。经查，乾隆十一年（1746 年）五月十日，札萨克图汗、车臣汗、大亲王德沁扎布、亲王额璘沁多尔济、副将军世子、副将军郡王、副将军贝勒、副将军公等为首在库伦集会时议定，抢劫之人按“皇上旧例”处死，并将其帐幕、牲畜、妻努等全部给被盗牲畜主人。再，从犯罪雅拉三九牲畜，给失主，鞭一百。“若交罚畜不足数，其帐幕、家具、锅、锅架等一切财物抵一九牲畜。若有子女者，一个孩子抵一九牲畜，两个孩子抵二九牲畜，但不得超出两个孩子。若没有子女，只有夫妇二人，则以其妻子作抵。若为单身汉，则将其本人交给［失主］作抵。若将牲畜、妻子交出后，仍不足罚畜数，则依照皇上法规，少一头牲畜鞭二十五，不超过一百鞭。使行恶行之盗贼得到惩戒。如此商定记录之外，议定其一切诸事四部一体遵行皇上法规。”〔1〕 该条确定了“明行抢劫者依皇上旧例处死”，也就是对于“明行抢劫”的案件适用《蒙古律例》。该案发生在乾隆四十九年（1784 年），应当适用《蒙古律例》予以裁判，而非《喀尔喀法规》。

第三章提到了关于额穆伯果〔2〕谋杀旗长的审判。在“额穆伯果”案的审理中，对本案的审理也进行了分析。乌尔津扎布一开始的审理，系违法审理。盟长松岱布道尔吉审理后，拟纠正对盗马一

---

〔1〕 达力扎布：《〈喀尔喀法规〉汉译及研究》，中央民族大学出版社 2015 年版，第 119 ~ 120 页。

〔2〕 萩原守这篇文章译为汉语后，将额穆伯果译为敖恩孛胡。［日］萩原守：“18 世纪喀尔喀的法律变迁”，朋・乌恩译，载《蒙古学资料与情报》1991 年第 4 期。“由于我父班第和喇嘛・纳般没有家畜，所以将敖恩孛胡我和弟弟一人，还有一顶蒙古包，做（作）为三・九之罚的抵偿，抵给了恩克吉尔格乐台吉”。

案的判决：将那旺流放于湖南、福建等省；旺堆非直接盗马者，处鞭刑一百，归还其子、蒙古包、骆驼。乌尔津扎布也因违法审判受到处罚。本案在重新审理时，对如何适用法律进行了分析。盟长松岱布道尔吉在呈报理藩院时提到：其在审理时忽略了这桩违法审判案件，未能取得察布嘎的证词而致其死亡，请予以处罚。另“喀尔喀四部副将军所定之法”不知为何时之物，在实行了《蒙古律例》时，应当予以废止。[1] 理藩院认为：旗长乌尔津扎布因违法审判、延误呈报等罪，应当免职。理藩院审理乌尔津扎布一案后，把敕文送达喀尔喀四盟各盟长处，并令他们通告所属各旗。另据《蒙古王公表传》记载：“嗣缘窃马贼匪之案，并未具报，违例擅办，削爵。五十六年，以歉岁善于养恤属下人等，恩旨。仍留札萨克。”[2]

在“那旺、旺堆二人偷马”案中，最早是“按律罚三九”，但因二人没有牲畜，便将儿女抵给乌尔津扎布。乌尔津扎布审理时依据的是喀尔喀王公们根据特定情况自行制定的细则，但它违反了《蒙古律例》的规定。而旗长乌尔津扎布将旺堆的蒙古包、儿女判为赔偿品。由于与《蒙古律例》的相关规定不符，该案后经盟长、理藩院的改判，旺堆赎回了蒙古包和儿女，抵赔的骆驼也退还给他，这一判决与《蒙古律例》的规定是吻合的。

达力扎布认为，这起违例擅判决案件“属于个别‘违例擅判’

〔1〕 转引自［日］萩原守：“清代蒙古的刑事审判事例”，哈刺古纳译，载《蒙古学资料与情报》1991 年第 3 期。

〔2〕《蒙古回部王公表传（第一辑）》，包文汉、奇·朝克图整理，内蒙古大学出版社 1998 年版，第 377 页。

的案件，以此认为‘表明清蒙古律例还未在喀尔喀地区获得绝对的统治地位’，整个喀尔喀四盟至乾隆四十九年（1784 年）仍普遍施行‘喀尔喀四盟副将军定例’是不准确的”。[1]

荻原守认为：“该旗长被免职的关键原因只有一条，即‘1746 年法’是一项违反《蒙古律例》的法律，它含有相当部分的违背《蒙古律例》的条文，因此，盟长、理藩院、乾隆皇帝判定它是‘违背蒙古律，与清朝毫无关系的法律’。尽管该法中有‘依皇帝旧法’的字样，但其核心内容在制定之时就与清蒙古律例相悖逆了。”[2] 乾隆四十九年（1784 年），乌尔津扎布旗长运用该法判案，表明《蒙古律例》还未在喀尔喀地区获得绝对的统治地位；乾隆五十四年（1789 年），盟长和理藩院针对乌尔津扎布上报的案件，明确指出应遵循《蒙古律例》和《大清律例》的规定予以处置；接着，在乾隆五十五年（1790 年），盟长针对“额穆伯果案件”提出了应严禁使用《蒙古律例》颁布之前的喀尔喀所定诸种法律的主张，该主张证明，喀尔喀从此开始接受清朝所制定的法律的根本支配。乾隆五十六年（1791 年），理藩院使用《蒙古律例》的有关条文改判了此案，乌尔津扎布旗长由于依据折中法被革职，理藩院将严格遵循《蒙古律例》和严守上报制度的要求，借助乾隆

〔1〕 达力扎布：《〈喀尔喀法规〉汉译及研究》，中央民族大学出版社 2015 年版，第 135 页。

〔2〕［日］荻原守：“18 世纪喀尔喀的法律变迁”，朋·乌恩译，载《蒙古学资料与情报》1991 年第 4 期。

皇帝的敕文布告全喀尔喀地区。[1] 萩原守同时认为，蒙古地区的重大案件，主要按照《大清律例》的规定定罪量刑。一些轻微的案件，适用《蒙古律例》和《大清律例》的规定进行裁判。萩原守得出这一结论，是依据《乌兰哈齐尔特》记载的判例。但关于这一点，他也认为还需要进一步详细研究。还有《喀尔喀法规》是否到清末仍有效，或者说何时才停止适用《喀尔喀法规》进行裁判，仍有待研究。[2]

本案的审理时间是乾隆四十九年（1784 年），乾隆二十四年（1759 年）开始对偷窃牲畜犯罪施行新法规，把偷窃牲畜数量较少的罪犯发配到内地。喀尔喀汗阿林盟左翼右末旗札萨克乌尔津扎布等迟至乾隆四十九年（1784 年）审断其旗喇嘛那旺与旺堆偷窃三匹马案时，仍依据“喀尔喀四盟副将军定例”判决，把从犯旺堆之子女充抵罚畜，而且未向盟长和理藩院呈报。[3] 乾隆五十六年

---

〔1〕［日］萩原守：“18 世纪喀尔喀的法律变迁”，朋·乌恩译，载《蒙古学资料与情报》1991 年第 4 期。喀尔喀蒙古王公，没有依据雍正五年所定的新蒙古律，仍适用康熙十三年的“旧法”。萩原守对喀尔喀蒙古为何这样做，也没有给出理由。但按照规定，《蒙古律例》一经修改，必定传达到每个主要的官府衙门。喀尔喀蒙古王公不知道的新《蒙古律例》的可能性较小。他们在制定“1746 年法”时，康熙十三年所定的蒙古律例已失效。雍正五年（1727 年）有关于“抢劫、杀伤人”的规定，喀尔喀蒙古王公所制定的“1746 年法”明显是与新定蒙古律不一致的。萩原守认为，喀尔喀蒙古王公的行为，即“武断地选择无效之旧法，制定变通之不法规定，实属不得宽恕之法”。由于该法是喀尔喀蒙古人对清朝法律自行诠解、补定的产物，所以它既不是喀尔喀故有、传统之法，又不是清朝的律例，是两者的折中物，是喀尔喀法向清蒙古律例转化过程中的“过渡法”。王公们虽然已决定遵循蒙古例，但他们又对法律缺乏必需的尊重，依然根据自己的情况加以变更，结果使《蒙古律例》的实施被浮在文字上。

〔2〕［日］萩原守：“适用于清代蒙古也克沙毕之法律适用——大活佛之领民与刑事裁判”，沙仁高娃译，载《内蒙古师范大学学报（哲学社会科学版）》2010 年第 1 期。

〔3〕《蒙古回部王公表传（第一辑）》，包文汉、奇·朝克图整理，内蒙古大学出版社 1998 年版，第 377 页。“嗣缘窃马贼匪之案，并未具报，违例擅办，削爵。”

(1791 年) 重新审判。乾隆二十九年 (1764 年)、四十三年 (1778 年) 都有已施行偷窃牲畜数少窃贼流遣内地[1]的新例。乌尔津扎布的违例审理不应当被认为是个例，喀尔喀部归附清朝后，清朝也是第一时间，到喀尔喀部颁布法律，乌尔津扎布负责本旗案件的审理，不知道《蒙古律例》存在的可能性较小，其之所以没有按照《蒙古律例》的规定进行审理，一是之前存在没有依《蒙古律例》审理的情况，而且这种审判并没有导致乌尔津扎布受到惩罚，其必定认为这样的审判是被认可的。还有一种可能是乌尔津扎布，对于在哪种情况下适用《蒙古律例》，在哪种情况下适用《喀尔喀法规》并不是很确定，故在案件的审理中，采取主观的判断选择法律的适用。这导致其在审判的过程中，直接适用《喀尔喀法规》。乾隆十一年 (1746 年) 所议定之内容，也是明确应按《蒙古律例》的规定处罚，同时对偷盗之人的财物及从犯的惩罚作出了变通。当时清朝给予喀尔喀王公较大的自治权。案件发生时，尤其是之后对“额穆伯果谋杀旗长”一案进行审理时，理藩院对之前的裁判做出否定，也表明了在漠北蒙古地方贯彻实施《蒙古律例》的决心，清朝正在一步一步加强对喀尔喀蒙古地区的统治。

案例二：乾隆二十九年 (1764 年)，“多尔济为首八人偷窃九匹马”案。

多尔济系内札萨克亲王旗，流浪至喀尔喀赛音诺颜部诺尔布扎布亲王旗，其余从犯有诺尔布扎布旗人、土谢图汗部达玛琳旗人等，以多尔济为首的八人偷窃九匹马，后被擒获。定边左副将军上

---

〔1〕 即盗窃牲畜数 (目) 少 (的) 窃贼 (被) 流遣 (到) 内地。

报理藩院后，理藩院经审理，按《蒙古律例》鞭打以上贼犯，罚以牲畜，并分别依其罪行轻重，发配云南、贵州及山东、河南等地，罚所属札萨克俸禄半年。[1]

定边左副将军上报理藩院时，即拟定按《蒙古律例》的规定予以处罚。理藩院也奏准，按《蒙古律例》的规定予以处罚。根据乾隆二十九年（1764 年）议准："偷窃四项牲畜为从之犯，俱就近解交地方官监禁勒追，应罚牲畜，限满不交，仍照例停罚发遣。其三次失察所属盗案之该管官员，交部分别查议。罚取牲畜，分别赏给事主及捕盗之人。"[2] 本案裁决，罚以牲畜，发配云南、贵州及山东等地。

到乾隆年间，清朝不仅强调漠北蒙古地区一些大案，如跨盟旗等理藩院参与审理的案件，适用《蒙古律例》的规定，[3] 对于一些普通案件也逐渐强调适用《蒙古律例》进行裁判。据《清实录》记载，乾隆四年（1739 年）七月，在公萨木丕尔隐匿男丁、台吉阿玉尔扎纳夺取人口、银两等案中[4]，犯罪之人蒙古公萨木丕尔

---

〔1〕《喀尔喀副将军衙门蒙古文档案》，编号 M3 -1 -461，编号 M3 -1 -272，32，编号 M3 -1 -45，31B -32B，编号 M3 -1 -345，36A -44A，编号 M3 -1 -367，5A -8B，编号 M3 -1 -367，83，编号 M3 -1 -271，23B -24B，编号 M3 -1 -272，53B -54B，藏蒙古国中央档案馆。转引自达力扎布："《喀尔喀法规》制定原因及实施范围初探"，载《中央民族大学学报（哲学社会科学版）》2005 年第 1 期。

〔2〕（清）会典馆编：《钦定大清会典事例·理藩院》，赵云田点校，中国藏学出版社 2007 年版，第 433 页。

〔3〕达力扎布："《喀尔喀法规》制定原因及实施范围初探"，载《中央民族大学学报（哲学社会科学版）》2005 年第 1 期。喀尔喀的大案、跨盟旗之案、蒙汉相涉之案都是经四盟轮值处和定边左副将军军营蒙古衙门按《蒙古律书》审断，并具议奏闻和执行。

〔4〕（清）官修：《清高宗实录》，卷 96，乾隆四年七月乙卯。

隐匿男丁，台吉阿玉尔扎纳夺取人口、银两，被革退，取三九赎罪牲畜；车臣汗达玛林等因不甚晓法度，没收家产牲畜，革退盟长，削车臣汗名号，并罚俸一年，副盟长永行停奉等。此次系“特恩宽免”，如仍“不悛改”，“必照部议罪”。盟长因没有适用《蒙古律例》进行裁判，被革职。

三、漠西蒙古地区适用《蒙古律例》的情形

漠西蒙古各部归附较晚，清朝征服漠西蒙古尤其是准噶尔部较为困难。清朝对主动归附的杜尔伯特、土尔扈特等部，给予优待，划给驻地，凡台吉、宰桑被任命为管辖原有属户的札萨克；反之，准噶尔部则被分散于广大蒙古各地。[1] 且清朝对于准噶尔部，采取了较为严厉的管理措施。之后，有察哈尔人、喀尔喀人、回民等移民迁入天山南北。乾隆二十九年（1764 年）七月，“其内地八旗蒙古律例等书，附请给发以便查照遵行”。[2]

归附后的漠西蒙古各部，在涉及蒙古人案件的审理过程中，理藩院奏准按照处分漠南、漠北蒙古之例，划一办理。乾隆五十一年（1786 年）海宁请奏将盗窃七匹马的鄂衣达、巴彦吉尔噶勒按律予以定罪量刑。乾隆帝考虑到鄂衣达等人归附清朝不久，且当时情况特殊，与已归附的蒙古各部不同。令军机大臣、理藩院考虑如何给新降蒙古制定法律。关于此部之人之后犯有偷窃牲畜之罪应如何定罪量刑，军机大臣、刑部、理藩院共同商议，妥善处理。“凡新降土尔扈特、杜尔伯特、厄鲁特、和硕特、辉特、乌梁海、蒙古人

---

〔1〕［日］田山茂：《清代蒙古社会制度》，潘世宪译，内蒙古人民出版社 2015 年版，第 84 页。

〔2〕（清）官修：《清高宗实录》卷 714，乾隆二十九年七月甲子条。

等，偷窃马牛驼三项牲畜，数满十匹以上者，悉照从前改定偷窃牲畜例，不分首从，均拟绞监候，秋审均入情实。其一二匹至九匹者，亦仍照从前改定例，不分首从，分别发遣，至羊一项，仍以四只计算科罪。俟二十年后，再照新例办理，并通行新疆等处办事大臣。遇有新降蒙古犯偷窃牲畜之案，悉准此例，毋得滥引旧例，亦不得援照五十年新定现行之例。”[1]

在审理本案的过程中，理藩院认为，应当依据乾隆五十年（1785 年）所定关于“偷窃马牛驼三项牲畜”[2] 的处罚标准办理，二十年后，开始适用新例办理。嘉庆四年（1799 年）奏定：“偷盗杜尔伯特马十二匹之乌梁海，照蒙古例新投诚乌梁海盗窃十牲之数，不论首从，俱拟绞监候，秋审时入于情实。[3]” 裁决边内杜尔伯特、土尔扈特等，若偷盗马匹等物，皆立行正法，今乌梁海偷盗杜尔伯特马十二匹，定拟绞候，不足示儆。嗣后边内如有此等偷盗事件，即照此将为首者拟绞立决，为从者拟绞监候，入于秋审情实。乾隆五十年（1785 年）所定之内容一直适用到嘉庆四年（1799 年）。此间，土尔扈特、杜尔伯特、厄鲁特、和硕特、辉特、乌梁海蒙古人等偷窃马牛驼三项牲畜的，都按照乾隆五十年（1785 年）奏定之内容。

---

〔1〕（清）官修：《清高宗实录》卷 1252，乾隆五十一年四月戊子条。

〔2〕（清）会典馆编：《钦定大清会典事例·理藩院》，赵云田点校，中国藏学出版社 2007 年版，第 434 页。

〔3〕（清）会典馆编：《钦定大清会典事例·理藩院》，赵云田点校，中国藏学出版社 2007 年版，第 436 页。

第二节　民人案件适用《蒙古律例》的情形

清朝对蒙古族与汉族采取的是“分而治之”的政策，颁布各种律令，严格禁止、限制蒙古与内地之间经济、社会等方面的交往。包括禁止内地汉人出边进入蒙地，禁止民人折算典当蒙古地[1]，禁止土地私卖[2]。并制定了限制汉人移民方面的法令，对已入蒙古的汉人，令他们和蒙古人互换土地，分村而居，并令蒙古人强制赎回典出、出租给汉人的土地。[3] 清朝采取蒙汉隔离的政策，限制蒙汉之间的交往。但随着关内人地矛盾的激化，清朝不得不改变原来的政策，允许内地灾民到蒙古地区垦荒。蒙古地区有依蒙族、习蒙语、入蒙籍、娶蒙妇的现象，蒙汉之间的交往日益加深。康熙四十六年（1707 年），康熙帝巡幸边外时，发现“各处皆山东人，或行商或力田，至数十万人之多”。[4] 在司法实践中，发现涉及民人犯罪适用《蒙古律例》的主要有以下几种情形：

---

〔1〕《土默特志》（清光绪年间刊本影印），成文出版社 1968 年版，第 62 页。“种地民人不准以所种蒙古地亩折算蒙古赊欠借贷银钱，违者各照违制例治罪。其定例以前已经折算之地，统限三年以所得三年地租清还利息，清结后停利再分。限五年以所得五年地租清本银。”“蒙古地为不得抵给种地民人，违者各照违制例治罪。”

〔2〕雍正年间的《蒙古土地禁止私卖令》和乾隆年间的《地亩赎回令》，以防止蒙古土地所有权转移。

〔3〕（清）会典馆编：《钦定大清会典事例 · 理藩院》，赵云田点校，中国藏学出版社 2007 年版，第 229 页。

〔4〕齐木德道尔吉、黑龙等编：《清朝清圣祖朝实录蒙古史史料抄》（下），内蒙古大学出版社 2003 年版，第 1008 页。

一、民人在蒙古地区犯事适用《蒙古律例》

根据《蒙古律例》的规定，除乾隆十四年（1749 年）确定的关于偷窃牲畜案件时的法律适用外，蒙古地区涉及民人案件总的法律适用原则，之前也分析过。即使按照法律适用原则确定适用《蒙古律例》，在司法实践中，也会具体分析案件的犯罪情节，再确定法律适用的情形。

案例一：嘉庆十九年（1814 年），“蒙古有犯抢夺”案。[1]

平泉州董成与白吉、宋三、李亮几人去李希贤家行窃，行窃过程中，被李希贤发现。董成意欲强行抢劫，唤同行的白吉、李亮一同抢劫，由宋三在门外接赃。抢劫过程中，白吉将李希贤按倒捆缚，未造成李希贤有伤。白吉、宋三、李亮、李希贤几人都是民人，抢劫之地是蒙古藩封。此案中，如按照《大清律例》的规定，董成等人应拟斩。其中董成按照《蒙古律例》“平人强劫未伤人”条等规定，拟绞监候。从犯发河南、山东交驿充当苦差。

另案，“赤峰县贼犯彭锡五抢夺周创儿麦豆等物，用木棍殴伤周创儿，并彭锡五在监病故”案中，犯罪之人彭锡五系民人，受害之人周创儿系蒙古人。《蒙古律例》中没有抢夺的规定，仅有“强劫”的规定，“强劫”包括抢夺，则彭锡五应当按照《蒙古律例》“平人强劫伤人”的规定拟罪。若按照《大清律例》“抢夺伤人非金刃”的规定，则首犯应当拟烟瘴充军。适用《蒙古律例》还是《大清律例》，拟定的罪刑相差悬殊。虽在彭锡五抢夺周创儿一案

---

〔1〕 该案引自达力扎布：“略论《理藩院则例》刑例的实效性”，载《元史及民族与边疆研究集刊》2013 年第 2 期。

中，案犯彭锡五已在监病故，但将来遇到此类案件，应当如何裁判，“必须查明定例，方可核办”。[1]

第一个案件中，盗犯与事主系民人，犯事地点发生在蒙古地区。最后裁判是依《蒙古律例》“平人强劫而未伤人”条的规定，“将起意一人拟绞监候例拟绞监候。从贼并妻子产畜俱发河南、山东交驿站充当苦差”。第二个案件中，赤峰县贼犯彭锡五抢夺周创儿麦豆等物，用木棍殴伤周创儿，贼犯系民人，被抢之地小建昌营系蒙古地区。《蒙古律例》中并没有关于抢夺的规定，最后依《大清律例》“抢夺”条的规定问拟。

以上两个案件都是民人在蒙古地方犯事的案件。如果照《蒙古律例》的规定问拟，无论适用《蒙古律例》还是适用《大清律例》的规定，都会导致其中一个案件的裁判结果较重。在法律的适用问题上，司法官员认为《蒙古律例》规定，民人在蒙古地方犯案的，适用《蒙古律例》，本案应当适用《蒙古律例》的规定。董成等在蒙古地方李希贤家行劫一案，及彭锡五在周创儿家抢夺什物一案，根据《蒙古律例》“强劫伤人得财”条的规定，对强劫之人，并未区分其是在途、在人家强劫的情形。司法官员将《蒙古律例》“强劫”条的规定抄送刑部，咨询刑部意见。刑部认为，律文明确规定，民人在蒙古地方犯事的，应照《蒙古律例》定拟。但《蒙古律例》“平人强劫”一条，并没有明确在途，在家强抢俱系强劫，也没有规定“抢夺”应当如何治罪，在此情况下，准许参照《大清律例》的规定进行裁决。另外，因《大清律例》“强劫”条与

---

〔1〕 刘海年、杨一凡主编：《中国珍稀法律典籍集成》（丙编第二册），郑秦、田涛点校，科学出版社 1994 年版，第 333 页。

“抢夺”条在量刑上差别很大，而且“强劫”条并不包含“抢夺”的内容。关于蒙古地区“抢夺”的案件，参照《大清律例》，应当核实犯罪情节，依法定罪。据此，董成案与彭锡五案分别适用不同的法律，董成案中，《蒙古律例》中有“强劫伤人得财”的规定，且依据《蒙古律例》关于民人在蒙古犯罪的法律适用原则，照《蒙古律例》的规定问拟。而在彭锡五案中，因《蒙古律例》中并未有“抢夺”的规定，且“抢夺”与“强劫”不同，不能简单适用“强劫”的规定问拟，应当适用《大清律例》中“抢夺”条的规定问拟。

嘉庆十九年（1814 年）《理藩院则例》还未纂修完毕，此案例内援引的《蒙古律例》“官员平人强劫未杀人”条[1]和“官员平人强劫杀伤人”条[2]，以及“蒙古等在内地犯事照依刑律定拟，民人在蒙古犯事照依蒙古律定拟”条[3]的规定拟罪。

〔1〕 刘海年、杨一凡主编：《中国珍稀法律典籍集成》（丙编第二册），郑秦、田涛点校，科学出版社 1994 年版，第 333 页。“官员、平人或一二人伙众强劫什物杀人者，不分首从，俱即处斩，枭首示众。强劫伤人者，不分首从，皆即处斩，籍没其妻子、产畜，给付事主。”

〔2〕 刘海年、杨一凡主编：《中国珍稀法律典籍集成》（丙编第二册），郑秦、田涛点校，科学出版社 1994 年版，第 333 页。乾隆二十八年（1763 年）十一月内，军机大臣等遵旨会同刑部、理藩院议奏定例：“官员、平人强劫什物而未伤人，系一人，将其妻子产畜，给付事主，其妻子暂存该旗，俟将来秋审减等，放出该犯妻子，佥发河南、山东、交驿站充当苦差。从贼并妻子产畜俱发河南、山东，交驿站充当苦差。”

〔3〕 道光二十年（1840 年）定例，“蒙古在内地犯事，照依刑律定拟，民人在蒙古犯事照依蒙古律定拟”。汉人在蒙古地方犯事的，依此规定照“蒙古律”拟罪的规定。根据本案的记载，该条应该在之前的《蒙古律例》中就有规定。

二、盗窃民人牲畜

在《蒙古律例》关于偷窃牲畜的犯罪中，因蒙古地方无墙垣，易于偷窃，关于偷窃的处罚都极严，明确了蒙古、民人在此类犯罪中的法律适用。随着蒙汉交往的加深，归化城等地民人已非常多。按之前《蒙古律例》的规定，蒙古偷窃内地人牲畜，皆照《蒙古律例》拟绞，内地人偷窃蒙古牲畜，仍依内地窃盗计赃治罪，蒙古内地人相聚一处，未免情同罪异。乾隆十四年（1749 年）定例，"嗣后内地人如在边外偷窃蒙古牲畜者，照蒙古例为首拟绞监候，为从议罚三九"。[1] 乾隆十四年（1749 年）正式确定，民人在蒙古地区偷窃蒙古牲畜的，适用《蒙古律例》拟罪。涉及蒙古地区重要生产资料四项牲畜，加之《蒙古律例》对于偷窃"四项牲畜"的规定日益完备，发生此类案件时，即使涉及民人也适用《蒙古律例》的规定。

案例二：乾隆五十五年（1790 年），"喀喇沁旗四等塔布囊齐尔丹等盗窃民人牲畜"案。

乾隆五十五年（1790 年），敖汉旗吉尔噶朗、董数、齐尔丹三人至王子玉家玩，阿斯朗、土默特旗长先到，阿斯朗起意纠伙盗窃。五人盗窃民人胡景泉骡三匹、马九匹。经审理，齐尔丹分得骡一匹、马一匹。审理后，齐尔丹被革除塔布囊头衔，罚没财产人

[1] （清）会典馆编：《钦定大清会典事例·理藩院》，赵云田点校，中国藏学出版社 2007 年版，第 432 页。

口。犯罪之人分别发遣湖广等省驿站充当苦差。[1]

吉尔噶朗、董数、齐尔丹、阿斯朗、土默特旗长五人盗窃民人胡景泉骡三匹、马九匹，系蒙汉伙同盗窃民人牲畜案件。阿斯朗系起意纠伙盗窃之人，五人共盗窃民人胡景泉骡三匹、马九匹。本案是蒙古偷盗民人牲畜的案件，《蒙古律例》规定，“民人在蒙古地区偷窃蒙古牲畜的，适用《蒙古律例》拟罪”。乾隆十四年（1749年）定，“凡在蒙古地方行窃之民人，理应照蒙古律治罪。如谓新定例不无过重，则蒙古之窃蒙古，照蒙古例，蒙古之窃汉人照汉人例。始为允当”。[2] 但蒙古人在蒙古地方犯事的，理应根据《蒙古律例》的规定予以裁判。本案中，偷窃的是马、骡等蒙古地区重要的生产资料，司法官员按照犯罪之人乾隆五十年（1785年）十二月初九日议定的条例[3]，将犯罪之人分别发遣湖广等省，之后，对该条予以修订，对偷窃十匹以上之人，也不再处以绞监候。[4]

三、其他涉及民人的案件

在蒙古地区，尤其是蒙汉交往较深的地区，涉及蒙汉的案件，

---

〔1〕《管理理藩院事务大学士和珅等题议喀喇沁部四等塔布囊齐尔丹盗马照例革职并该管札萨克罚俸栖》(乾隆五十八年九月十九日)，《清朝前期理藩院满蒙文题本》卷2，第275页。转引自关康：“理藩院题本中的蒙古发遣案例研究——兼论清前期蒙古地区司法调适的原则及其内地化问题”，载《清史研究》2013年第4期。

〔2〕（清）官修：《清高宗实录》卷342，乾隆十四年六月己丑条。

〔3〕（清）会典馆编：《钦定大清会典事例·理藩院》，赵云田点校，中国藏学出版社2007年版，第434页。刑部会同理藩院奏准的定例，“六匹至九匹，为首者发云南、贵州、广东、广西烟瘴地；为从同行分赃者，发遣湖广、福建等省，交驿站充当苦差。虽经同谋并未同行，但于窃发后分赃者，鞭一百”。

〔4〕（清）理藩院修：《理藩院则例》，杨选第、金峰校注，内蒙古文化出版社1998年版，第315~316页。“蒙古地方偷窃牲畜视其匹数分虽治罪”条：“偷窃牲畜十匹以上，为首者发云南，贵州、广东、广西烟瘴地方，为从同行分赃者，发湖广、福建等省，虽经同谋并未同行但于窃后分赃者，发山东河南。”

常出现有的案件适用《蒙古律例》进行裁判，有的案件适用《大清律例》进行裁判。乾隆二十六年（1761 年），索琳奏请[1]："在察哈尔、喀喇沁、土默特各部落与内地无殊，遇有交涉之案，有照蒙古律办理者，亦有参用刑律办理者。……因沿边察哈尔等处蒙古与民人杂处，易于交涉事件，故敢冒昧敷陈，其外藩蒙古，仍应照蒙古定律遵行。"[2] 索琳认为，交涉之案法律适用不确定，应当统一法律适用的原则，在外藩蒙古犯事的，应照《蒙古律例》裁判蒙汉交涉之案。

乾隆二十六年（1761 年），刑部会同理藩院议覆山西按察司索琳所奏定例：蒙古人在内地犯事，照刑律定拟；民人在蒙古地方犯事，照依蒙古律定拟。[3] 上文也提到，乾隆十四年（1749 年），对于内地人如在边外地方偷窃蒙古牲畜的，奏准适用蒙古例为首绞监候，为从议罚三九。通过之前分析适用《大清律例》的情形，可以看出，《大清律例》对在蒙古地区处理蒙汉交涉之案具有重要作

〔1〕 山西按察例索琳奏折中提到，《大清律例》条分缕晰，系万事之良法。但蒙古地区系游牧于边外的民族，与中原地区的生活习惯不同，因此，在蒙古地区适用《蒙古律例》，并非如中原地区一样，适用《大清律例》。但如今，蒙古与中原地区效日深，尤其是沿边察哈尔、喀喇沁、土默特各部落蒙古地区，已经开始垦种土地，建造房屋，与内地的差别不大。在这些地区，经常发生蒙汉交涉之命盗案件。对于此类案件，有适用《蒙古律例》规定进行裁决的；也有适用《大清律例》的规定裁决的。但对于如何适用法律，已有确定的原则。即蒙古律无明文，方准引用刑律，若蒙古律内本有专条，自又不便混行引用。"而蒙古专条之内或语涉疑似，或义属笼统，则拟断易致歧互，似应酌为变通，免轻重出入之虞……因沿边察哈尔等处蒙古与民人杂处，易于交涉事件，故敢冒昧敷陈，其外藩蒙古，仍应照蒙古定律遵行"。

〔2〕《奏为偷盗牲畜等物拒捕伤人及蒙古斗殴杀人等律例敬陈管见事》，档案号：04－01－01－0250－015，乾隆二十六年六月十二日。

〔3〕 刘海年、杨一凡主编：《中国珍稀法律典籍集成》（丙编第二册），郑秦、田涛点校，科学出版社 1994 年版，第 374 页。

用。而且民人在蒙古地区犯事的很多情形也适用《大清律例》。上一章，分析了具体适用《大清律例》的情形，以及法律确定的适用《大清律例》的原则，但在一些案件中还是不免出现司法官员对适用原则理解上的偏差，造成同案不同判的结果。到嘉庆朝修订《理藩院则例》时作了进一步明确，如规定在抢劫类犯罪时如何适用法律。[1]

除了总的法律适用原则外，清朝也针对特定的社会关系明确了特殊的法律适用原则，以突出保护蒙古地区的社会关系，维护其统治秩序。

案例三：嘉庆十四年（1809 年），“贾德保辜”案。

嘉庆十四年（1809 年），邵廉舒向贾德赊取麻花，价银三两八钱，约定第二年正月奉还。后贾德来要赊欠麻花的银两，两人争执起来。贾德一时情急，拿起放在炕上的小刀在邵廉舒左腿上扎了一下，四十八天后，邵廉舒因伤离世。[2]

在本案中，邵廉舒、贾德均系汉人。在审理的过程中，涉及民人在蒙古地方犯罪的法律适用问题。案件最初由科布多参赞大臣策拔克审理，依据的是《大清律例》关于保辜的规定。

---

〔1〕（清）理藩院修：《理藩院则例》，杨选第、金峰校注，内蒙古文化出版社 1998 年版，第 312 页。“蒙古民人伙同抢劫从重处罚”条规定：“蒙古地方抢劫案件，如俱系蒙古人，专用蒙古例；俱系民人，专用刑律。如蒙古民人伙同抢劫，核其罪名，蒙古例重于刑律者，蒙古与民人俱照蒙古例问拟；刑律重于蒙古例者，蒙古与民人俱照刑例问拟。”

〔2〕 中国第一历史档案馆：《会审科布多贾德因口角刀扎邵廉舒身死案》，档案号：02－01－07－09483－017，胶片号：0482。转引自文晖：“简论清代外藩蒙古的法律适用问题——以嘉庆年贾德保辜案为例”，载《中央民族大学学报（哲学社会科学版）》2015 年第 1 期。

案件上报到刑部时，刑部认为，民人在蒙古地方犯罪，照蒙古例办理，又蒙古例载，斗殴伤重，五十日内身死者，下手之人绞监候。贾德与邵廉舒都是民人，案件也发生在蒙古地方，应照蒙古例办理。同时刑部认为："验伤既未明确，应令该大臣详晰查审，按律妥拟报部，再行核办"。策拔克重审时，验明邵廉舒确因伤致死，刀深入七分，并未断筋骨，按刑部指示，适用《蒙古律例》。后理藩院会同"三法司"对此案进行审理，"贾德依拟应绞著监候，秋后处决"。[1] 文晖在《简论清代外藩蒙古的法律适用问题——以嘉庆年贾德保辜案为例》中认为，策拔克之所以适用《大清律例》的规定，可能是出于两方面的原因：一方面是民人在蒙古地方犯事的，适用《大清律例》的规定，民人偷窃蒙古人的适用《蒙古律例》，因贾德与邵廉舒同为民人，应当适用《大清律例》的规定；另一方面，策拔克对可适用的"蒙古地方"理解上有偏差。策拔克作为清朝派出的参赞大臣，处理各种政务要事，不可能不知道《大清律例》"化外人有犯"第三条所述内容，即蒙古民人交涉之案，"蒙古与民人交涉之案，凡遇斗殴、拒捕等事，该地方官与旗员会讯明确"。策拔克可能认为此条只适用于内属蒙古，并不适用于外藩蒙古的科布多。因此，对于在科布多犯事的汉人贾德与邵廉舒按照《大清律例》的规定定罪量刑。[2]

---

〔1〕 中国第一历史档案馆：《会审科布多贾德因口角刀扎邵廉舒身死案》，档案号：02-01-07-09483-017，胶片号：0482。转引自文晖："简论清代外藩蒙古的法律适用问题——以嘉庆年贾德保辜案为例"，载《中央民族大学学报（哲学社会科学版）》2015年第1期。

〔2〕 文晖："简论清代外藩蒙古的法律适用问题——以嘉庆年贾德保辜案为例"，载《中央民族大学学报（哲学社会科学版）》2015年第1期。

案件发生于嘉庆十四年（1809 年），据《蒙古律例》乾隆殿本（最晚的是乾隆四十年［1775 年］例）记载："乾隆二十六年，刑部会同理藩院议定议覆山西按察司索琳所奏定例：蒙古人在内地犯事，照刑律定拟；民人在蒙古地方犯事，照依蒙古律定拟。"[1] 索琳奏请的是"在察哈尔、喀喇沁、土默特各部落与内地无殊，遇有交涉之案，有照蒙古律办理者，亦有参用刑律办理者。……因沿边察哈尔等处蒙古与民人杂处，易于交涉事件，故敢冒昧敷陈，其外藩蒙古，仍应照蒙古定律遵行"。[2] 乾隆十四年（1739 年）理藩院奏请，更定民人行窃蒙古律文。因蒙古行窃从重治罪，系因蒙古人居住的地方并无墙垣作为防卫，容易发生盗窃案件，所以从重治罪。民人在蒙古地方行窃与蒙古人一样，不应当有所差异。因此，在蒙古地方行窃的民人，应当依据蒙古例拟罪，才为允当。[3] 乾隆帝奏准："蒙古地方之督抚、将军等，令其通行晓谕，嗣后民人有在蒙古地方行窃者，即照现定律文，从重治罪。"[4]

可以确定的是，乾隆二十六年（1761 年）以后，民人在蒙古地方，至少是外藩蒙古地方犯事的，应当依据《蒙古律例》定拟。

---

〔1〕 刘海年、杨一凡主编：《中国珍稀法律典籍集成》（丙编第二册），郑秦、田涛点校，科学出版社 1994 年版，第 374 页。

〔2〕 中国第一历史档案馆：《奏为偷盗牲畜等物拒捕伤人及蒙古斗殴杀人等律例敬陈管见事》，档案号：04-01-01-0250-015，乾隆二十六年六月十二日。

〔3〕（清）官修：《清高宗实录》卷 342，乾隆十四年六月己丑条。"蒙古行窃，从重治罪者，盖因蒙古居住，并无墙垣防卫，易于被窃，是以从重定拟，若民人在蒙古地方，偷窃蒙古牲畜，其易于行窃，与蒙古何异。现今蒙古牲畜，止从轻杖责发落，殊未平允，况窃匪巧诈，蒙古因见民人治罪甚轻，或贿令民人承认者有之，民人或教令蒙古行窃，而代为承认者有之。凡在蒙古地方行窃之民人，理应照蒙古律治罪。如谓新定例不无过重，则蒙古之窃蒙古，照蒙古例，蒙古之窃汉人照汉人例。始为允当。"

〔4〕（清）官修：《清高宗实录》卷 342，乾隆十四年六月己丑条。

“贾德保辜”案中，并不像前述所提到的“土默特贝子旗布林殴伤伯母致其身死”案一样，适用《大清律例》的规定。“贾德保辜”案中虽贾德与邵廉舒同为汉人，但两人在蒙古地方犯事，应照蒙古律。《蒙古律例》对伤人及保辜有明确的规定，不需参照适用《大清律例》。

正如文晖的第二种观点，策拔克在案件的审理过程中，认为民人在蒙古地方犯事照依蒙古律定拟，仅限于偷窃蒙古牲畜的案件。乾隆二十六年（1761 年）索琳所奏之事，是在察哈尔、喀喇沁等地，民人在蒙古地方犯事适用《蒙古律例》，基于此，策拔克认为，外藩蒙古并不适用此规定。但此案中，刑部认为根据之前的定例，民人在蒙古地区犯罪的，应当适用《蒙古律例》的规定。也就是说，从中央一级，已经开始认可民人在蒙古地区适用《蒙古律例》的定例，可以通行于全蒙古。从此案可以看出，道光十九年（1893 年）之前，就已开始适用属地主义的法律原则。

案例四：乾隆二十六年（1761 年），“库伦地方拿获抢掠商人财物之棍布扎布按律拟斩立决”案。

以棍布扎布为首的十九人，在阿达查克地方抢劫汉商何四若牛一头、布六十匹、毛青布十五匹，以及大量零碎物件。经审理，案犯斩立决，产畜抄没给事主，妻子发邻盟效力台吉为奴。[1]

本案中，蒙古人伙众抢劫汉商，犯事之人为蒙古人，受害者是

〔1〕《管理理藩院事务大学士傅恒等题议库伦地方拿获抢掠商人财物犯棍布扎布按律拟斩立决本》（乾隆二十六年五月十四日），《清朝前期理藩院满蒙文题本》卷 8，第 510 页。转引自关康：“理藩院题本中的蒙古发遣案例研究——兼论清前期蒙古地区司法调适的原则及其内地化问题”，载《清史研究》2013 年第 4 期。

汉人，因发生在库伦地区，适用《蒙古律例》定拟。按照雍正五年（1727 年）“官员庶人伙众行劫”的规定，“凡官员庶人伙众或一二人行劫至杀人者，不分首从斩枭，伤人已得财者，不分首从斩决，妻子畜产兼没，给付事主”。[1]棍布扎布斩立决，产畜抄没给事主。

案例五：同治元年（1862 年），鄂尔多斯札萨克贝子札那济尔迪等咨“清水河通判衙门复掷石打死人犯巴图遇赦减刑”案。[2]

巴图将民人赵旺秀打死，经清水河衙门审理，拟对巴图处以绞刑。后因遇赦减刑，将巴图改为流放。此外根据《理藩院则例》的规定，殴打他人致死的，遇赦减并缓决等，俱罚三九牲畜，给与死者亲属等。故自应将巴图《理藩院则例》的规定，罚牲畜三九给死者亲属，免巴图发遣。

本案依据的是《理藩院则例》中的“遇赦”条，“凡殴人至死，遇赦减等并缓决减等者，俱罚三九牲畜，给与死者亲属，免其发遣。其无力交纳者，发遣山东河南等省，交驿充当苦差”。[3] 咨文中将援引的“蒙古律”直接称作《理藩院则例》。蒙古人巴图殴打民人赵旺秀被判绞刑，后遇赦减刑。遇赦减刑适用的是《理藩院则例》的规定，并未因被殴打之人是民人，而适用《大清律例》

---

〔1〕（清）会典馆编：《钦定大清会典事例·理藩院》，赵云田点校，中国藏学出版社 2007 年版，第 430 页。“凡官员庶人伙众或一二人行劫至杀人者，不分首从斩枭，伤人已得财者，不分首从斩决，妻子畜产兼没，给付事主。若止伤人未得财者，为首拟斩监候，畜产给事主，妻子暂寄该旗，俟本犯减等，佥发邻近盟长，给效力台吉为奴。为从盗犯，籍没畜产给付事主外，并妻子佥发邻近盟长，给效力台吉为奴。”

〔2〕金海等编译：《准格尔旗扎萨克衙门档案译编》（第二辑），内蒙古人民出版社 2007 年版，第 201 ~ 202 页。同治元年三月二十日，《札萨克贝子札那济尔迪及协理台吉等为赦免人犯之事咨清水河通判衙门文》。

〔3〕（清）理藩院修：《理藩院则例》，杨选第、金峰校注，内蒙古文化出版社 1998 年版，第 360 页。

关于赦免的规定。当然，此时《理藩院则例》的内容要比康熙六年（1667 年）《蒙古律例》、康熙三十五年（1696 年）《蒙古律例》的内容更为详细，为适用蒙古地区法律审理案件，提供了客观条件。

乾隆十四年（1749 年）所定例为，“在蒙古地方行窃之民人，理应照蒙古律治罪”。按照此条规定，适用《蒙古律例》需要满足三个条件：一是案犯为蒙古人；二是受害之人为民人；三是案件为抢劫类犯罪。本案中，蒙古人殴打民人，仍按照乾隆十四年所定原则，对蒙古人适用《理藩院则例》。可以肯定的是，虽然乾隆十四年的定例，只是规定了抢劫类案件，但之后的司法实践中，对于其他类型的案件，仍参照此原则适用法律。

第三节　其他适用《蒙古律例》的情形

本节主要是分析喇嘛犯罪适用《蒙古律例》以及其他民族如回民在蒙古地区犯罪适用法律的情形。蒙古族最早信仰萨满教，其价值观念、行为方式等都受到萨满教的深远影响。元朝时期，藏传佛教传入蒙古地区，当时对蒙古地区的影响微弱。阿勒坦汗将藏传佛教第二次引入蒙古族，对蒙古族的政治、文化、经济、社会产生了深刻的影响。在清代，喇嘛教不但没有为蒙古汗权的巩固起到积极的作用，相反，在蒙古衰败后纷纷投入新兴的后金，这是由喇嘛教“惟力是依”的本性决定。[1] 清朝认识到喇嘛教对统治蒙古地区的

〔1〕 杨强：《清代蒙古法制变迁研究》，中国政法大学出版社 2010 年版，第 232 页。

重要性，开始拉拢喇嘛教上层人士。因清朝对喇嘛教采取的是支持的态度，蒙古地区的喇嘛教得到了空前的发展，形成了拥有宗教权力和行政权力的喇嘛旗和札萨克喇嘛。清朝为了更好地管理藏传佛教，制定了管理藏传佛教的具体法律制度，包括金瓶掣签制度和喇嘛禁令，通过法律的形式管理藏传佛教及其属众。

一、喇嘛犯罪适用的情形

清代在蒙古地区设立了七个喇嘛旗，内札萨地区设立的喇嘛旗为锡勒图库伦札萨克喇嘛旗，掌印札萨克大喇嘛为一旗之长，总理全旗政教事务。[1] 另外六个喇嘛旗都设在漠北蒙古地区，为哲布尊丹巴呼图克图旗、额尔德尼班第达呼图克图旗、札雅班第达呼图克图旗、青苏珠克图诺门罕旗、那鲁班禅呼图克图旗、察汉诺门罕旗。其中，哲布尊丹巴呼图克图的僧徒不断增长，成为喀尔喀地区最大的喇嘛旗，额尔德尼商卓特巴衙门或大沙毕衙门是管理哲布尊丹巴呼图克图属下所有僧徒、沙毕纳尔的最高行政机构。由商卓特巴衙门审理属众的诉讼事宜，重大事件需与相关札萨克协同，依《理藩院则例》断事。[2]

在统治政策上，清朝考虑到喇嘛教对蒙古地区的影响，充分利用喇嘛教的作用，安抚、拉拢众蒙古。通过对喇嘛教的保护与鼓

---

〔1〕 参见金海、齐木德道尔吉、胡日查、哈斯巴根：《清代蒙古志》，内蒙古大学出版社 2009 年版，第 213～214 页。乾隆三十九年（1774 年），锡勒图伦蒙古与汉人交涉事件由三座塔厅处理。乾隆四十三年（1778 年），承德府带管该旗。嘉庆六年（1901 年）改属朝阳府。嘉庆十六年（1811 年）划入热河道都统管辖。光绪二十九年（1903 年），由新设立的阜新县兼管该旗。

〔2〕 参见金海、齐木德道尔吉、胡日查、哈斯巴根：《清代蒙古志》，内蒙古大学出版社 2009 年版，第 215～220 页。

励，为争取蒙古各部打下了良好的基础。“中国抚驭蒙古之政策，以任用喇嘛教为要点。盖蒙古土地辽阔，人民彪悍，习骑射，耐劳苦，好斗，嗜杀，喜动善战，自昔为辽患。故因其崇信喇嘛，而以神权治之也。自蒙古奉喇嘛教以来，好斗嗜杀之性除，喜动善战之风替”。[1] 利用喇嘛教统治蒙古地区，是清朝的一项重要的政策和策略。利用喇嘛教领袖人物的影响力，号令蒙古各部。如卫拉特准噶尔部拟劫持喀尔喀政教领袖哲布尊丹巴呼图克图，以此来挟制喀尔喀部，力图共同对抗清朝。

在立法上，也设置了“喇嘛例”用以规范与喇嘛有关的事项。《理藩院则例》关于喇嘛的规定比较详细，有喇嘛封号、年班、贡献、俸禄、廪给、服色及喇嘛禁令，涉及所有喇嘛条规，包括行政和刑事方面的很多内容。在《理藩院则例》制定之前，《蒙古律例》关于喇嘛犯罪的规定较少，且在漠北蒙古地区，还存在《喀尔喀法规》。在喀尔喀蒙古地区涉及喇嘛犯罪的案件中，会出现适用《喀尔喀法规》的情形。但《蒙古律例》有规定时，仍以适用《蒙古律例》为主。制定《理藩院则例》后，关于喇嘛犯罪的规定更为详细，随着清朝对蒙古地区统治的加强，甚至出现《理藩院则例》规定不详细时，适用《大清律例》的情形。

案例一：光绪三十四年（1908 年），“也克沙毕撒布格盗窃也克沙毕三堆”案。[2]

---

〔1〕《蒙古志》（光绪三十三年刊本影印），成文出版社 1968 年版，第 213 页。

〔2〕 转引自［日］萩原守：“适用于清代蒙古也克沙毕之法律——大活佛之领民与刑事裁判”，沙仁高娃译，载《内蒙古师范大学学报（哲学社会科学版）》2010 年第 1 期。

撤布格进入三堆住宅盗走哈达一条和俄币四十九枚。对撤布格，商卓特巴衙门裁判“因所盗物价不足一两，对犯人依法剥压僧籍后鞭打六十，无须赔偿”。[1]

商卓特巴衙门的判决是“因所盗物价不足一两，对犯人依法剥夺僧籍后鞭打六十，无须赔偿”。《理藩院则例》“喇嘛先行还俗”条规定：“凡喇嘛等因事拘审，先行革退。喇嘛罪犯应抄财物者，将所抄财物送院收存，作为赏给各寺庙喇嘛之用。如讯明无罪，仍复其喇嘛。”[2] 本案中，先是适用《理藩院则例》中关于喇嘛盗窃“剥夺僧籍”的规定。从材料中的记载来看，是“按照律例剥夺僧籍”，那么应该适用《理藩院则例》。但因“盗窃物品不足一两”，且《理藩院则例》没有明确规定。《大清律例》“窃盗条”规定：“一两以下，杖六十。”商卓特巴衙门在最终的裁判中，先引用《理藩院则例》关于喇嘛先行还俗的规定，再适用《大清律例》关于窃盗的刑罚。

不仅是《蒙古律例》，包括《大清律例》在内的清朝对蒙古地区制定的法律的适用范围，已经扩大到一些小的盗窃案件。“《清朝前期理藩院满蒙文题本》中大量审理库伦和其他有印喇嘛沙毕纳尔偷窃案件的案例都证明乾隆年间沙毕的命、盗重案都依据蒙古律审理和判决，与普通箭丁、随丁相同”。[3]

---

〔1〕（清）理藩院修：《理藩院则例》，杨选第、金峰校注，内蒙古文化出版社1998年版，第416页。

〔2〕《大清律例》，张荣铮、刘勇强、金懋初点校，天津古籍出版社1993年版，第390页。

〔3〕达力扎布：《〈喀尔喀法规〉汉译及研究》，中央民族大学出版社2015年版，第133页。

二、蒙古与其他民族之间纠纷适用的情形

蒙古地区以蒙古族为主，但在青海蒙古、漠西蒙古地区，仍有很多其他民族居住于此。蒙古地区主要适用《蒙古律例》，清朝同时也针对其他民族制定了一些法律，以解决在蒙古地区涉及蒙古族与其他民族之间的案件，如何适用法律的问题。

清朝平定青海后，制定的《西宁番子治罪条例》，适用于处理其他少数民族的纠纷，其内容较为简单。《蒙古律例》系适用于蒙古族的法律，其内容较为详细，也有专条涉及回民的规定。在司法实践中，遇到一些蒙回交涉的案件，蒙古人适用《蒙古律例》予以裁判，案犯为其他民族时，存在适用《大清律例》的情形。

道光十二年（1832 年）四月，回民马必成因与蒙古得勒格尔当夜续奸不遂，追赶得勒格尔至乌图那逊房内嚷骂，蒙古萨木坦揪扭其衣领喊人绑拏送官。马必成情急之下扎伤萨木坦致其死亡。喀喇沙尔办事大臣额勒瑾复审将马必成拟监候秋后处决。得勒格尔系蒙古人，按照《理藩院则例》[1]“应照例枷责。系蒙古妇人，饬交该盟长鞭责给夫领回，听其去留”。[2]《理藩院则例》在道光十二年（1832 年）之前，仅规定，“台吉、官员、庶人等奸人妻者，罚

---

〔1〕（清）会典馆编：《钦定大清会典事例·理藩院》，赵云田点校，中国藏学出版社 2007 年版，第 462 页。“平人和奸者，奸夫枷号一月鞭一百，奸妇枷号一月鞭一百。奸拐妇人者，奸夫枷号两月，发遣山东、河南交驿当差，奸妇鞭一百枷号两月；奸妇鞭决枷赎交本夫领回，听其去留。”

〔2〕中国第一历史档案馆：《宫中朱批奏折》，档案号：04－01－26－0060－001。“奏为审明甘肃籍加民马必成因奸斗杀蒙民按律定拟事”，道光十二年五月二十五日。

五九”。[1] 没有关于奸夫致他人死伤的规定，马必成依《大清律例》的规定，拟监候秋后处决。

在有关本案的记载中，没有查到案件在具体审理过程，如何确定法律适用的问题。可以推定的是，关于此类案件的法律适用原则为：蒙古人为案犯的，适用《蒙古律例》；《蒙古律例》没有规定的适用《大清律例》。

此外，《禁约青海十二条》等番例，用于处理藏族的法律纠纷。因青海地区有蒙古族、藏族两大民族，两者之间难免会出现纠纷。在具体如何适用法律上，清朝也多次制定处理原则，在平衡蒙藏关系的基础上，确定法律如何适用。

嘉庆十年（1805 年）九月，西宁办事大臣贡楚克扎布，在处理蒙古族与藏族之间积案时，“请嗣后蒙古番子寻常命盗抢劫等案，仍照番例罚服办理，如有情节可恶者，随时奏闻”。嘉庆帝对此并不认同，“所奏番例有何册档可凭？情节可恶者随时奏办，是何情节方为可恶？饬容详议”。之后，西宁办事大臣文海再次提出：“番民等如敢纠约多人肆行抢劫，或竞扰及内地边氓，情同叛逆，以及肆意抢劫蒙古牲畜，凶恶显著，关系边疆大局之案，自应慑以兵威，严拿首从，随时奏明请旨办理，以彰国典。其止于自相戕杀及偷盗等案，该蒙古番子等向系罚服完结，相安已久，一旦强民以内地法律，恐愚昧野番，群滋疑惧，转非抚辑边夷之意，应请仍照旧

[1]（清）会典馆编：《钦定大清会典事例·理藩院》，赵云田点校，中国藏学出版社 2007 年版，第 462 页。“王等奸人妻者罚九九，贝勒、贝子、公等罚七九，台吉、官员、庶人等罚五九，皆给予本夫。”

例等情。”[1]

嘉庆十年（1805 年），西宁办事大臣解决蒙古郡王纳罕达尔济和客商马进忠的经济纠纷。那达尔济旗下众属难以糊口，向马进忠借银两千两，但无力偿还。嘉庆六年（1801 年），呈明台大人代奏，承蒙允准，以山场木植抵账。蒙古地方若令汉民聚焦多人，诚恐日久滋事。请嗣后著令纳罕达尔济率领同旗的蒙古人，自行砍挖牧山场内所产大黄，一半抵欠，一半易换什物。合拉纳系藏族人，参与了上述行为。

在本案中，合拉纳属于郡王纳罕达尔济旗下。纳罕达尔济“既不觉察于事前，又复袒于事后，且云合拉纳杭等非贼犯”，故难辞其咎。后，纳罕达尔济协助总督、西宁办事大臣，将蒙古人勾通藏族人的案件审明，算立功，本应交理藩院严加议处，加恩改为参奏议处。因青海蒙古地区的特殊性，在涉及蒙藏的案件中，往往综合考虑，依当时的主要矛盾，来决定案件的裁判及法律的适用。

本章小结

《蒙古律例》是通行于蒙古地区的重要法律，从本章相关的案例的分析来看，《蒙古律例》在保护蒙古地区的牧猎文化中起到重要作用，尤其是对偷窃牲畜案件的惩处，即使是民人，其在蒙古地区犯罪的，尤其是涉及牲畜的犯罪，被越来越多地纳入《蒙古律

〔1〕 刘海年、杨一凡主编：《中国珍稀法律典籍集成》（丙编第二册），科学出版社 1994 年版，第 379～380 页。

例》的调整范围。此外，随着《蒙古律例》内容的变化，蒙古各部一些涉及伦理的案件，开始适用《蒙古律例》的规定。嘉庆年间制定的《理藩院则例》因其内容吸收了很多《大清律例》的规定，如伦理性方面的内容，其在调整蒙古地区社会关系中的作用也越来越大。据此也可以看出，伦理性的内容已成为蒙古地区的一种新的生活方式。“法律规则往往比惯例规则更多地完全建立在工具理性的基础上。在某个社会群体中通行的对于一种秩序本身的效力之信仰，应初归属到‘伦理’的领域还是归属到单纯的惯例或者单纯的法律规范领域，对于经验社会学的目的来说，都不可泛泛而论，必须相对于该社会群体所认为的‘伦理’价值观的概念进行论述。”〔1〕因此，在蒙古地区仍注重《蒙古律例》的适用。

〔1〕［德］马克斯·韦伯：《经济与社会》（第一卷），阎克文译，上海世纪出版社2010年版，第127页。

第五章　各部蒙古自行制定的法规的适用

《蒙古律例》作为蒙古地区的主要规范性法律文件，在蒙古地区发挥着重要的作用。随着清朝对蒙古地区统治的加强，《大清律例》对蒙古地区的影响也逐渐加深。除此之外，蒙古地区固有的习惯仍影响、规范着蒙古人的日常生活。各部蒙古归附之初，清朝在不危害国家稳定的前提下，给予蒙古王公一定的自治权。如喀尔喀蒙古王公就在归附后制定了《喀尔喀法规》，用以规范喀尔喀地区的社会秩序。阿拉善地区蒙古王公也颁布《阿拉善律例》，作为《蒙古律例》的补充，适用于阿拉善地区。在漠西蒙古地区，原有的《卫拉特法典》，体现了漠西蒙古地区的固有习惯，归附后的漠西蒙古地区，一些固有的习惯仍在规范漠西蒙古人的社会关系。

第一节　适用《喀尔喀法规》的情形

漠南蒙古各部归附之初，清朝就派大学士希福等到各部“颁法律”，进行“法律规训”。至漠北喀尔喀蒙古于康熙三十年（1691

年）归附时，清朝已为外藩蒙古制定了较为完备的法律。乾隆五年（1740 年），土谢图汗部副将军成衮扎布呈文理藩院为请颁给律书事："喀尔喀札萨克台吉朋楚克阿拉布坦呈文［臣衙门］称，臣朋楚克阿拉布坦自受封札萨克以来未曾领到理藩院奏定办理事务的《蒙古律书》，因恳请将军、王转报理藩院给［臣］，刷印颁发办理事务的《蒙古律书》一部。"[1] 通过该记载，可知，喀尔喀部归附后，清朝应该是给每个札萨克颁发《蒙古律书》，不然喀尔喀札萨克台吉朋楚克阿拉布坦不会上书，恳请印刷《蒙古律书》以办理事务。《蒙古律例》自漠北蒙古归附后，已成为该地区案件审理的重要法律依据。清末民初，喀尔喀蒙古宣布独立，喀尔喀蒙古成为现在蒙古国的主体，国内对喀尔喀蒙古的研究较少，专门论述喀尔喀历史的专著并不多，大多是在论述清朝蒙古族的历史中有所涉及。

《喀尔喀法规》制定于康熙四十八年（1709 年），是一部法律汇编，收集的是康熙十五年（1676 年）到乾隆三十五年（1770 年）间制定的法规和判例。该法规从制定开始，喀尔喀蒙古各部先后集会十四次，并将集会议定的事增加到《喀尔喀法规》中，各篇制定的主体、时间不同，适用的范围不同。其中，包括"1676 年法规"、1709 年《三旗大法规》和 1709 年以后制定的十六篇法规及判例。"1676 年法规"由土谢图汗、车臣汗制定，此时，喀尔喀蒙古尚未归附清朝。1709 年《三旗大法规》由土谢图汗及其直系亲族三札萨克会同库伦商卓特巴和大喇嘛制定。1709 以后制定的

[1]《喀尔喀副将军衙门满文档案》（M2－1－113），藏蒙古国中央档案馆，原文抄件，转引自达力扎布："《喀尔喀法规》制定原因及实施范围初探"，载《中央民族大学学报（哲学社会科学版）》2005 年第 1 期。

十六篇法规及判例都与库伦和沙毕相关。

从20世纪初，国内外学者就对《喀尔喀法规》展开了研究，关于《喀尔喀法规》的适用范围，学术界主要有以下几种观点：一是在三旗之内；二是在土谢图汗、车臣汗两部，后来限于沙毕衙门；三是在三旗后扩大到整个喀尔喀；四是整个喀尔喀。[1] 那顺巴拉珠尔认为，这些法律不仅执行于土谢图汗盟的三旗，以后随着其他盟旗王公诺颜参加历次集会共同商议制定法规，也施行于这些盟旗。[2] 那楚克多尔济认为，最初在土谢图汗部和车臣汗部施行，随着《蒙古律例》（1789年）颁行于蒙古，《喀尔喀法规》作为蒙古地区的法规，只在大沙比纳尔施行，成为沙比衙门属下喀尔喀人的行为准则。只有在《蒙古律例》未涉及的特殊情况下，各旗才运用《喀尔喀法规》。[3]

正是因为喀尔喀蒙古地区存在《喀尔喀法规》这一地方性法规，学术界对《蒙古律例》何时在喀尔喀蒙古地区实施一直存在争议。关于《蒙古律例》适用于喀尔喀全蒙古的时间，岛田正郎和二木博史认为是乾隆十一年（1746年），“喀尔喀四盟副将军定例”

---

〔1〕 达力扎布：《〈喀尔喀法规〉汉译及研究》，中央民族大学出版社2015年版，第132页。关于《喀尔喀法规》适用范围的研究，主要来自俄国和日本学者，国内关于此方面的译作很少，国内从事此方面的研究主要是达力扎布教授。因语言的限制，文中关于《喀尔喀法规》适用方面的观点等，大多转引自作达力扎布教授的翻译。第四种观点参见［日］萩原守：“适用于清代蒙古也克沙毕之法律——大活佛之领民与刑事裁判”，沙仁高娃译，载《内蒙古师范大学学报（哲学社会科学版）》2010年第1期。

〔2〕 ［蒙古］那顺巴拉珠尔：“《喀尔喀法规》排印本出版前言”，达力扎布译，载《蒙古学信息》2004年第2期。

〔3〕 ［蒙古］那楚克多尔济：“关于《乌兰哈齐尔特》”，盛肖霞译，载《蒙古学信息》2004年第2期。

是对“清朝立法的确认”。[1] 萩原守认为：“喀尔喀虽然从1691年归附清朝，但在法律上并未受其支配，到1728年为止，以土谢图汗部为中心制定的《喀尔喀法规》仍然不断得到补充，在1728年，依据蒙古律例制定的条文才首次出现，可以认为是喀尔喀法被清朝法取代的开端，同时，针对牧民而制定的喀尔喀独自的法规从此绝迹。《蒙古律例》对喀尔喀是逐步渗透的，并非归附之时就适用。18世纪初至1728年，是‘喀尔喀自定律时期’；1789年以后，进入‘完全受清朝法律支配的时代’。其中，从1728年至1787年大约60年的时间里，存在过‘1728年法’和‘1746年法’。可以说喀尔喀法与清朝法律并用了60年的时间。”[2] 达力扎布认为，喀尔喀各札萨克从归附开始就已全面施行蒙古律，康熙年间派钦差大臣到喀尔喀会盟审案判决必定依据蒙古律。“在喀尔喀施行蒙古律并非始于乾隆五十四年本《蒙古律例》的修订和颁发。‘1728年法规’的适用范围仅限于土谢图汗旗和库伦沙毕，最多包括其亲族所辖的五旗（原三旗）。‘1728年法规’和1746年‘喀尔喀四盟副将军定例’仅仅是对清朝蒙古律偷盗牲畜法规的部分变通。‘1728年法规’是遵皇上圣旨制定的，1746年‘喀尔喀四盟副将军定例’也是经散秩大臣宝德上奏，军机大臣议覆，得到清朝批准的，并非喀尔喀随意制定与蒙古律相抵触的法规。”[3] 如乾隆三十五年

---

〔1〕［日］岛田正郎：《清朝蒙古例的研究（东洋法史论文集第五）》，创文社1978年版，第451~452页。［日］二木博史：《蒙古的历史与文化——蒙古学论集》，内蒙古人民出版社2003年版，呼斯勒译，第49页。

〔2〕［日］萩原守：“18世纪喀尔喀的法律变迁”，朋·乌恩译，载《蒙古学资料与情报》1991年第4期。

〔3〕达力扎布：《〈喀尔喀法规〉汉译及研究》，中央民族大学出版社2015年版，第136页。

(1770 年)，土谢图汗等审理沙毕喇嘛霸占他人之妻案的判例仍援引《三旗大法规》的规定。

喀尔喀蒙古各部归附后，清朝就对其颁布《蒙古律例》，多诺尔会盟时就敕谕："又因汝等下人互相偷窃，各增设札萨克管辖，以便督察。以汝等向无法度，颁行一定律例。自古以来，未有如此之始终覆育者也，朕既活汝，欲使倍加长养。……凡事必皆照所犯依律处治。"[1] 即归附之初，就开始适用《蒙古律例》，只是在《蒙古律例》没有规定的情况下，可以制定地方性法规。也就是说，喀尔喀蒙古地区制定地方性法规时，是在清朝同意的前提下制定的，用现代的法律语言讲，喀尔喀蒙古地区属于"授权性立法"。关于这一点，在之后的分析中会进一步说明。持相反观点的学者认为，喀尔喀各部归附后，清朝的态度是"暂仍其俗"[2]，这里的"暂仍其俗"，正如达力扎布所言，指的是请安和贡九白之事，而非不适用《蒙古律例》的规定。喀尔喀归附清朝之后，康熙帝优待三大汗，令三大汗继续管理其属民，但这并不表明，喀尔喀地区可以不适用《蒙古律例》。只是给予喀尔喀蒙古王公一定的自治权，蒙

---

〔1〕（清）温达等撰：《亲征平定朔漠方略》上册（卷十），中国藏学出版社 1994 年版，第 224～226 页。

〔2〕（清）温达等撰：《亲征平定朔漠方略》上册（卷一），中国藏学出版社 1994 年版，第 238～239 页。"命喀尔喀新降之众暂仍其俗。理藩院奏喀尔喀等人既与四十九旗同列，则众札萨克自亲王以下骁骑校以上，凡请安进贡奏事或遣使或亲来，俱应照四十九旗例。土谢图汗、车臣汗旗内自王以下骁骑以上，凡行事亦应与四十九旗同。土谢图汗、车臣汗其身仅存汗号，应令进九白之贡，伊等使人仍令照前例，至折卜尊丹库图克图亦照前例。奏入得旨，喀尔喀人等初降，新行安插，俟三年后依此议行。折卜尊丹巴库图克图亦令贡九白。"

古各部一些大的封建主单独或者联合制定了一些地方性法规。[1]直到乾隆四十九年（1784 年），清朝命令喀尔喀重定乌拉首思章程，《喀尔喀法规》与清朝蒙古律相抵触的一些条文逐渐失去效力，其余不相抵触的法规和判例作为地方法规，在司法实践中仍有效力。

本节主要分析《喀尔喀法规》与《蒙古律例》的关系，梳理喀尔喀蒙古地区法律的适用情况。其中《喀尔喀法规》主要参考达力扎布在其《〈喀尔喀法规〉汉译及研究》中所翻译的《喀尔喀法规》。同时探讨，喀尔喀部归附之后就开始严格执行《蒙古律例》，还是到乾隆三十五年（1770 年）后才实行。当《蒙古律例》适用于喀尔喀地区后，《喀尔喀法规》处于什么样的地位。《喀尔喀法规》制定后，在喀尔喀地区确实发生法律效力，但并不意味着喀尔喀蒙古适用《喀尔喀法规》，而不适用《蒙古律例》。

一、"1676 年法规"与《蒙古律例》

蒙古民族长期以来的游牧方式，积累了适合游牧生活的法文化理念。在立法上，他们制定了适应本民族社会环境、生活方式的法律。喀尔喀蒙古归附清朝之前，结合本部落的特点，制定了"1676 年法规"，该法规由土谢图赛因汗、达赖车臣汗为首的大小诺颜于康熙十五年（1676 年）商定。"1676 年法规"包括，"偷窃寺院牧群牲畜"，"偷窃寺院煤、柴、干草等"，"偷窃居寺院内僧侣等人的牲畜"，"因偷窃立誓"，"袒护贼立誓"，"从窃贼选一精壮者给事

〔1〕 金山："清代蒙古地区地方立法问题研究"，内蒙古大学 2007 年博士学位论文。

主”，“窃贼缴纳雅拉不足以其子女抵偿”，“证人和擒贼或夺回牲畜之人报酬”，“寺院爱马克人偷窃外人牲畜”，“寺院爱马克因偷窃立誓”，“夺下被盗窃马群者的报酬”，“盗贼赶走马群”，“闻讯不追盗贼”，“得知盗贼有盗窃的马群不去追捕”，“夺得盗贼窃走的牲畜不交出”，“两汗遣使索回牲畜”，“追捕盗贼之诺颜从巴噶和雅拉中获得报酬”，“追捕盗贼之塔布囊、台吉和哈剌出获得报酬”，“汗、哈剌出侵犯寺庙者”，“看守寺庙之人除‘三件事’外免乌拉”，“大牧群之人、僧侣的沙毕及看守寺庙之人不得接纳流民”，“收留流民”，“欺骗诺颜向流民追索牲畜”，“欺骗哈喇出向流民追索牲畜”，“流民隐藏被征用的马匹”，“将牲畜隐匿于流民畜群”，“所罚巴噶归寺院之仓”，“追贼死亡人畜”，“僧侣属下沙毕等由其大赛或塔布囊立誓”等条。[1]

“1676 年法规”主要是关于寺庙、僧侣及其所属沙毕等牲畜财产方面的法规。法规中的官职是喀尔喀蒙古未归附前的设置，如赛特、土锡默特等；而关于罚畜刑的规定，如“公畜十二九”等，《白桦法典》[2] 中也有记载，内容主要反映的是未归附前喀尔喀左翼土谢图汗和车臣汗两汗辖境内的情况。因喀尔喀蒙古尚未归附，多伦会盟之前，《蒙古律例》并未适用于喀尔喀地区。康熙三十年（1691 年）多伦会盟，漠北蒙古归附清朝。清朝于会盟时依据清朝制定的法律审理案件。会盟后，清朝对漠北蒙古各部颁布法律，喀尔喀蒙古也开始适用《蒙古律例》的相关规定。

---

〔1〕 达力扎布：《〈喀尔喀法规〉汉译及研究》，中央民族大学出版社 2015 年版，第 160 ~ 163 页。

〔2〕 李金山主编：《蒙古古代四部法典》，内蒙古教育出版社 2010 年版，第 29 页。

康熙三十年（1691年）后，“1676年法规”应当和《蒙古律例》共同适用于喀尔喀地区，但两者的适用范围不同。从康熙三十年（1691年）至康熙四十八年（1709年），适用于喀尔喀地区的《蒙古律例》，应当是康熙三十年《蒙古律书/例》，及康熙三十五年修订的《蒙古律书/例》。“1676年法规”是土谢图赛因汗、达赖车臣汗为首的大小诺颜为寺院商定的法规，内容也是涉及寺院的法律。其适用的范围还是非常有限的，也为《蒙古律书/例》的适用留下了一定的空间。“1676年法规”与《蒙古律书/例》的区别，多伦会盟时依据清朝法律审理案件的事实，乾隆五年（1740年），土谢图汗部副将军成衮扎布因受封札萨克以来未曾领到理藩院奏定办理事务的《蒙古律书》，恳请颁发《蒙古律书》的事实，都表明“1676年法规”、《蒙古律书/例》同时适用于喀尔喀蒙古。

二、1709年《三旗大法规》与《蒙古律例》

1709年《三旗大法规》由翰齐赖土谢图汗、额尔德尼毕力克图商卓特巴、札萨克和硕亲王额驸敦多布多尔济等台吉、诺颜，于康熙四十八年（1709年），在布隆汗山南麓伊奔河畔，“奏报钟根，既蒙允准”[1] 议定。制定“1709年三旗法规”时，喀尔喀蒙古已归附清朝，清朝也对漠北蒙古地区颁布了法律，土谢图汗等在“钟根”的同意下制定，有学者认为这里的“钟根”系“中宫”，即土谢图汗多尔济之妻，康熙皇帝之女和硕恪靖公主。[2] 进而认为，土谢图汗制定该法规得到了清朝的同意。关于清朝是否同意制定

---

〔1〕“钟根”即汉语“中宫”，明代蒙古王妃称号，土谢图汗妻号。

〔2〕道润梯步持该观点，梁赞诺夫斯基和二木博史则认为是土谢图汗察珲多尔济的妻子。

《三旗大法规》这一点，答案应该是肯定的。此时，漠北蒙古已归附，喀尔喀各部已开始按照清朝的规定进贡、朝觐等，清朝对归附的漠北蒙古自行制定法规这样的大事，不可能不知道。从《三旗大法规》制定的背景来看，当时的土谢图汗管辖的属民没有按外藩札萨克旗的体制设置，旗下组织仍是鄂托克组织。其自治的权利较其他外藩蒙古大，康熙帝也对土谢图汗家族管理库伦的权力予以承认，故土谢图汗在适当范围内制定了该地方性法规。这正是土谢图汗主持制定《三旗大法规》及以后的十六篇法规的原因。

《三旗大法规》内容比较多，涉及偷窃格根财产、赋役、作证、立誓、审案、奸罪及一些民事方面的规定，[1] 是《蒙古律例》没有规定或规定不够具体的内容。如有关人命、审断、盗贼方面的内容，《蒙古律例》已有规定，《三旗大法规》进行了变通规定，包括免除死刑和采取喀尔喀传统方式审断等。

这些内容，原则上不与《蒙古律例》的内容相抵触，规定的更为详细，如“偷窃格根财产和牲畜”条规定：“偷窃格根仓物及畜

---

〔1〕 达力扎布：《〈喀尔喀法规〉汉译及研究》，中央民族大学出版社 2015 年版，第 163 ~ 188 页。如“哈剌出拒给格根乌拉首思”“征赋使者作弊”“偷换赋役牲畜”“审判官员及使者的报酬”“使者乘驿马之限”“禁者使用饮酒”“殴打及辱骂钟根和汗之使者”“殴打及辱骂一般使者”“偷窃格根财产和牲畜”“偷窃乳牛和乌拉用驼”“偷窃库伦寺庙内财物”“偷窃煤石灰干草”“牲畜践踏庄稼”“偷窃庄稼”“偷窃寺庙财物牲畜”“偷窃汗、贝勒等产畜”“偷窃牲畜初犯”“屡次偷窃牲畜”“立誓定罪的窃贼”“抢劫”“疏脱和放走在押盗贼”“牲畜价值换算比率”“涉诉讼之人可以食有主人提供的饮食”“盗贼索取小物件”“夺回被盗牲畜的报酬”“为偷窃嫌疑人立誓”“搜查前先清查搜查之人”“搜查诺颜家无获”“偷窃甲胄武器和财物”“立誓”“夺回被盗牲畜报酬”“使者诈取乘马”“盗贼栽赃”“首告属人和子女窃案免窃者刑罚”“诺颜指使属下盗窃”“诺颜将阿拜嫁给已娶有阿拜之塔布囊”“婚前一方死亡则归还聘礼”“诬告”“仇杀和戏杀”等。

群畜者，籍没其全部财产，本人留其诺颜处；鞭八十，并罚其扣（叩）拜三千次，绕［库伦］走三百圈，依附他人为生的单身汉行窃，诺有财产，籍没其全部财产，其他刑罚同前。"[1]《蒙古律例》关于盗窃的规定，康熙六年（1667 年）定："凡蒙古偷盗他人马驼牛羊四项牲畜，一人盗者不分主仆绞决，二人盗者一人绞决，三盗者二人绞决"；康熙十七年（1678 年）定："凡偷盗金银器皿及皮张布疋（匹）并衣服食物，均按数赔补。所盗物件至二岁牛价者罚三九，至羊价者罚一九，未至牛价者罚一九，未至羊价者罚犙牛一。"[2]《三旗大法规》主要是关于"偷窃格根财产"的规定，《蒙古律例》指一般的偷窃。此外，《三旗大法规》的刑罚方式比《蒙古律例》更多。如明行抢劫的盗贼，"无论几人，各鞭八十，用铁拷（铐）其双手，一年之后交给事主的诺颜验看释放"。[3] 盗贼抢劫杀伤人的，《三旗大法规》规定："盗贼及杀死牲畜主人，从其牲畜中付给人命案主，余下牲畜归其札萨克，将盗贼本人给旗内奴隶之奴隶为奴。其牲畜若不足以缴纳案主，将其妻孥全部捉送给［牲畜主人］。牲畜主人未死，伤及身体及坐骑，罚取三九牲畜，盗贼射出而未射中的箭，每箭罚一九牲畜。盗贼以石头或木棍等殴打牲畜主人，确有伤痕者，罚三九牲畜。"[4]《蒙古律例》中没有关

---

〔1〕 达力扎布：《〈喀尔喀法规〉汉译及研究》，中央民族大学出版社 2015 年版，第 167 页。

〔2〕（清）会典馆编：《钦定大清会典事例 · 理藩院》，赵云田点校，中国藏学出版社 2007 年版，第 427、429 页。

〔3〕 达力扎布：《〈喀尔喀法规〉汉译及研究》，中央民族大学出版社 2015 年版，第 168 页。

〔4〕 达力扎布：《〈喀尔喀法规〉汉译及研究》，中央民族大学出版社 2015 年版，第 169 页。

于"盗贼及杀死牲畜主人"的规定，《三旗大法规》较为详细，区分了"偷窃格根财产"与"一般偷窃"。

对于归附的蒙古各部，按照清朝的法律规定，发生在蒙古地区的案件适用《蒙古律例》，《蒙古律例》没有规定的适用《大清律例》。从法律适用的原则来讲，发生在喀尔喀蒙古地区的案件，《蒙古律例》没有规定的，应当适用《大清律例》，肯定不会适用《三旗大法规》。但在土谢图汗所辖的属民中，却存在《三旗大法规》的适用空间，具体原因在前面的内容中已经分析过。康熙帝给予了新归附的土谢图汗部较其他外藩蒙古更大的自治权。在内容上，《三旗大法规》较"1676 年法规"及"1709 年以后制定的法规"更为丰富。按理说，《蒙古律例》与《大清律例》完全可以调整喀尔喀蒙古地区的社会关系。出现归附后制定《三旗大法规》的原因，主要是因为，此时喀尔喀蒙古地区并未向漠南蒙古地区一样，形成札萨克旗这样的机构设置，还未具备完全适用《蒙古律例》的条件。所以，才会在清朝默许的情况下制定《三旗大法规》。

三、"1709 年以后制定的十六篇法规及判例"与《蒙古律例》

1709 年以后制定的法规及判例，涉及"1718 年法规"（汗、商卓特巴、贝勒为首全体赛特议定的关于武器、烙印驼马和壮丁等事的法规）、"1722 年法规"（以汗、王为首全体议决之事项，有"凭驿票使用乌拉"、"禁止以本旗事从格根沙毕乘用乌拉"、"札萨克的使臣等乘用乌拉"、"'三件事'外不准使用烙印马驼"）、"1724 年法规"（关于借贷的规定以及喇嘛饮酒的规定）、"1726 年法规"（关于僧俗饮酒、贩酒等规定。雍正四年［1726 年］五月十八日，翰齐赖巴土谢图汗、额尔德尼车臣商卓特巴、两位王及理藩院扎尔忽齐［司官］阿尔山等议定的法规，公布于诸经商民人，使其周知，包括“不得在库伦留宿”、“商人在库伦向蒙民赊销商品务经官方允准”、“禁止贩酒”、“库伦八爱马克内防盗”）、“1722 年法规”、“1724 年法规”、“1726 年法规”、“1728 年法规”（翰齐赖巴图土谢图汗、统领喀尔喀左翼军副将军王为首诸札萨克遵皇上圣旨集会，制定法规，包括“监禁窃贼于井牢”、“ 罚九之数”、“证人报酬”、“僧侣行窃”、“行窃伤人” 等规定）、“1745 年法规”（关于沙毕纳尔与和托辉特两旗之间误杀的赔偿）及“1746 年法规”（札萨克图汗、车臣汗、大亲王德沁扎布、亲王额璘沁多尔济、副将军世子、副将军郡王、副将军贝勒、副将军公等为首在库伦集会时议定，是关于“明行抢劫者依皇上旧例处死” 的规定），共十六篇。

总体上来说，1709 年以后制定的涉及军事、驿递、盗贼、借贷、库伦、僧侣、沙毕及赛马，都与沙毕有关。其内容或规定《蒙古律例》没有规定的，或对《蒙古律例》变通适用。《蒙古律例》中没有规定，但“1728 年法规” 有规定的，如“僧侣行窃” 条规定，“僧侣行窃，初犯，免牢井监禁和上铐刑罚，罚雅拉三九牲畜；由于他自己破坏了戒规，令其还俗，交付其鄂托克和苏木，不准做重新受戒的忏悔祈祷。行窃僧侣若有俗人沙毕及家奴，将其沙毕遣回鄂托克或苏木”。[1] 如“1728 年法规” 其中的“台吉行窃” 条规定：“台吉行窃，依皇帝法典，初犯，革去爵级，不籍没产畜，罚三九牲畜，有属民者，将其属民给其兄弟；再犯，依哈剌出例罚

〔1〕 达力扎布：《〈喀尔喀法规〉汉译及研究》，中央民族大学出版社 2015 年版，第 193 页。

畜和治罪。"[1] 康熙五年（1666 年）《蒙古律例》规定："台吉为匪为盗者，即革去台吉为庶人，将马匹牲畜取回，给予被盗之人，将其所属人丁撤出，给予近支兄弟。该札萨克照疏忽例议处。若为匪之台吉仍不悛改复为匪者，该札萨克即充作奴仆服役。若改过不复为匪，三年后，该札萨克将情由报院转奏，复给台吉原衔。"[2] 1709 年以后制定的法规，很多是在变通《蒙古律例》的情形下制定的，主要体现在刑罚方式上，如"行窃伤人"条规定："［行窃］时伤人的盗贼，俟刑满自牢井放出，即以其伤人凶器，折断其一只手；手痊愈后，仍依例处罚，［鞭一百］，拾柴［三年］，若不能确定用凶器伤人之祸首，将首犯按此例惩处。以弓箭射人之盗贼，虽未射中，监禁牢井一年半。"[3] 除"折断其一只手"外，仍应按例，"鞭一百"，在刑罚上变通《蒙古律例》。

还有就是随着《蒙古律例》的修改，而予以变更内容的。如"监禁窃贼于井牢"条和"窃贼产畜不足以其妻孥抵数"条的规定，"凡人偷窃，无论窃贼为几人，挖宽、深皆为四庹之牢井，监禁一年；主犯籍没其妻孥、牲畜，给事主。从犯每人罚雅拉三九牲畜。窃贼［刑期满］出井牢后，鞭一百，令拾柴三年"。"若窃贼不能缴足雅拉牲畜，将其妻子、子女计入雅拉足数。若窃贼的诺颜

---

〔1〕 达力扎布：《〈喀尔喀法规〉汉译及研究》，中央民族大学出版社 2015 年版，第 193 页。

〔2〕（清）会典馆编：《钦定大清会典事例·理藩院》，赵云田点校，中国藏学出版社 2007 年版，第 427 页。

〔3〕 达力扎布：《〈喀尔喀法规〉汉译及研究》，中央民族大学出版社 2015 年版，第 193 页。

或亲族愿赎出，其价值依旧例”。[1] 偷窃罪犯不分主从，掘地牢监禁一年，出牢后鞭一百，令拾柴三年等。对比《蒙古律例》中关于偷窃和抢劫牲畜的规定，雍正五年（1727 年）之前规定的刑罚方式较重，康熙六年（1667 年）定，盗窃四项牲畜的立绞，且外藩蒙古以放牧牲畜为生，无圈院，故自昔严治盗贼，将贼妻子家产牲畜“籍没给失主”。[2] 雍正五年（1727 年）经理藩院奏准，将立绞改为拟绞监候，秋审减等免死，“凡盗四项牲畜为数无多，情节甚轻者，拟绞监候，仍籍没畜产，给付事主，其妻子暂留该旗，俟本犯减等，佥解邻近盟长，给效力台吉”。[3] 土谢图汗等参照此规定，在 1728 年法规中进行变通，将“拟绞监候”改为主犯籍没其妻孥、牲畜，给事主，从犯各罚雅拉三九牲畜。除监禁外，实际上仍依康熙朝旧例“主犯籍没其妻孥、牲畜、给事主，从犯每人罚雅拉三九牲畜”，没有采纳“佥解邻近盟长给效力台吉”。

“1746 年法规”是札萨克图汗、车臣汗、大亲王德沁扎布、亲王额璘沁多尔济、副将军世子、副将军郡王、副将军贝勒、副将军公等为首在库伦集会时议定，是关于“明行抢劫者依皇上旧例处死”的规定。“凡明行抢劫之人，依照皇上旧例处死，其帐幕、妻孥等全部给牲畜主人。再，从犯罚雅拉三九牲畜，给牲畜主人，鞭一百；若交罚牲畜不足数，将其帐幕、家具、锅、锅架等一切财物

---

〔1〕 达力扎布：《〈喀尔喀法规〉汉译及研究》，中央民族大学出版社 2015 年版，第 192 页

〔2〕（清）会典馆编：《钦定大清会典事例 · 理藩院》，赵云田点校，中国藏学出版社 2007 年版，第 427 页。

〔3〕（清）会典馆编：《钦定大清会典事例 · 理藩院》，赵云田点校，中国藏学出版社 2007 年版，第 430 页。

抵一九牲畜；若有子女，一个孩子抵一九牲畜，两个孩子抵二九牲畜，但不得超出两个孩子；若为没有子女的夫妇二人，以其妻子作抵；若为单身汉，则将其本人交给［事主］作抵；若将牲畜，妻孥交出后，仍缴不足罚畜数，则依照皇上法规，少一头牲畜鞭二十五，不超过一百鞭，为使行恶之盗贼得到惩戒，如此商定记录之外，议定其余一切诸事四部一体遵行皇上法规。"[1] 1746 年喀尔喀王等共同商议对盗贼的处罚规定，显然是对《蒙古律例》的变通规定。

从"1746 年法规"开始，主要是关于出家、僧侣方面的法规。"1754 年法规"是额尔德尼车臣商卓特巴、格斯贵、赛特等全体商定的禁酒的法规。"1770 年法规"是将军、土谢图汗、副盟长、参赞公等全体会议判决关于"沙毕僧人霸占他人之妻"，以及关于判决"沙毕牧放病畜靠近他人畜群传染疾病"而产生的法规。土谢图汗车登多尔济担任所部副将军，他于乾隆三十六年（1771 年）主持审理库伦沙毕喇嘛霸占他人妻子和沙毕牧放染病牛群传染疾病于他人牛群两案，制定判例。之后，土谢图汗部再没有自行制定相关法规。从乾隆十年（1745 年）到乾隆三十五年（1770 年），《喀尔喀法规》没有再出现与《蒙古律例》相抵触的规定。之后的案例审理，尤其是乾隆五十七年（1792 年）以后偷盗牲畜的案件审理，

〔1〕 达力扎布：《〈喀尔喀法规〉汉译及研究》，中央民族大学出版社 2015 年版，第 195 页。

都适用的是乾隆五十四年（1789 年）修订的《蒙古律例》。[1]

《蒙古律例》虽然一直有法律效力，但是喀尔喀王等仍具有制定变通法规的权力。第四章分析的“额穆伯果”案，在乌尔津扎布旗长审理时，仍依此变通规定判案，乾隆五十六年（1791 年）事发，被削爵。清朝通过具体案例，加强推行《蒙古律例》在漠北蒙古地区的适用。

四、适用《喀尔喀法规》的情形

喀尔喀归附清朝后，出于特殊的原因，制定了《喀尔喀法规》。对于《喀尔喀法规》的效力及其适用范围，学界一直有争议。从什么时候开始适用？适用的范围又是什么？与《蒙古律例》的关系是什么？达力扎布教授认为，从雍正年间开始，土谢图汗等制定有关盗贼法规，审理命、盗案件一律由理藩院题皇帝最终判决。[2] 岛田正郎认为乾隆十一年（1746 年）的“喀尔喀四盟副将军定例”是对“清朝立法的确认”，是清朝皇帝对喀尔喀蒙古王公立法的肯定。[3] 只是随着统治权的加强，喀尔喀的政治力量开始消亡，《蒙

〔1〕 达力扎布：《〈喀尔喀法规〉汉译及研究》，中央民族大学出版社 2015 年版，第 118 页。根据《清朝前期满蒙文题本》中收有从乾隆五十七年到六十年（1792—1795 年）间审判喀尔喀各盟旗人，库伦及其他有印活佛偷盗牲畜的案例，都是适用的乾隆五十四年（1789 年）修订的《蒙古律例》。因文字语言的限制，笔者无法参考该文献，达力扎布教授在此方面的研究颇深，其关于此方面的研究准确度很高，加之从现有材料上分析，比较可以肯定的是，乾隆五十七年（1792 年）以后喀尔喀各盟旗人等涉及偷窃的案件都适用《蒙古律例》。

〔2〕 达力扎布：《〈喀尔喀法规〉汉译及研究》，中央民族大学出版社 2015 年版，第 195 页。《喀尔喀法规》“明行抢劫者依皇上旧例处死” 条。

〔3〕 ［日］岛田正郎：《清朝蒙古例的研究》，创文社 1992 年版，第 451 页。

古律例》的地位开始提高。[1] 萩原守教授认为，“商卓特巴衙门对也克沙毕的裁判中，至少到了清朝末期还在引用《蒙古律例》与《大清律例》，而且《乌兰哈齐尔特》判例的效力也持续到了清末。虽然越来越多的情况下适用《大清律例》和《蒙古律例》，但《喀尔喀法规》并没有被完全代替。换句话说，清朝法律虽然对也克沙毕有所渗透，但并不是完全彻底的，即使到了清末，仍留有少许民族自治的特点”。[2] 关于具体的法律适用，通过以下几个案例进行分析：

案例一：光绪三年（1877 年），“沙毕喇嘛奥德斯尔、喇嘛那旺杀害也克沙毕达格巴”案。

奥德斯尔在库伦附近与那旺结识，二人谋划去五台山和北京朝觐，新巴尔虎八旗也克沙毕僧人达格巴外出化缘，与加害人在库伦附近结识，加害人密谋杀害达格巴并抢夺其全部财物。奥德斯尔、那旺二人将达格巴杀害后，携抢夺财物逃跑。后奥德斯尔、那旺二人被新巴尔虎八旗中的镶红旗官兵抓获。额尔德尼商卓特巴衙门审理此案时认为，“蒙古例”中没有适合此案的条文，故由库伦办事大臣再审。[3]

---

〔1〕［日］岛田正郎：《清朝蒙古例实效性的研究》，创文社 1992 年版，第 235 ~ 323 页。

〔2〕［日］萩原守：“适用于清代蒙古也克沙毕之法律——大活佛之领民与刑事裁判”，沙仁高娃译，载《内蒙古师范大学学报（哲学社会科学版）》2010 年第 1 期。

〔3〕转引自［日］萩原守：“适用于清代蒙古也克沙毕之法律——大活佛之领民与刑事裁判”，沙仁高娃译，载《内蒙古师范大学学报（哲学社会科学版）》2010 年第 1 期。“奥德斯尔与那旺事件”记录于蒙古国中央历史档案馆。案件中主犯奥德斯尔是喀尔喀中央部齐齐尔里克盟额尔德尼班第达呼图克图的沙毕喇嘛，从犯喇嘛那旺是属于其米德鄂托克，住在库伦乌如鲁德爱马克。被杀害者僧人达格巴是属于答杀朝鲁鄂托克之也克沙毕，曾居住在库伦巴尔虎爱马克。

关于也克沙毕犯罪适用的法律，有三种学说观点：一是《喀尔喀法规》说，该说法认为在也克沙毕之间，自第八世哲布尊丹巴呼图克图圆寂到大约 1924 年间一般使用《喀尔喀法规》[1]。二是《乌兰哈齐尔特》《蒙古律例》并用说。蒙古的扎兰阿扎布强调《乌兰哈齐尔特》不只是使用了《喀尔喀法规》的判例记录集，而是调查了过去发生的类似判例，为新的判例提供参考。从《喀尔喀法规》到《蒙古律例》的替换说，认为归属清朝后的一段时期内也克沙毕仍然使用《喀尔喀法规》，最晚到清末被《蒙古律例》的法律效力所代替。[2] 三是《喀尔喀法规》作为真正意义上的判例来使用。[3]

本案中，奥德斯尔系沙毕，那旺系也克沙毕，被害的达格巴也是也克沙毕。[4] 因奥德斯尔是齐齐里尔克盟喇嘛旗的沙毕，所以额尔德尼商卓特巴衙门与齐齐尔里克盟长衙门会同听取裁判，商卓特巴衙门将报告文书提交库伦办事大臣。额尔德尼商卓特巴衙门审理此案称，《蒙古律例》中并没有适合于此案的条款，故由库伦办事大臣再审。案件审理中，并未在意奥德斯尔、那旺及达格巴的身

〔1〕 主张这一说法的是俄罗斯法学家梁赞诺夫斯基。

〔2〕 主张此说法的代表学者是岛田正郎，但也没有裁判记录调查结果，只是以种种状况作为证据来推定。

〔3〕 转引自［日］萩原守："适用于清代蒙古也克沙毕之法律——大活佛之领民与刑事裁判"，沙仁高娃译，载《内蒙古师范大学学报（哲学社会科学版）》2010 年第 1 期。

〔4〕 在喀尔喀地区有属于藏传佛教转世活佛的寺院属民，称为沙毕。沙毕向活佛承担赋税义务，如活佛没有被清政府确认司法、行政权的，其沙毕在所属旗长管辖下。如果政府认可活佛享有与旗长同等的权利和领地，其沙毕受该活佛的司法管辖。其中，库伦（今乌兰巴托）活佛哲布尊丹巴呼图克图有特殊权力，隶属于他的沙毕被称之为也克沙毕。

份，在适用法律上直接言及《蒙古律例》，没有言及《喀尔喀法规》或《乌兰哈齐尔特》。《大清律例》“谋杀人”条规定：“凡谋(或谋诸习，或谋诸人）杀人，造意者，斩（监候)。从而加功者，绞（监候)。”[1]如按《大清律例》的规定，奥德斯尔应当斩。因无法查证该文献原文，据萩原守所述，商卓特巴和齐齐尔里克盟长在审理时，原本想适用《蒙古律例》，但《蒙古律例》没有相应条款，交由库伦办理大臣审理，他推测本案适用《大清律例》“谋杀人”的可能性很大。在本案的审理中，最初审理的商卓特巴和齐齐尔里克盟长并没有适用《喀尔喀法规》，而是拟适用《蒙古律例》裁判，却因《蒙古律例》没有相关规定，交由库伦办事大臣审理。库伦办事大臣由清廷任命，代表清朝的意志，其在审理过程中，适用《喀尔喀法规》的可能性极小，又因《蒙古律例》没有规定，所以本案最终适用《大清律例》裁判的可能性极大。

在整个案件的审理过程中，无论是商卓特巴、齐齐尔里克盟长，还是库伦办事大臣，首先考虑的都是适用《蒙古律例》，并没有因犯事之人和被害之人是也克沙毕的身份，而考虑适用《喀尔喀法规》。此选择充分证明《喀尔喀法规》的适用范围已非常有限，这一时期，基本上以适用《蒙古律例》《大清律例》为主。

案例二：光绪三十四年（1908 年)，“也克沙毕色日能多尔济殴打都噶尔”案。

也克沙毕色日能多尔济，库伦希图根爱马克的待衙喇嘛，与汗阿林盟土谢图汗旗长都噶尔发生口角，色日能多尔济打了都噶尔的

---

〔1〕《大清律例》，田涛、郑秦点校，法律出版社 1999 年版，第 420 页。

脸。商卓特巴衙门裁判，“根据以往处置的事件，昂住罚一九”。[1]

商卓特巴衙门的裁判内容是“根据以往处置的事件，昂住罚一九”。《理藩院则例》“人命”条，道光二十三年（1843年）定：“蒙古官员平人擅用金刃伤人者，官员革职，罚二九牲畜，平人鞭一百。因而致残废者，官员革职罚四九，平人枷号一个月，仍各罚一九，给残疾者之家。其因而致死，并擅用金刃杀人及以手足他物伤人因而致死，并以手足他物杀人者，照刑例科断。”[2] 而此案件中是“罚一九”，并未适用《理藩院则例》。《喀尔喀法规》中未发现用拳打他人时的规定，但存在“盗者用石或木等殴打家畜主人，以罚三九处置”的规定。但是色日能多尔济的殴打方式、最终处罚等均与此案不符，尤其“伤他人拇指，如机能恢复，罚一九，伤拇指以外的，如机能恢复，亦以一九处置”。而在《乌兰哈齐尔特》[3] 中有很多类似案件，该案可能使用了其中一个判例。也就是说，“色日能多尔济”案可能使用了《乌兰哈齐尔特》的某个判例。而《乌兰哈齐尔特》是依据《喀尔喀法规》形成的判例，此案，应当还是参照《喀尔喀法规》的规定进行的审理。

本案中，没有适用《理藩院则例》《大清律例》进行裁判，是因两部法律并没有关于“殴打他人脸”予以处罚的规定。另一方面，因《喀尔喀法规》中也没有关于处罚此类行为的规定，那么，

---

〔1〕 转引自［日］萩原守：“适用于清代蒙古也克沙毕之法律——大活佛之领民与刑事裁判”，沙仁高娃译，载《内蒙古师范大学学报（哲学社会科学版）》2010年第1期。

〔2〕（清）会典馆编：《钦定大清会典事例·理藩院》，赵云田点校，中国藏学出版社2007年版，第460～461页。

〔3〕《乌兰哈其尔图》法规：记录了1820—1913年审断过的487类案例，并作为审断将来类似案件的法律依据。

最终依据判例予以处罚。虽然说，该判例是基于《喀尔喀法规》制定的，但也只能表明，在喀尔喀蒙古地区，针对一些《理藩院则例》《大清律例》之外的行为的处罚，多是依据当地习惯进行惩罚的，并不能表明《喀尔喀法规》在喀尔喀蒙古地区有效。当然，判断《喀尔喀法规》的详细适用情况，需要通过具体的案例分析来论证。但从现有汉译的相关案例，还是可以分析出《喀尔喀法规》的大致适用情形。

第二节　适用《阿拉善律例》的情形

阿拉善蒙古原属漠西额鲁特蒙古和硕特部，又称阿拉善额鲁特蒙古、阿拉善和硕特蒙古，又因驻牧于黄河河套之西而称西套蒙古，其牧地东邻宁夏、西接甘州，南临凉州，北近瀚海。康熙三十六年（1697 年），和啰理请求清朝按漠南蒙古四十九旗之例编佐领，规定此旗为特别旗，不属于盟管辖，直辖于理藩院。设旗是按照《蒙古律例》来设置的，清朝在设旗之际，对阿拉善蒙古颁布了《蒙古律例》。在编立札萨克旗时，维持了传统的“领主（王公）——属民”的关系。在西部蒙古地区，阿拉善蒙古是唯一与清皇室有通婚关系的部落。阿拉善蒙古未归附时，清朝利用青海和硕特部、噶尔丹、达赖喇嘛政权遏制和啰理，归附后，其被用以牵制噶尔丹。

一、《阿拉善律例》与《蒙古律例》的关系

康熙三十六年（1697 年），阿拉善蒙古地区归附清朝。清朝将

其领主层的绝大部分属民编入“旗—佐领（苏木）制度”，直到清帝退位，和啰理及其子孙一直担任札萨克王爷，独揽大权，总管旗内一切事务。阿拉善和硕特札萨克王爷，虽系依清制而设，但在管理上与之前的“鄂托克组织”有一定的相似性，以王爷的权威实现对阿拉善地区的统治。

《阿拉善律例》包括“清代单行法规一册二十一件，札萨克谕令及批复四十四件，民、刑案件判例九十五件”。[1]“本王于道光元年四月初二日，将所辖一旗审判的各种案件，做（作）为定例，以示永远遵行。为此立档”。[2] 这其中有王爷谕令，有依据蒙古习惯法等所制定的法规，如嘉庆九年（1804 年）所定的，“自古我旗众阿尔得等，根据旧四卫拉特之礼，将新郎之格勒（蒙古包）搭于岳家格勒外边举行两次筵宴之习惯，但鉴于以往曾经多次发生争斗事故，而且旗内众阿尔得举行两次筵宴也不合多数蒙古礼法。为此，本王于嘉庆九年承袭札萨克之后便规定：‘禁止任何人在岳家外边搭盖格勒，多次举行筵宴之事’，今此做（作）为定例，望永远遵行。为此立盖印档子。”[3] 有补充《理藩院则例》的谕令：“今后我旗凡买卖四种牲畜之民人，应查该牲畜有否偷盗嫌疑，在

---

〔1〕 全国人民代表大会民族委员会办公室编:《内蒙古自治区巴彦淖尔盟阿拉善旗清代单行法规及民刑案件判例摘译》(阿拉善旗调查材料之三)，东北少数民族社会历史调查组 1958 年，前言。

〔2〕 全国人民代表大会民族委员会办公室编:《内蒙古自治区巴彦淖尔盟阿拉善旗清代单行法规及民刑案件判例摘译》(阿拉善旗调查材料之三)，东北少数民族社会历史调查组 1958 年，第 1 页。

〔3〕 全国人民代表大会民族委员会办公室编:《内蒙古自治区巴彦淖尔盟阿拉善旗清代单行法规及民刑案件判例摘译》(阿拉善旗调查材料之三)，东北少数民族社会历史调查组 1958 年，第 1 页。

有保证之下买卖。如果买了偷盗之畜，经查出后，又无人做证者，即以偷盗严加处理。为此布告全旗，永为定例，以示遵行。"[1] 王爷谕令大多是关于阿拉善蒙古地区的民事关系的调整。还有阿拉善王爷在审理案件过程中的判例。这些谕令、判例，都是之后出现类似纠纷的裁判依据。

虽在阿拉善地区适用《阿拉善律例》，但仍不排除《理藩院则例》的适用，如清朝划定和啰理部牧地时，制定了一些法规："和啰理等以败窃来至边境，所部罔知法纪，迫于饥困，盗窃牲畜等物，今既陈其苦情，谆谆奏请，著宽免前罪，嗣后钤束属众，勿得妄行滋事。其宁夏地，向无厄鲁特、喀尔喀市易例，所请不允"[2]。这明确了清朝对阿拉善蒙古地区的法律控制。

二、《阿拉善律例》的分析

《阿拉善律例》的重要内容之一，就是阿拉善王爷裁判案件的判例。这些判例基本上是关于民刑案件的判例，多是在参照《理藩院则例》，甚至《大清律例》的基础上，结合阿拉善蒙古的习惯法进行裁判。阿拉善王爷在案件的裁判中如何适用《理藩院则例》《大清律例》以及在刑罚方式的变通适用等，都反映了《理藩院则例》《大清律例》在阿拉善蒙古地区的实效，以及清朝对阿拉善王爷司法权的认可。

---

〔1〕 全国人民代表大会民族委员会办公室编：《内蒙古自治区巴彦淖尔盟阿拉善旗清代单行法规及民刑案件判例摘译》（阿拉善旗调查材料之三），东北少数民族社会历史调查组1958年，第4页。

〔2〕《蒙古回部王公表传（第一辑）》，包文汉、奇·朝克图整理，内蒙古大学出版社1998年版，第544页。

通过对判例的分析可知，阿拉善王爷在裁判的过程中，在适用《蒙古律例》的问题，主要存在以下几种情形：

（一）变通适用《理藩院则例》

案例一：道光十三年（1833年），“箭丁鄂莫胡违谕令上诉”案。

“箭丁鄂莫胡申诉称：‘去年我姐孟和，被弟兄们教唆把我告到印务处，当时印务处并未把我叫来同我姐对口供，即革除了我的顶戴，责打七十鞭。’并称：‘当时，经事的边官卫沙音班迪、格隆苏那木等，在调查时隐瞒了数字。’还说：‘养父讳待卫那木扎，未分给我任何财产’等情。查该管边官及鄂莫胡之弟兄均证明其养父除将其养育成人外并使其成家立业，分给了财产份子。目前判鄂莫胡案时，已和其姐孟和及有关待卫沙音班迪对证，且请示诺颜奉论处理。今违谕令上诉，兹罚鄂莫胡鞭五十，枷号一个月，期满再鞭五十。箭丁宝音套克套教唆鄂莫胡，并替他写状子，着罚鞭五十。侍卫沙音班迪、格隆苏那木、箭丁塔尔古禄等人牲畜，理应再查，但因去年已查之畜，至今再挟仇申报，着予驳斥。经请求判决。”〔1〕

蒙古地区案件先由札萨克审理，“负屈”时向盟长呈控，盟长等不秉公办理时，可赴院呈控。这明确了蒙古地区案件的审理程序、上诉程序。如违例上诉的，台吉官员罚三九牲畜，属下家奴鞭一百。札萨克、盟长办理不公的，都会被议处。而所控不实的，原

〔1〕全国人民代表大会民族委员会办公室编：《内蒙古自治区巴彦淖尔盟阿拉善旗清代单行法规及民刑案件判例摘译》（阿拉善旗调查材料之三），东北少数民族社会历史调查组1958年，第15页。

告之人反坐其罪。[1]

本案中，鄂莫胡违谕令上诉，“鞭五十，枷号一个月，期满再鞭五十”，箭丁宝音套克套教唆鄂莫胡“鞭一百”的变通适用，是对违令上诉之人，参照《理藩院则例》的规定进行了处罚，也对日后阿拉善蒙古地区违令上诉案件的处罚予以明确。将《理藩院则例》中“鞭一百”变通为“鞭五十，枷号一个月，期满再鞭五十”的刑罚，这种变通并没有违背《理藩院则例》制定该项规定的初衷。

案例二：道光七年（1827 年），“打伤妇女伊沁楚”案。

据广宗寺吉隆苏鲁克达鲁古塔德布报告：“‘奴才之养女伊沁楚去厢根达赉井上饮苏鲁克羊群，饮到最后脖儿羊时，章京伊什朝克图所属苏木的达鲁克丹巴，明不是他的井，却逞凶而来，夺取水槽饮自己的牛，把妇女伊沁楚的手打折了等情’，经传来证人沙毕那尔侍卫朋楚格、古木尔齐德、犯事达鲁古丹巴、被打妇女伊沁楚等质审讯，皆与申诉人所说事实相符。审讯丹巴时答称：‘当妇女伊沁楚，拒绝我的牛饮水时，我用棍子打的是事实。’查蒙古律例虽规定：摧打和用鞭杆儿打妇女未致手脚拆断或堕胎时，罚五畜。但罚达鲁古丹巴一百鞭了事。此判。”[2]

国初定：“外藩蒙古斗殴，伤人目折人手足致成残疾者，罚牲畜三九，平复者罚一九。伤孕妇致堕胎及殴损人齿牙者，各罚一

---

〔1〕（清）理藩院修：《理藩院则例》，杨选第、金峰校注，内蒙古文化出版社 1998 年，第 330 页。

〔2〕 全国人民代表大会民族委员会办公室编：《内蒙古自治区巴彦淖尔盟阿拉善旗清代单行法规及民刑案件判例摘译》（阿拉善旗调查材料之三），东北少数民族社会历史调查组 1958 年，第 13 页。

九。断人发辫及帽缨，或以鞭杆殴人者，各罚牲畜五。"[1] 嘉庆年间修订《理藩院则例》时，"因伤堕胎"条规定，[2] 增加了以手足他物伤人，妇女因而堕胎的处罚情节。根据国初定时规定，应"罚五畜"。司法官员在裁判时，结合《理藩院则例》对此类案件的处罚标准，及之前《蒙古律例》的规定，罚达鲁古丹巴一百鞭了事。

在变通适用《理藩院则例》的情形下，常以鞭刑替代罚畜刑。刑罚上变通适用的情形，在《阿拉善律例》中比较常见。如《大清律例》第一条规定，重枷号不能超过三十五斤，而《阿拉善律例》第四十一条主犯被判带六十斤木枷。在特殊的情况下，札萨克王爷也会作出摆脱实行法律的决定，如应鞭五十的犯奸蒙古妇女因怀孕而被免除。

案例三：道光十四年（1834 年），"蒙古伙众强劫民人"案。

"据平罗县汉人黄姓鸣冤申诉称：'小人等三人驮九驴驮粮食，前来衙门城出售，不料于本年五月初八日夜间行至沙尔古都勒路上时出来三个骑马的蒙古人，用石子投掷，劫去粮食四口袋，羊皮马褂一件，空口袋、搭子各一。所投掷石头微伤我们一人，但未出事故。'等情。据此派人捉拿嫌疑人犯。扎兰忠捉来嫌疑犯敖海、巴图、哈尔胡等。经严加刑讯，敖海供称：'我今年四十岁，章京丹津苏木所属，父母早亡，无兄弟，妻珠拉吉嘎，妾绍克苏利，同住

[1] （清）会典馆编：《钦定大清会典事例·理藩院》，赵云田点校，中国藏学出版社 2007 年版，第 457 页。

[2] （清）理藩院修：《理藩院则例》，杨选第、金峰校注，内蒙古文化出版社 1998 年，第 308 页。"凡以手足他物伤人案内，系妇人因而堕胎者，汗王贝勒贝子公罚俸二年，无俸台吉塔布囊罚四九牲畜存公，官员革职，罚四九牲畜存公，平人鞭一百加枷号一个月。仍各罚一九牲畜给堕胎者之家。其因而致死并讯有谋故等情者，均照刑例办理。"

于哈玛尔胡都嘎地方，放牧扎兰忠对所承携的苏鲁克马维持生活。本年五月初八日夜间，我同巴图商量劫粮，巴图同意说：‘我们人少，再找一个人。’这时正遇苏鲁克其哈尔胡，在他同意之下，给他一匹马骑，我们三人就在哈拉陶老盖后路上，同那三个汉人相遇，用石子投掷威吓，夺下了四口袋粮食，一件羊羔皮马褂，空口袋、搭子各一后，来到我家，每人分得三筒八升粮食，我和巴图每人分得两个口袋，哈尔胡分得一个口袋，一个搭子和马褂。然后各回各家了。’其余二犯也供认不讳。兹判决：首犯敖海，带二十五斤木枷四十天，期满责打一百鞭；从犯巴图，带二十斤木枷四十天，期满责打八十鞭；哈拉胡带二十斤木枷四十天，期满责打六十鞭，并追回他们所劫粮物，给付事主黄姓汉人等。”[1]

本案系蒙古人聚众强劫民人，按规定，蒙古人在蒙古地区犯事的，应当适用《蒙古律例》，虽被抢劫的是民人，也应当适用《蒙古律例》进行裁判。本案中，敖海等人，应当依据《理藩院则例》的规定定罪量刑。《理藩院则例》“伙从抢劫分别拟罪”条规定，抢夺未伤人得财者，三人以下的，发云贵两广烟瘴等地。[2] 本案最终裁决，首犯敖海，带二十五斤木枷四十天，期满责打等，处罚不同于《理藩院则例》所规定的刑罚。

---

〔1〕 全国人民代表大会民族委员会办公室编：《内蒙古自治区巴彦淖尔盟阿拉善旗清代单行法规及民刑案件判例摘译》（阿拉善旗调查材料之三），东北少数民族社会历史调查组1958年，第16页。

〔2〕（清）理藩院修：《理藩院则例》，杨选第、金峰校注，内蒙古文化出版社1998年版，第309页。“青海及各蒙古地方，凡有抢夺未经伤人得财，数在三人以下者，首犯发云贵两广烟瘴地方，从犯俱发湖广，福建、江西、浙江、江南。”

(二)《理藩院则例》没有规定的民刑案件的裁判

对于一些纠纷，《理藩院则例》并没有规定，通常由札萨克等按蒙古习惯法来解决，由札萨克王爷酌情而定。

案例四：道光十六年（1836 年），"达兰台私自招收汉人开垦土地"案。

"今春准台吉笔贴式好吉的申请，将伊贺通格以西白沙沱边察干额尔格的一块旱地，招蒙古人耕种一年并发给印文。随后该台吉又报告称：'该察干额尔格之地，已由达木勒章京达兰台招汉人李达隆耕种。'为此将达兰台传来，经审讯答称：'台吉好吉为在察干额尔格之地耕种一年曾给我们手书，小人为了活命一时糊涂，为了从察干额尔格之地每石征收三斗租粮维持生活，就汉人李达隆招来。该汉人将这块地以五石粮估产。打算今年叫他们种一年。现已开始耕种。'查该察干额尔格之地积小块水地经吉台好吉申请准予招收蒙古人耕种一年维持生活。此间达尔勒章京达兰台招收汉人，将此地开垦耕种。按达兰台身为达木勒章京常接不准招收汉人开垦的谕令，却咨意招收汉人开垦荒地耕种，确属非法。为此，将他今年应收之每石三桶（注）租粮，没收归和硕仓，并降级一等。将耕地汉人李达隆在割地收获以后，驱逐出境。经请示谕令：将达兰台降级二等，该地任何人不许耕种。"[1]

达兰台私自招收汉人开垦，将其当年所应收之每石三桶（注）租粮，没收归和硕仓，并降级二等，该地任何人不许耕种。汉人到

〔1〕 全国人民代表大会民族委员会办公室编：《内蒙古自治区巴彦淖尔盟阿拉善旗清代单行法规及民刑案件判例摘译》（阿拉善旗调查材料之三），东北少数民族社会历史调查组 1958 年，第 15 页。

蒙古地方耕种都受到严格的限制，对阿拉善蒙古地区的咨意招收汉人开垦荒地耕种没有特定的处罚条例，仅有“禁止出边开垦地亩”[1] 的规定。阿拉善王爷也深知清朝禁止私自招收汉人开垦的禁令，当本地区出现此类情形时，虽《理藩院则例》没有具体的规定，也应当作出裁判予以惩罚。故本案最后裁判“将他今年应收之每石三桶（注）租粮，没收归和硕仓，并降级一等。将耕地汉人李达隆在割地收获以后，驱逐出境。经请示谕令：将达兰台降级二等，该地任何人不许耕种”，以此作为判例，约束之后的私自招收汉人开垦的行为。

（三）参照《大清律例》予以裁判

第三章对蒙古地区适用《大清律例》的情形进行了分析，蒙古地区常存在适用《大清律例》的情形。阿拉善蒙古当然也不例外，在司法实践中，也有很多情形参照《大清律例》进行裁判，并以此作为判例。

案例五：嘉庆十年（1805 年），“台吉崇视棍诉非婚生子不准承受家产”案。

“台吉崇视棍申诉称：‘嘉庆五年在衙门任职的台吉乌勒吉因要牌犯事，于同年七月十五日连同其五十只羊一并交付与我，自二年至五年居住小人之家，和我小老婆通奸，此事于八年春季被我知悉后，我小老婆逃回娘家，小人也休了小老婆，交付于其兄侍卫嘎拉丹，并将台吉乌勒吉及其少数羊群交给台吉那木萨、宰桑察格君二人，并将此事委托台吉那萨报给协理等，请求不加议处在案。小人

〔1〕（清）理藩院修：《理藩院则例》，杨选第、金峰校注，内蒙古文化出版社 1998 年版，第 131 页。

自十一月至今患消化不良之病，据说我休了的小老婆，也于当年生一男孩，该男绝非我子，后日和我大老婆所生的独子阿由尔扎那之间，难免发生承受家产之争论。因此，对已休之妻所生之子，我绝不给予财产。’等情，报于诺颜，谕令：‘该子不许向崇视棍要求承受家产，并将此事记入办理诉讼档子。’特此记入。”〔1〕

本案中，台吉崇视棍申诉其小老婆与台吉乌勒吉通奸，并休了小老婆，且认为已休的小老婆所生的男孩并非其儿子，申诉如以后发生家产之争，财产绝不给予其小老婆所生的孩子。最后谕令“该子不许承受家产”。本案中，可以看出，阿拉善王爷深受中原伦理法律文化的影响，在案件的裁判过程中，应用伦理的相关原则进行裁判。

《阿拉善律例》的95个刑事案件中，主要存在两种情形：一种是《理藩院则例》不涉及的内容，对此札萨克用蒙古习惯进行裁决，而《理藩院则例》有规定时，依据《理藩院则例》的规定进行裁判。另一种情形是，札萨克在裁判时虽然从形式上看，适用了《理藩院则例》，但在具体刑罚的适用上，进行了一定的变通。如《理藩院则例》规定罚牲畜时，因没有牲畜，会处以责打、交于章京管教等。这里主要体现在刑罚的变通上。也就是说，只要所判的刑罚不是属于必须上报的，札萨克可以变通国家法。康斯坦认为，《阿拉善律例》的一些裁判明显是违法的，但是对阿拉善旗的官员具有法律效力。这些裁判具有法律效力是由于清朝的监督有些漏洞

〔1〕 全国人民代表大会民族委员会办公室编：《内蒙古自治区巴彦淖尔盟阿拉善旗清代单行法规及民刑案件判例摘译》（阿拉善旗调查材料之三），东北少数民族社会历史调查组1958年，第17页。

而没有及时补救，因此法律效力是短期的。[1] 在司法实践中，《阿拉善律例》指导着阿拉善地区之后的司法实践，与《理藩院则例》并没有形成实质的冲突。《阿拉善律例》所规定的内容多系《理藩院则例》没有规定的内容，也就是说其与“清朝法典所关心的问题不尽一致。清朝所制定的对蒙古的刑法政策划了一个国家法典的专属权限。这一领域作为建设帝国对蒙古王公秩序的基础，以镇压偷盗牲畜为中心。蒙古王等的自治权只能涉及朝廷所觉得的次要问题”。[2] 或者说，清朝对阿拉善王爷在国家法律下的司法裁量权是予以认可的。而且从清朝与阿拉善王爷的关系上看，清朝还是授予了阿拉善王爷一定的自由裁量权。

第三节 漠西、青海蒙古地区的习惯法

漠西蒙古及青海蒙古归附时间最晚，当时针对蒙古地区的立法及司法实践都积累了很多经验。蒙古王公享有轻微民事案件、刑事案件的管辖权，制定了一些地方性法规。如之前分析的《喀尔喀法规》《阿拉善律例》。在漠西蒙古归附之前，适用于该地区的法规主要有《卫拉特法典》，该法典是由议事机构“丘尔干”制定的。“丘尔干”以联盟会议的形式，推选汗王、制定法律、解决部落边

---

〔1〕 康斯坦：“从蒙古法看清代法律多元性”，载《清史研究》2008 年第 4 期。
〔2〕 康斯坦：“从蒙古法看清代法律多元性”，载《清史研究》2008 年第 4 期。

界的划分。卫拉特地区的法令主要有：旧《察津必齐克》[1]、新《察津必齐克》[2]、《卫拉特法典》，噶尔丹的两项补充《敕令》[3]。之后，漠西蒙古四卫拉特之一的和硕特部，于1685年在青海卫拉特蒙古联盟大会上，由青海和硕特部首领额尔敦达赖洪台吉联合众多大小诺颜、高僧喇嘛们共同商议制定了《青海卫拉特联盟法典》。内容大都是蒙古社会约定俗成的习惯法，法源大体上相沿蒙古社会的《卫拉特法典》、《阿勒坦汗法典》、《喀尔喀法典》等古代蒙古族成文法典。清朝征服准噶尔部后，中央政权加强对西北地区的统治，《卫拉特法典》的效力受到了影响。

一、《卫拉特法典》对漠西、青海蒙古地区的影响

《卫拉特法典》制定以后，成为调整卫拉特人的重要法律规范。虽然关于其是否颁行并公告，由于资料的限制不能确定，但并不影响其对卫拉特人的效力。蒙古国学者林钦提到，将蒙古族的法典秘藏起来是一个古老的传统："鄂尔多斯的成吉思汗庙里，在有他的宝贵的遗物的箱子里藏着一份无名的手抄本，关于它的内容，这些宝贵遗物的看守者达尔罕们自身一无所知——古代的传统就有这么强！"[4] 学者们认为这份手抄本是成吉思汗的《大扎撒》，这一本

---

〔1〕 旧《察津必齐克》大约编纂于15—16世纪上半叶，全文已失传，在帕拉斯《蒙古民族历史资料集》中有8条记载。

〔2〕 新《察津必齐克》是于1640年卫拉特蒙古王公商议制定的，最初用回鹘式蒙文写的。李佩娟翻译的汉文版载于《新疆大学学报》1983年第2期。

〔3〕 噶尔丹在位时发布了两项法令补充《卫拉特法典》，第一项《敕令》颁布于1677—1678年，第二项《敕令》是准噶尔丹部统一天山南路以后，为处理维吾尔族地区所面临的问题而发布的。

〔4〕 ［蒙古］林钦："喀尔喀法典序"，载内蒙古大学蒙古史研究室编：《蒙古史研究参考资料》新编第24辑，内蒙古大学蒙古史研究所1982年版，第1页。

法规或许被神圣化。像神书一样被蒙古人所崇敬，并未被广泛公告于蒙古社会。这种传统同样影响了卫拉特、喀尔喀的统治者。《卫拉特法典》的原本及复制本也凤毛麟角。[1]

漠北喀尔喀蒙古归附清朝后，由于《蒙古律例》及《喀尔喀法规》在漠北喀尔喀蒙古地区的施行，《卫拉特法典》在喀尔喀管辖的漠北地区失效，其效力缩限于准噶尔、青海、土尔扈特地区。对青海地区和硕特属民的法律效力在雍正三年（1725 年）时因和硕特汗权的衰亡而自然失效。乾隆三十六年（1771 年），渥巴锡率土尔扈特部东归，伏尔加河流域尚存的卫拉特人（卡尔梅克人）一直在适用《卫拉特法典》，直到道光二十九年（1849 年）。在天山北部的准噶尔地区，随着准噶尔汗国在乾隆二十三年（1758 年）的灭亡，《卫拉特法典》对准噶尔汗国国民的法律约束力自然在当年解除。[2]

鉴于蒙古地区对法典本身的神圣化，也说明其对蒙古王公管理蒙古地区的重要性。平准战事之前，《卫拉特法典》应当是漠西蒙古地区重要的、具有效力的法典。乾隆二十四年（1759 年），平准战事结束后，清朝于回疆调拨一部分维吾尔屯田伊犁，从热河、张家口等地调拨察哈尔、达翰尔、锡伯、厄鲁特四营驻守伊犁，土尔扈特东归后主要于伊犁分别异地安置。漠西蒙古地区不再以卫拉特人为主，而包括察哈尔人、达翰尔人、锡伯人、卫拉特人等。原本

---

〔1〕 黄华均："草原法的文化阐释——《蒙古—卫拉特法典》卫拉特法研究"，中央民族大学 2006 年博士学位论文。

〔2〕［苏联］兹拉特金：《准噶尔汗国史》，伊·亚·马曼丽译，商务印书馆 1980 年版，序言部分。

体现卫拉特人习惯的《卫拉特法典》，当然也难以继续成为调整漠西蒙古地区的重要习惯法。另清朝平定准噶尔各部后，“如喀尔喀、内札萨克一体办理，自不以内地法度相绳”。[1]《蒙古律例》成为规范漠北蒙古地区蒙古人的重要法规。

二、察哈尔等移民在漠西蒙古地区的法律适用

因漠西蒙古地区很多人系迁移过来的察哈尔官兵，出于稳定的需要，当察哈尔官兵犯罪扰乱当地秩序时，在适用《蒙古律例》的基础上，予以严惩。乾隆五十四年（1789 年），伊犁将军保宁上奏，将抢劫马匹之察哈尔兵审明拟罪，予以严惩。

案例一：乾隆五十四年（1789 年），“察哈尔兵抢劫马匹”案。[2]

据抚民同知庄兆奎禀报，据屯田民人陈文宣、刘晓等呈报，于六月初九日落前，两名蒙古人前来，将伊等牧放之二十七匹马赶走，刘晓追上前去，被一名蒙古人鞭打落马，遂将马匹赶走。奴才正行文各处严加查拿之际，察哈尔营领队大臣那颜来告，本营固木布佐领领下披甲布林、明阿图、博罗齐、闲散古木布等进城值完班返回游牧，见其带马甚多，极为可疑，遂诘问布林等，伊等支吾答称：“途中看见一群无主马匹，即赶来。故将人马一并拿送前来。奴才即派办事章京等，令民人陈文宣辨认送来之马匹，即系伊等丢失之马”。

经审讯，据布林等供称，布林等值完哨班返回，行至克河，见

〔1〕（清）官修：《清高宗实录》卷 490，乾隆二十年六月庚戌条。

〔2〕中国第一历史档案馆等编：《清代西迁新疆察哈尔蒙古满文档案译编》，全国图书馆文献缩微复制中心出版社 1994 年版，第 252～253 页。

有一群马，因无人看护，遂由布林起意，与明阿图、博罗齐、古木布商议，欲偷盗马匹，明阿图等附和。博罗齐、古木布藏入树林内，布林、明阿图前去赶马时，一名汉人追来，明阿图将其鞭打落马，四人一同赶马来。因急速起跳，途中倒毙六匹马。又经刑讯有无其他同伙，明阿图等坚供不移。

后查得，布林、明阿图、博罗齐、古木布均系察哈尔兵丁，抢劫民人牧放的马匹，并鞭打追赶之人。因伊犁地处边陲，各营兵丁众多，不可不严明法纪。如果令按《蒙古律例》的规定发配治罪，不足以儆戒众人。负责案件审理的官员，拟将起意之布林、鞭打追赶者之明阿图立绞；博罗齐、古木布虽躲在附近来行抢劫，然盗马之后，一同赶来，亦属目无法纪，拟将博罗齐、古木布从重永远枷枵，于各营巡回示众，以儆效尤。此外，将现有二十一匹马交还失主，其倒毙之马六匹，由罪犯家中催取，亦交给失主。经请旨，同意按此规定执行。

原本应当适用《蒙古律例》，因伊犁地区的特殊情形，为达到惩戒的目的，清朝同意对危害伊犁地区社会治安的行为予以严惩。

案例二：乾隆五十九年（1794 年），“察哈尔营披甲鄂拜德勒格尔库杀人害命”案。[1]

在乌里雅苏图地方一名车夫被木棍打死，旁边有一辆无牲畜之车。将此，由该地村长等人察报后，即行派人辨认；系商人王宏志，进山砍柴运来。等因前来。查得，乌里雅苏图地方与察哈尔营特穆尔牧场相距甚近。“故奴才一面严饬管理特穆尔牧场总管丹律、

〔1〕 中国第一历史档案馆等编：《清代西迁新疆察哈尔蒙古满文档案译编》，全国图书馆文献缩微复制中心出版社 1994 年版，第 269～270 页。

骁骑校云楚术留意稽查，一面特派人员于各处访查缉拿。今奴才所派之人拿获察哈尔营特穆尔牧场当差披甲鄂拜、德勒格尔库，并押解前来。奴才饬交审讯后，旋据禀称，鄂拜、德勒格尔库皆为察哈尔营披甲，于特穆尔牧场当差，素不安分守己。鄂拜欲盗马匹，遂与德勒格尔库相商后，于天黑时，骑马到几处牧场查看，均有放牧之人，未能偷成。行至乌里雅苏图地方，遇见一名赶车行走之人。于是，二人相商抢劫，即行追去。鄂拜用木棍打倒车夫，德勒格尔库抢劫驾车之马，而后返回。鄂拜恐被人认出抢劫之马，杀死均分。所有各情，供认不讳"。

鄂拜、德勒格尔库均系特穆尔牧场当差拉甲。经司法官员复审后，认为鄂拜、德勒格尔库竟敢抢劫马匹，打人致死，甚无法纪，情殊可恶。将此二人审明正法，并悬首示众于察哈尔人等行走之大路。另，管理特穆尔牧场之剧总管丹津、骁骑校云楚木，平常不能严加管束所属兵丁，将其严惩办理，以儆效尤。最后请旨将前因盗马犯脱逃案而降二级调用之副总管丹津、骁骑校云楚木，一并革职，从重治罪，以示惩戒。

察哈尔营披甲鄂拜德勒格尔库杀人命案中，伊犁将军保宁将抢劫马匹、打人致死之人，予以严惩，枭首示众，乾隆帝认可此裁判。以上关于察哈尔官兵的处罚较严，系出于稳定漠西蒙古地区局势的需要。察哈尔官兵迁入后，伊犁将军也请旨清朝颁发《蒙古律例》，伊犁地区仍以适用《蒙古律例》为主。同时，因原有卫拉特人口的大量减少，卫拉特蒙古人的习惯法已很难在伊犁地区发挥作用。

三、适用漠西蒙古的习俗进行量刑

嘉庆十七年（1812年）十一月二十四日，喀喇沙尔办事大臣哈隆阿“奏为审明土尔扈特佐领策伯克被楚鲁木殴伤身死一案按律定拟事”。该案中，楚鲁木用柳柴殴伤佐领策伯克致命左太阳穴等处，次日殒命，应请将该犯楚鲁木照依军民吏卒殴非本管官死者，查律载，殴非本官品以上官至死者皆以凡斗论。又律载，凡斗殴杀人者不问手足他物金刃，并绞候，各等语。“但因土尔扈特向来定亲之后男女两家因俱贫穷无力娶嫁，彼此商明有权抢亲之习，今天罗藏拉什、克波罗格、楚尔策巴、克罗藏根、敦沁必尔、那木启等六人以及叶万佐领下格楚尔、喇嘛索特那木阿勒巴图拉克巴等二人，率自听从佐领策伯克纠约夤夜前往，代为抢亲，殊属不合，均应请照不应重律杖八十各折责三十板交该盟长来回管束”。[1]

在适用《大清律例》进行裁判的过程中，结合土尔扈特的习俗予以定罪量刑。罗藏拉什、克波罗格、楚尔策巴、克罗藏根、敦沁必尔、那木启等六人以及叶万佐领下格楚尔、喇嘛索特那木阿勒巴图拉克巴等二人，代为抢亲，不应重律杖八十，各折责三十板交该盟长来回管束，并未适用《大清律例》斗殴条的相关规定予以裁判。

本章小结

本章主要分析了蒙古各部，一些地方性法规及习惯法的适用。

〔1〕 中国第一历史档案馆：《宫中朱批奏折》，档案号：04-01-26-0027-077，“奏为审明土尔扈特佐领策伯克被楚鲁木殴伤身死一案按律定拟事”。

通过比较可以看出：

第一，《喀尔喀法规》与《蒙古律例》相抵触的情形并不多，且存在吸收《蒙古律例》内容的情形。随着清朝对漠北蒙古地区统治的加强，《喀尔喀法规》适用的范围越来越小。而关于《喀尔喀法规》在漠北蒙古地区的适用，还有一方面的原因，就是漠北蒙古地区与中原地区距离较远，归附初期交往也较少，很少有涉及蒙汉之间的案件，大多是喀尔喀内部的纠纷，以及涉及喇嘛的纠纷。所以，清朝默许了《喀尔喀法规》的适用，也是因为其并不会破坏国家司法的统一。而到后期，漠北蒙古地区蒙汉交往也日益增多，出于国家司法统一的考虑，《喀尔喀法规》的适用空间日益缩小。

第二，《阿拉善律例》作为判例集，是阿拉善王爷在司法实践中，综合参照《蒙古律例》《大清律例》以及本地区习惯法的基础上，进行裁判，并作为阿拉善地区之后裁判的依据。[1]

第三，随着迁入漠西蒙古地区的人越来越多，原先的习惯秩序

---

〔1〕 Charles R. Bawden，"A Case of Murder in the Eighteenth century Mongolia"，Bulletin of the school of School of Orientaland African Studies 32，3（1969），pp. 71 ~ 90. Charles R. Bawden，"The investigation of a Case of Attempted Murderin Eighteenth – Century Mongolia"，Bulletin of the school of Orientaland African Studies 32，3（1969），pp. 571 ~ 592. 转引自：[法] 康斯坦（Frederic Constant）："从蒙古法看清代法律多元性"，载《清史研究》2008年第4期。据多罗西娅·霍尹舍尔特（Dorothea Heuschert）对案件的介绍，乾隆四十六年（1781年），在喀尔喀蒙古地区，台吉与僧侣因土地使用权发生冲突。台吉向札萨克控告，说僧侣侵占了其土地。在审理的过程中发现，有人发誓僧侣没有侵害台吉的土地，僧侣被豁免，并给予此人一匹马。该台吉说根据乌里雅苏台地区的习惯，有人帮被告者发誓时交给使臣的乌拉应该有被理藩院反驳了下级所判的结果而命令驻蒙古大臣重新审理案件。蒙古大臣在审理时，发现七年前札萨克在审理盗贼案件时违反了清朝的法律，认为枷号一年与管教使用是违法的措施。但包登（Charles R. Bawden）认为，札萨克只是对《理藩院则例》刑罚的变通适用，和阿拉善地区一样。其实，在蒙古不同地区，对于审理人员是否有权变通适用《理藩院则例》的规定是不同的。

被打破，在漠西蒙古地区需要建立起新的秩序。而此时，清朝针对蒙古地区的立法已相对完善。《蒙古律例》成为漠西蒙古地区的重要裁判依据。同时，出于加强管理新迁入漠西蒙古地区的察哈尔等其他人，在裁判影响当地稳定时，适用刑罚往往会重于《蒙古律例》《大清律例》的规定。

第六章　清代中央与蒙古地区法制关系协调的经验、价值与影响

清代的民族立法是中国历史上民族立法的顶峰，其民族政策和民族法集中国历代王朝之大成。《大清律》制定之初，沿用了《大明律》关于“化外人”的规定，尊重固有的法律习俗和传统观念。在拉拢的基础上，给予蒙古王公各种优待，使其有“归心”。这一规定，使得蒙古王公贵族拥有较大的自治权，且能“各依本俗”。“因地制宜”“因俗而治”的统治政策，注重对蒙古族固有习惯法的吸收，尊重蒙古族的宗教信仰，基于此制定符合蒙古族风俗习惯的法律。在统治策略上，优待蒙古王公贵族并赋予他们更大的权力，在审理民事案件或轻微刑事案件方面拥有一定的自由裁量的权力。这种统治策略，对实现蒙古地区稳定具有积极的作用。

就清代对蒙古地区的立法而言，吸取了历代民族立法的经验，较为正确地处理了国家法与民族法这种“一体”与“多元”的关系，将贯穿于中国古代历史始终的民族矛盾予以妥善处理。民族法作为国家法律的组成部分，本身带有一定的政治属性，在民族法与国家法的发展过程中，民族法与国家法互相影响，当一个国家走向

强大时，会形成一体化的趋势。而民族地区与中原地区之间又紧密相关，清朝出于建立中央集权的需要，民族法会在一体化趋势下得到新的发展。国家法与民族法之间的必定形成“一体”与“多元”的关系，整个清王朝的法制秩序呈现出“多元”的色彩。基于此，清朝在民族立法这一问题上，突破了原有的“华夷之辨”，从少数民族的视角，重新看待了中国“一体”与“多元”问题，没有一味将中原的法律文化强加于蒙古族。或者说，清朝对同化蒙古文化并不感兴趣，他们也不希望蒙古族汉化，只要能够实施对蒙古地区的有效统治便可。因此，清朝在立法上吸收了蒙古族原有的习惯法。这种新的“华夷观”，一定程度上促进了民族问题和民族矛盾的解决，有利于稳定秩序的建立。换个角度讲，蒙古地区较其他少数民族地区而言，建立过强力的政权，其民族意识更强，清朝实现对蒙古地区的有效统治，只能因势利导，承认蒙古地区原有的法律制度或司法习惯，并将之纳入清朝整体的法律秩序中。这也是历代王朝统治者促进国家统一与稳定，强化中央集权时的重要统治策略。〔1〕而且不仅是涉及民族问题时，需要重视民族地区的习惯法，即使是其他基层社会，国家在立法时也需要关注基层社会的生活状态。

此外，就是关于司法机构的设置及其司法职权的变迁问题，清

---

〔1〕 张晋藩：“从传统到现代的转型中重视民间法研究”，载田成有：《乡土社会中的民间法》，法律出版社1997年版，第250页。历代王朝在运用划一的法律促进国家统一与稳定，及强化中央集权的同时，也不得不允许民间法的存在，设置在法律上予以确认。杨一凡、刘笃才在编写《中国古代地方法律文献》时也写到，地方立法作为国家法律体系的有机组成部分，发挥着补充和辅助国家法律实施的功能。各级地方政府和长官实施法律的状况，在相当程度上反映了当时国家法制建设的水平。杨一凡、刘笃才编：《中国古代地方法律文献》，世界图书出版社2009年版，前言第1页。

入主中原后，对归附的蒙古王公实施拉拢的策略，给予各种优待。随着中央集权的加强，尤其是当“康乾盛世”展现在统治者面前时，他们希望加强中央集权，蒙古地区的自治权就开始缩小。蒙古王公的司法管辖权也开始受到一定的影响。清朝开始在蒙古地区设置一些驻防大臣等，监督蒙古地区的司法、军事。清初给予蒙古王公较大的自治权，为实现蒙古地区的稳定奠定了重要的基础。到清中后期，当清政府有了足够的实力时，他们开始希望加强对蒙古地区的统治，体现在司法方面，就是开始监督甚至参与到蒙古地区案件的审理中。虽然清政府一直掌控重要案件的管辖权，但到中后期，介入的范围有所扩大。

清朝在民族问题上的政策，为今天制定民族政策，提供了很多值得参考的经验，在前述章节分析的基础上，下文将综合分析清代蒙古地区法律适用的经验。

第一节　法制关系协调的经验与不足

按照费孝通先生的中华民族多元一体的格局。“多元”是指各个民族，这些民族的来源是多元的，各地区发展不平衡，在文化、习俗、语言、宗教等方面也呈现多元的特点。而“一体”是指整个中华民族，是不管来源如何，经济、文化、语言、宗教等方面有何差异，都认同为一个民族。[1]“多元”与“一体”，总的来说，就

〔1〕 费孝通主编：《中华民族多元一体格局》，中央民族大学出版社 2014 年版，第 304 页。

是各个民族虽然在文化、习俗、语言及宗教等方面，存在“多元”的特点，但作为各个民族却又形成中华民族，属于同一个国家。在中国这个“一体”之下，各个民族相互平等、相互尊重、和谐共处，共同统一于中华民族这个大家庭里。“所谓多元，就是要照顾到民族的多样性；而所谓统一，就是要坚持国家的完整性、政治的一体化。具体到法律方面，多元，就是要注意民族特色和地方习惯，而统一，则是要贯彻王朝法制的精神，使中央和地方成为一个整体。”[1] 法律在国家多元化治理方面的作用明显，多民族国家的治理亦是一个重大的现实问题，它关系到国家的稳定与发展。在多民族国家治理理论方面的研究，我国历史上积累的经验与教训，都是值得我们认真思考的。

一、立法的多元化

《大清律例》继承了《大明律》，是中国传统法发展中的最后一个阶段，体现的是儒家主张的“德治”“礼治”“仁政”等原则。体现蒙古传统法内容的《蒙古律例》《喀尔喀法规》《阿拉善律例》在蒙古地区的适用，都体现了清代蒙古地区立法的多元化。

（一）新“华夷观”下的民族立法

中原地区一直受中国传统文化的影响，儒家的“华夷观”也影响着各朝的民族政策。在分析清代蒙古地区法律时，就需要从儒家民族观的角度来理解，“以儒家为代表的民族观，既具有民族优越感，贱视夷蛮戎狄的一面，又具有兼容并包，促进民族亲近与亲善

[1] 宋玲：“试论中国传统民族法制的‘多元’与‘统一’——以清代为中心”，载《政法论坛》2015年第6期。

的一面，而以文化区分华夷的首位，促进了民族间的认同。这些特点可以深谙中国传统的‘华夷观’的基本特点，孔孟以后至清前期中央集权体制模式下，建立的以血缘为纽带的宗族社会，形成了以伦理性为特点的法律文化。各朝都注重汉民族聚居的中原地区的经营与管理，对边疆地区仅以羁縻的方式，维持相对松散的联系。在家国同构、传统社会国家行政控制能力有限等因素之下，对于一些民事案件由同宗族家长或者乡绅进行裁决”，[1]国家司法权力一般不干预。自秦汉以来，掌控全国政权的有华夏族群，也有夷狄族群，但无论是谁掌握中国的政权，都试图融合其他族群，发展本民族或本族群，并提出与自身统治相适应的华夷观。[2] 清代打破“华夷之防”，视天下为一体，积极治理边疆，增进边疆与中原的政治、经济等各种联系，加强蒙古民族对清朝的认同。清朝尽力以中原正统王朝自居，作为少数民族的家长，为强调自身统治的正当性，极力反对“华夷之辨”。[3]

清代在治理蒙古地区时，意识到蒙古族作为游牧民族，有着完全不同于汉族的文化背景、风俗习惯。加之蒙古族，尤其是漠南蒙古在清朝征服中原地区中所起到的作用，清朝对于蒙古地区的政事

---

〔1〕 国内外许多学者，对此类民事案件的审理及乡绅、家长如何进行裁判都有过分析。

〔2〕 陈志刚：“秦汉至明清时期北部中国华夷观念演变的几个特点”，载《学习与探索》2016年第7期。

〔3〕 雍正帝在《大义觉迷录》中，对华夷关系予以驳斥。“自古中国一统之世，幅员不能广远，其中有不向化，则斥之为夷狄。如三代以有苗、荆楚、猃狁，即今湖南、湖北、山西之地也，在今日而目为夷狄可乎？至于汉、唐、宋全盛之时，北狄、西戎世为边患，从未能臣服而有其他，是以此疆彼界之分。自我朝入主中土，君临天下。并蒙古极边诸部落俱归版图，是中国之疆土开拓广远，乃中国臣民之大幸，何得尚有华夷中外之分论哉！”

多委之于蒙古王公贵族。[1] 为实现政治的一体化，清朝在立法上强调中央的立法权，限制地方的立法权，且对于重大案件的裁判权也归于中央甚至皇帝。

打破“夷夏之防”的另一方面，就是清朝采取的“柔远”之策，尤其是在蒙古地区刑事政策中。如在蒙古地区，“若因微细罪名咨送内地刺字，徒劳往返，有失柔远之道，是以应鞭责人犯均免其刺字”。[2] 拉拢政策的实施，减轻了蒙古族对清朝的抵抗，有利于中央立法在蒙古地区的有效实施。其实，早在清入关之前，就对蒙古王公以怀柔、羁縻为主，利用蒙古王公实现对蒙古各部的治理。入关后，清朝在实施羁縻的同时，加强了对蒙古地区的管理。如给予优待的同时，仍采取设置盟旗的制度，来分割各盟的势力。清初开始对外藩蒙古的王、贝勒等给与赏例，并制定赐恤外藩蒙古王公例。[3] 随着漠北、漠西蒙古的不断归附，清朝也不断调整法律，吸收一些新的习惯，增补新例，删改旧例。

到漠西蒙古归附清朝后，没有受到中原法文化影响的蒙古法的适用范围越来越小。《理藩院则例》修订之前，《蒙古律例》吸收中国传统法律文化的内容有限，使得适用或参照《大清律例》的情

[1] 如在漠南、漠北、漠西各部蒙古中，札萨克、盟长等蒙古地区重要官员由蒙古王公贵族担任。

[2] （清）祝庆祺等编：《刑案汇览（三编）》（二），北京古籍出版社 2004 年版，第 622 页。

[3] 《理藩院则例》中有一些关于优恤蒙古王公的规定。“内外札萨克年班及因公来京之汗、王、贝勒、贝子、公、台吉等在京病故，咨行户、工二部，无论已未管旗汗亲郡王，办给起金线红油漆棺木一具，幂棺红缎八庹，白布八庹；贝勒贝子公，办给起线红油漆棺木一具，幂棺红缎六庹，白布六庹；台吉塔布囊，办给红油漆棺木一具，幂棺红缎四庹，白布四庹。”（清）理藩院修：《理藩院则例》，杨选第、金峰校注，内蒙古文化出版社 1998 年版，第 256 页。

形较多。《理藩院则例》则较多吸收了《大清律例》的内容，其适用性较之前的《蒙古律例》要强。乾隆四十七年（1782 年），《大清律例》有所改变，《大清律例》已被看作《蒙古律例》的标准。《蒙古律例》虽然吸收了蒙古族固有的习惯法，但也在不断地吸收《大清律例》的内容，两者的融合在《理藩院则例》中得到充分的体现：重要的刑事案件，《大清律例》作为《理藩院则例》的补充；民事案件或轻微的刑事案件，蒙古族的习惯法也起到有效的调节作用。[1] 两者共同作用于蒙古地区，促进了蒙古地区的稳定发展。

（二）“因俗而治”的民族立法

中国自古就有“因俗而治”“因地制宜”的传统，早在汉朝时期，就采取了优待各民族上层的政策，对民族地区各种不同的文化、经济背景采取和亲等政策，增加各民族之间的交流，而不是占强势地位的民族直接破坏其他少数民族的文化。从历史上来看，在汉族得到大发展时，边疆各民族也共同得到了发展。大多数统治者认识到与其他少数民族互相封闭、互相排斥，不仅会造成民族纠纷，还会影响本民族的发展。在对待边疆民族的问题上，多数统治者采取“恩威并施”的政策。清朝本身又是少数民族统治的朝代，对民族政策有更深的认识，乾隆帝就提到：“中国抚驭远人，全在恩威并用”，“历观往代，中国筹边所以酿衅，未有不由边吏凌傲姑

〔1〕 李剑：“民族法律文化视角下当代中国的‘法律多元’”，载张冠梓主编：《文化多元与法律多元》，知识产权出版社 2012 年版，第 66 页。当国家法与习惯法无法沟通的时候，或者两者处于“无沟通的冲突和断裂状态下的二元并存，习惯法在这种情况下往往越过国家法而发挥着实际效力”。

息，绥驭失宜者，此实绥靖边隅、抚取外人之要务"[1]。"因俗而治""因地制宜"的政策下的民族立法主要体现在以下几个方面：

1. 尊重蒙古族的风俗习惯

生活于草原的蒙古族，在长期的游牧生活中形成了与草原息息相关的风俗习惯，这些风俗习惯根深蒂固。比如蒙古人在春天和夏天，都不会在光天化日之下坐于水中，也不会在河中洗手，不用金银器汲水。他们也遵循自然法则，春季也不围猎，等到秋风初起，塞草尽枯，弓劲马强时，才会狩猎。[2] 一些主要规范人们行为的风俗习惯被保留下来，成为带有强制性的法律规范，这些保留下来的蒙古地区的一些风俗习惯，成为法律"已然秉有自身确定的特性，其为一定民族所特有，如同其语言、行为方式和基本社会组织体制"。[3] 而没有被吸收到法律中的习惯也在日常生活中调节着蒙古族的行为。[4] 蒙古王公贵族也以此为依据裁决一些轻微的刑事案件和大量的民事案件。

清代涉及蒙古族的立法，对蒙古族习惯法的吸收主要体现在以下几个方面：

第一，刑罚。中国传统法律文化讲"礼治""教化""仁政"等，不同于草原牧猎文化的蒙古传统法制。比如在刑法的适用上，蒙古刑法中很少涉及死刑，宁愿用赔偿代替。罚畜刑是蒙古族的重

---

〔1〕（清）官修：《清高宗实录》卷1116，乾隆四十五年十月壬子条。

〔2〕［波斯］拉施特主编：《史集》（第一集·第二分册），余大钧、周建奇译，商务印书馆1983年版，第85～86页。

〔3〕［德］弗里德里希·卡尔·冯·萨维尼：《论立法与法学的当代使命》，许章润译，中国法制出版社2001年版，序言第7页。

〔4〕［英］马林诺夫斯基：《原始社会的犯罪与习俗》，原江译，法律出版社2007年版，第109页。

要刑罚方式之一，中原的法律中并没有关于罚畜的内容。牲畜是蒙古民族赖以生存的最重要的财富，对于蒙古人来说，罚畜是一种严厉的惩罚，所以罚畜刑是蒙古地区罚畜的重要方式。通过罚畜刑，剥夺了犯罪之人的生存条件，也通过罚畜，弥补了受害之人一定的财产损失，这样的惩罚效果能够对犯罪分子起到惩罚、预警的作用。经常有犯罪之人因被罚畜，其经济地位急剧下降，跌入了社会的最底层。还有就是笞杖刑。笞杖是五刑之一，在蒙古地区以鞭刑代之，通常适用于较轻的犯罪，一般用于“平人”，台吉只是罚畜。[1] 如监禁也与内地刑罚不同，《理藩院则例》中的监禁不同于徒刑，没有期限的规定。在《喀尔喀法规》中，蒙古法制史上首次出现了“挖地为牢”的处罚形式。蒙古地区的刑罚方式有了变通，适用原来蒙古地区旧法典中有关人身刑处罚的基础上又制定了有“转庙”“运水”“熬茶”“拾牛粪”“跪拜”“持斧立誓”等劳役方式。此外，还有“烧埋银”制度，延续到明清，也应该视为“蒙元的馈遗”。[2] 还有关于《理藩院则例》“罚九定额”的规定，“罚罪九数：马二匹、犍牛二只、乳牛二只、三岁牛一只”[3]。根据《新疆要略》记载，“厄鲁特旧俗纪闻”：“盗马者罚九牛或九羊给事主，无牲畜则以盗者之妻给事主以偿之。无妻则鞭其腰。其刑罚若此。”[4]

---

〔1〕 叶子奇：《草木子》，卷三下，“杂制”。如蒙古地区的鞭刑尾数为七，源自蒙古人的“长生天”信仰，因为天已经有饶罪之德，所以地和人都要效仿，正所谓“天饶他一下，地饶他一下，我饶他一下”。

〔2〕 李典蓉：“蒙元的馈遗：试论‘烧埋银’对中华法典的影响”，载朱勇主编：《中华法系》（第1卷），法律出版社2010年版，第81～107页。

〔3〕《钦定理藩部则例》，张荣铮等点校，天津古籍出版社1998年版，第351页。

〔4〕（清）祁韵士：《新疆要略》，文海出版社1965年版，第112页。

在刑罚变迁方面，还是就关于发遣的适用。《大清律例》中发遣刑主要适用于谋反、谋逆、抢劫、违犯教令等重罪。而关于蒙古人犯罪发遣的问题，《蒙古律例》规定发遣适用于杀人、抢劫和盗窃三种。最早的发遣罪名是康熙十三年（1674 年）所定："故杀他旗之人，及谋杀、仇杀者，除偿人外，王罚马百匹，……给死者亲属。庶人为首拟断，为从拟绞；为从不加功者，本身并妻子家产牲畜解送邻近盟长，给效力台吉为奴。"[1] 到康熙二十六年（1687 年），蒙古人犯罪可以枷责免遣。[2] 该条制定时就枷责免遣进行了具体的规定，但并没有明确枷责免遣的范围，没有明确哪些犯罪可以枷责免遣。鉴于适用发遣的犯罪大多为重罪，可以推断适用于所有被发遣的情况。

第二，关于程序方面的规定。蒙古民族有"入誓"之习惯，即顶佛经发誓。《理藩院则例》中专列"入誓"一卷，如果犯罪之人无力缴纳赔偿，或者案情可疑的，可以"入誓"完结。犯斩、绞、发遣等应罚牲畜的，《理藩院则例》规定，临时未能破案的，经一定的审理，查明案情确凿，但犯罪之人无赃证踪迹且不承认所犯之罪的，可令其入誓。"事涉双疑似者令其入誓"，如其肯"入誓"的，仍令其管佐领等加具保结，令本犯入誓完结。反之，即照访

---

〔1〕（清）官修：光绪朝《清会典事例三》卷 996，《理藩院 · 刑法》34。

〔2〕（清）官修：光绪朝《清会典事例三》卷 994，《理藩院 · 刑法》32。"凡蒙古人犯罪，照刑部拟以笞、杖者，各照数鞭责，拟以军、流、徒者，免其发遣，分别枷号。徒一年者，枷号二十日，每等递加五日。总徒、准徒亦递加五日。流二千里者，枷号五十日，每等亦递加五日。附近充军者，枷号七十日。近边者，七十五日。边远沿海外者，八十日。极边烟瘴者，九十日。"

出、告发案情科罪。[1] 还包括“失去牲畜访有踪迹入誓”条、“罪罚牲畜无力完交入誓”条、“王等免其本身入誓”条、“出首之人毋庸入誓”条、“入誓后别以发觉加等台罪”条。[2] 入誓的司法制度适合于游牧社会的实际情况，札萨克等很难为了一般普遍案件去广阔的草原查证。入誓刑往往还要配合鞭责刑，如果说假话，会在应得的罪名之上加等处罚。

通过制定适用于蒙古地区的法律，将一部分蒙古民族的习惯法纳入到国家法律体系中，也使得司法官员在管理蒙古案件时有了一定的依据。在制定《蒙古律例》时，派官员到蒙古地区了解当地风俗习惯，蒙古地区的一些习惯的内容被予以保留。“一个民族的社会——法律秩序可能会被强力正式消灭，但是，即使在这样的征服之后，社会——法律秩序也可能以非正式的、暗藏的或者习惯的状态继续存活。”[3] 到嘉庆、道光年间，蒙古地区固有的家畜罚刑罚体系，正接近中国传统社会的实刑体系。各蒙古部落归附清朝后，通过国家立法的形式，蒙古法中注入了诸多中原法律因素。这代表着农耕民族的中原法律文化与代表游牧民族的牧猎法律文化相互交融，尤其是在清朝统治时期，两者的相互影响比任何朝代都深。对之后蒙古地区的法律、风俗习惯都产生了很大的影响。在民事案件中，多由蒙古地区的习惯作为裁判的依据，如在察哈尔白音察干地

---

〔1〕（清）理藩院修：《理藩院则例》，杨选第、金峰校注，内蒙古文化出版社1998年版，第346页。

〔2〕（清）理藩院修：《理藩院则例》，杨选第、金峰校注，内蒙古文化出版社1998年版，第346页。

〔3〕李剑：“民族法律文化视角下当代中国的‘法律多元’”，载张冠梓主编：《文化多元与法律多元》，知识产权出版社2012年版，第69页。

方，“蒙民结婚，只以哈达、首饰与饮酒为结婚之礼式，皆由父母主婚”。[1]

2. 正视宗教的作用

藏传佛教主要传播于中国藏族、蒙古族等地区，13 世纪后期，由元朝统治者扶植，上层喇嘛开始掌握政权，并将藏传佛教传入蒙古族等地区。其中格鲁派是藏传佛教之中最有影响、最具规模的一个教派。因该教派喇嘛戴黄帽，故俗称“黄教”。蒙古族开始信仰萨满教，成吉思汗时代，形成了以“长生天”观念为核心的思想体系。在这一思想体系中，人的命运由一种超自然的力量主宰，蒙古族对自然也有一种敬畏之情。在蒙古族早期的法典《大札撒》中，许多禁忌性规范都带有“长生天”主宰命运的思维特征。到元朝时，统治者完善了“天命思想”，将萨满教的神统观念系统化、体系化。

到明朝时，新疆地区的蒙古族（明朝时称为瓦剌，清朝时称为卫拉特），由于地理上的原理，卫拉特蒙古受到藏传佛教的影响。而藏传佛教的教义，在对社会生活的解释，在某种程度上具有一定的合理性。卫拉特蒙古王公、喀尔喀蒙古王公在各种环境的影响

〔1〕 前南京国民政府司法行政部编：《民事习惯调查报告录》，中国政法大学出版社 2000 年版，第 851 ~ 853 页。绥远蒙汉习惯：“绥区蒙古汉杂居，风俗互相渐染。先蒙人无子，以女婿入赘者极多，所生之子即为岳家承绥区土地系蒙古原产，迨后汉人渐多，由蒙人手中租佃垦种之地，历年既久，遂以取得永佃权。转典、转卖随意处分，蒙人不得干预。惟无论移转何人，均须按年向蒙人纳租若干，为蒙人特有之权利。嗣；嗣汉人年老无子者，亦多有为女招婿，承继宗祧、财产者”。热河全境习惯：“口外汉满蒙回杂居处，汉满蒙现已通婚，礼节均照汉族，无甚差异，互相联姻，日见其多”。开鲁县习惯：“开鲁县汉蒙杂处，蒙民皆以畜牧为业，凡汉人经商该地，每以货物高价赊出，随后取偿，蒙人即以牛羊骡马等物作价偿还。是蒙人性质只图赊欠，不计货物之所值，汉商获利最厚，蒙人亦以为习惯也”。

下，选择藏传佛教作为其精神信仰。之前的“长生天”思想受到改变，人们开始关注个人前世的业力。[1] 卫拉特与喀尔喀蒙古王公在制定《卫拉特法典》时，以法律的形式规定了藏传佛教为全蒙古所有汗国的正式国教，自此，藏传佛教对蒙古社会的政治、经济和文化产生了深远的影响。

清代在宗教问题上，尊重蒙古民族的宗教信仰，也利用黄教实现对蒙古地区的统治。如有关喇嘛的《喇嘛例》及有关喇嘛活动的《户口差役》。清代重视对喇嘛事务的管理，从皇太极谕旨对归附的漠南蒙古立法开始，直到《理藩院则例》的制定，清代对蒙古地区的立法日趋全面。宗教对于清代有效管理蒙古地区起到非常重要的作用。“宗教本身可能就是宗教的来源，但是宗教所提供的解决方式往往又能顺利帮助人们解决纠纷。”[2] 当喇嘛教威胁到清朝的统治时，影响蒙古地区的社会的安定时，清朝就开始运用政权的力量，对喇嘛教予以严厉打击。对喇嘛的违法犯罪行为，予以制裁。清代征服准噶尔的过程中，喇嘛曾附从阿睦尔纳，康熙五十九年（1720 年）清军入藏，将被准噶尔授为总管的五名为首喇嘛“即行斩首”。清代关于蒙古地区的宗教立法主要体现在以下几个方面：

第一，关于喇嘛的管理制度。确立蒙古地区喇嘛敕封、喇嘛僧官、喇嘛朝贡等一系列管理制度。通过立法的形式，对出家做喇嘛、喇嘛犯罪等予以明确的规定，并以法律的形式确认宗教领袖的

---

〔1〕 藏传佛教宣扬人生的荣辱贵贱并不是由长生天所主宰的，而是由个人前世的业力所决定的。

〔2〕 王启梁：“多民族社会中的宗教法律多元与秩序——基于法律民族志的比较研究”，载张冠梓主编：《文化多元与法律多元》，知识产权出版社 2012 年版，第 235 页。

政治地位。在喇嘛准入制度上，为防止私自脱俗，规定“凡蒙古地方骁骑壮丁、不准私为乌巴什。违者，照私为格隆、班第例办理”。[1] 根据喇嘛地位的高低，给予国师、禅师等封号及特权，对于这些喇嘛，清朝赐予印册。建立喇嘛札萨克制度，各喇嘛依其等级地位，享受不同的特权和待遇。札萨克喇嘛在喇嘛旗内，可以行使对僧俗人等的政教法定支配权。

第二，关于喇嘛权力的规定。设立拥有宗教权力的喇嘛旗，在喀尔喀蒙古地区专设沙比衙门，管理喇嘛教事务等。“喇嘛之辖众者，令治其事如札萨克”。实行“兴黄教，所以安众蒙古”的宗教政策，大力扶植喇嘛教以安抚蒙古民族。限制喇嘛教领袖的权力。平定准噶尔后，乾隆帝认为：“修其教不易其俗，齐其政不易其宜，而惑众乱法者，仍以王法治之。”[2] 建立“金瓶掣签”制度，防止蒙藏贵族夺取宗教权力，以及大喇嘛与世俗势力结合。为加强对喀尔喀蒙古的限制，操纵呼弼勒罕的选定。

第三，关于喇嘛犯罪的规定。对于喇嘛中之败类，法律也予以严惩，如“凡喇嘛容留盗贼者，与犯人一律科罪，其犯人罪名至死者，该喇嘛减一等办理”，“凡喇嘛等因事拘审，先行革退，喇嘛罪犯应抄财物者，将所抄财物送院收存，作为赏给各寺庙喇嘛等项之用”。[3] 对喇嘛的衣食住行具体规定了很多刑事规范，规范喇嘛的行为，惩治其违法行为。“一切僧道，原不可过于优崇。若一时优

---

〔1〕（清）理藩院修：《理藩院则例》，杨选第、金峰校注，内蒙古文化出版社1998年版，第414页。乌巴什系蒙语，指年老有妻室的喇嘛。

〔2〕汤卿：《卫藏通产》，清光绪朝刊本，卷上，《高宗纯皇帝御制喇嘛说》。

〔3〕（清）理藩院修：《理藩院则例》，杨选第、金峰校注，内蒙古文化出版社1998年版，第415~416页。

崇，日后渐加纵肆，或别致妄为”。对喇嘛中“其实系聚众党恶者，即行诛戮；如系威逼相从，量从宽免”。[1]

二、司法的多元化

清朝在蒙古地区，根据不同的情况，分别实施内札萨克、外札萨克等不同的管理模式。清代蒙古地区的行政制度为盟旗制度，盟为监察机构，并非行政机构。明清之际，蒙古部落首领为汗，满族贵族入关后，为拉拢蒙古王公贵族，同时也看重蒙古王公在实现国家稳定方面的作用，由蒙古王公贵族继续管辖。清代在蒙古地区进行行政区域划分，推行盟旗制度，由蒙古王公贵族担任札萨克，旗便是基层司法审判机关，行使中央司法管辖权，深入到蒙古民族聚居的地区。蒙古地区的盟旗制度，加强了蒙古王公对清朝的依赖。盟作为监察机构，不能直接干预各旗内部事务，是旗札萨克与清朝的中间人。遇有旗不能解决的案件时盟长会同审理。各盟设盟长一人，副盟长一人，盟长人选由理藩院在盟内各旗札萨克中选，再奏请皇帝任命。各旗设札萨克一人，札萨克负责处理旗内事务。札萨克下设协理台吉、管旗章京、副章京、笔贴式等，协助札萨克处理本旗事务。

在行政管理方面，在不同的蒙古地区又有差别，有的蒙古地区设置都统、有的地区设置将军、有的地方设置大臣等，在考虑不同蒙古地区各部的实际情况，也将不同蒙古地区各地纳入国家行政管理体系，实施有效的管理。第二章专门论述过漠南、漠北、漠西蒙古都统、将军、总管、大臣等的司法管辖权，从雍正朝开始，清朝

〔1〕（清）官修:《清高宗实录》卷500，乾隆二十年十一月丁丑条。

出于管理边疆往往也是军事上的需要，再行设立的官员。这些官员设立之初，大多也不具有参与司法审判的权力。清朝出于中央集权的需要，各地都统、将军、总管、大臣等驻防官员越来越多地参与到蒙古地区案件的审理中去，他们代表了清朝的意志。一般的案件，先由札萨克、盟长审理，不能判决时，分别汇集于察哈尔都统、热河都统、乌里雅苏台将军等复核，再具奏理藩院审判。如绥远城将军最初只管理军务，后职权不断扩大，原属于土默特部的传统权力，到清后期由绥远城将军享有。绥远城将军参与到土默特地区的命盗案的审理中，剥夺了一部分土默特传统的政治权利。漠北的库伦办事大臣的设置也是如此，蒙古王公的权力受到了由满族大员担任的库伦大臣的限制。

驻防大臣不同于各旗札萨克、盟长，他们很多人由满族人担任，可以更好地贯彻清朝制定的法令，辅助中央各项政策在蒙古地区的推行，使中央立法在蒙古地区发挥更大作用。如漠北的库伦办事大臣由满族人担任，即使是由蒙古人担任的驻防大臣，也由清朝选任，保证了其对中央政策、法律的执行。在旗厅并存、蒙汉分治的情况之下，代表中央的理藩院越来越多地参与到司法实践中。而且通过扩大将军、大臣等人的司法管辖权，实现对蒙古地区司法的控制。

三、协调法制关系中存在的问题

清朝面对的是更加复杂的民族关系，尤其是面对曾入主中原且是中国北部强大的游牧民族蒙古族时，清朝必须制定能够拉拢蒙古族的民族政策。清在入关之前，就采取“联蒙抗明”的政策；入关后，通过实施拉拢优待的羁縻政策，实现对蒙古地区的统治。从清朝对蒙政策制定、实施的过程中，也充分体现了清朝在管理民族事务、处理民族问题方面的能力。[1] 由于“历史上和现实的社会生活中并不存在制定和实施完美民族政策的主观和客观条件。从主观方面来说，统治者受到阶级、民族局限性的限制、受到对民族问题认识水平的限制、受到统治才能的限制等。在客观方面，统治者受到社会发展程序的限制、民族问题存在和表现形态的限制等……并不存在完美无缺的民族政策”[2]，清朝在制定《蒙古律例》、确定蒙古地区法律适用原则的过程中，也受到其对蒙政策的影响。

（一）体现“众建以分其力”的法律制度

清代一项重要的民族政策就是“分而治之”的政策，“少其地而众建之，既以彰赏罚之典，又使力少不能为乱，庶可宁辑边陲”。[3] 通过行政区域的划分，减少少数民族聚集的机会。把蒙古族前后分为186个旗，减少蒙古族重新崛起的机会。在对待蒙古族的问题上，一方面，限制蒙古族各部之间的交往；另一方面，限制蒙古族与其他民族之间的交往。

《蒙古律例》中规定了严厉的户籍制度、土地调查制度，严格限制蒙古各部落、蒙古族与其他民族的交往。同时，对经商、文化等都有严格的限制。《理藩院则例》中有关于“比丁”“地亩”“边禁”等内容，明确规定内扎萨、喀尔喀等蒙古各部的编审丁册等，

〔1〕 徐杰舜、韦日科主编：《中国民族政策史鉴》，广西人民出版社1992年版，第493页。“清代的民族政策集中国封建社会民族政策之大成。……在中国民族政策史上占有重要的地位，不仅在于其是中国封建社会民族政策的一个总结，更在于其促进中国统一多民族国家的巩固和发展。”

〔2〕 余梓东：《清代民族政策研究》，辽宁民族出版社2003年版，第341页。

〔3〕（清）官修：《清高宗实录》卷295，乾隆十二年七年甲寅条。

如“编审丁册详开具题”条规定：“内外札萨克蒙古编审丁册，照户部例详开具题。”[1]“禁止出边开垦地亩”条规定：“口内居住旗民人等，不准出边在蒙古地方开垦地亩，违者照私开牧场例治罪。”[2]

在蒙古地区，清朝采用“众建以分其力”的盟旗制度，并设立办事大臣、参赞大臣、都统等机构监督蒙古地区的管理。清朝实施的盟旗制度，把蒙古王公贵族都纳入盟旗之中，其原有的部落组织徒有虚名。盟旗制度是根据清朝对蒙古族“归附以增其威”“众建以分其力”的“分而治之”的政策，在原有各部的基础上逐步建立起来的。[3] 各札萨克必须在自己的旗地内游牧、生活，不能任意越界游牧。这分散了蒙古王公的势力。旗与旗之间不相统属，甚至禁止相互交往，盟旗之间无统属之权，军政大事一律由清朝裁决。清代的盟旗制度，虽然促进了统一多民族国家的巩固和壮大，但也限制了蒙古族的发展，使强大的蒙古各部成为若干互不统属的单位，并直接受清朝的控制。清朝对反抗过其统治的蒙古部落，加强管理，设立总管旗，限制蒙古王公的权力。在喀尔喀蒙古，因三大汗在喀尔喀蒙古地区的强大势力，清朝在其归附之初给予其较大的权力，甚至默认其制定《喀尔喀法规》。而随着清朝在该地区统治权的加强，三大汗的权力逐渐缩小，受到限制。

清代在蒙古地区实施的分而治之的政策，让蒙古族分散地固定

---

〔1〕（清）理藩院修：《理藩院则例》，杨选第、金峰校注，内蒙古文化出版社1998年版，第126页。

〔2〕（清）理藩院修：《理藩院则例》，杨选第、金峰校注，内蒙古文化出版社1998年版，第131页。

〔3〕田继周等：《中国历代民族政策研究》，青海人民出版社1993年版，第323页。

在一定的地域或范围之内，减少与各部之间的矛盾。这有利于民族团结。虽然清代蒙古族与汉族以及其他民族的交往增多，但清朝仍有意限制蒙古族与外界的接触。各部只能在划定的范围内游牧，不能与汉人、藏人及回人杂居，即使与其他民族接触也受到严格的限制。这也是清代“分而治之”的民族政策，不光限制蒙古族与其他民族交往，也限制回族、藏族等少数民族与其他民族交往。“分而治之”的民族政策虽然维护了清朝的统治秩序，促进了民族团结，但不利于各民族的共同发展。

（二）法律适用上的不平等

民族不平等是清朝民族政策的基本特征之一。各民族的“多元一体”化趋势所体现的不可抗拒性总是伴随着民族之间的交往和冲突出现的。[1] 满族的法律地位最高，作为统治者的满族，其制定的民族政策，以维护本民族统治为出发点，通过对蒙古王公的拉拢，维护其在蒙古地区的统治。清代优待蒙古王公的政策，加剧了蒙古地区的阶级分化，阻碍了蒙古民族的发展。

如蒙古王公、台吉在其领地内，可以向属民征收赋税。而《理藩院则例》“征取属下赋役”条规定：“凡蒙古王公台吉等，每年向伊属下征收：有五牛以上之人，取羊一只。有二十只羊者，取羊一只等。”[2] 虽然《理藩院则例》明确规定：“如多征至一倍者，该王公台吉等罚俸一个月；一倍至三倍者，罚俸两个月；余次递加，

---

〔1〕 来仪：“略论清政府民族观及民族政策对促进各民族‘多元一体化’的影响”，载《青海社会科学》2004 第 4 期。

〔2〕（清）理藩院修：《理藩院则例》，杨选第、金峰校注，内蒙古文化出版社 1998 年版，第 151 页。

罪止罚俸一年。”[1] 蒙古王公贵族往往在清朝规定的数额之上增加摊派，使得蒙古王公、僧侣贵族拥有大量的财富，普通牧民则穷困潦倒。而不懂农业、手工业的蒙古族，只能将其土地租给汉人，以获取生活资料。极度的贫困也导致了犯罪的增加，虽然对偷窃牲畜的犯罪行为予以严厉制裁，但迫于无奈的牧民不得不铤而走险。

清朝民族政策的制定，把稳定放在首要位置，民族地区的发展并不是其考虑的主要内容。在《蒙古律例》中，可以看到很多限制蒙古地区商业贸易的规定，如蒙古人不得随意进京，由山海关、喜峰口等出入贸易的人，必须携带部票，出关时由章京验对原数，购买货物者，须上报理藩院等。[2] 贸易上的限制，以及对蒙古王公的优待，都加剧了蒙古地区普遍牧民生活的负担，限制了清代蒙古地区的经济发展。

第二节　中央与蒙古法制关系协调的价值和影响

清代统治的疆域达到了中国历史的顶峰，疆域内民族众多，不

---

〔1〕（清）理藩院修：《理藩院则例》，杨选第、金峰校注，内蒙古文化出版社1998年版，第151页。

〔2〕（清）理藩院修：《理藩院则例》，杨选第、金峰校注，内蒙古文化出版社1998年版，第297页。关于限制蒙古人贸易的规定很多，如“王公等赴归化城采买马驼”条：“凡各札萨克王贝勒贝子公、格格、额附等，有赴归化城采买马驼者，报院具奏请旨。”“贸易报明该旗”条：“凡蒙古人等贸易，禀明札萨克王公等并管旗章京、副章京，拟一章京为首领，令十人以上合伙而行，若伙中无首领之人，或被傍人拿获，或滋生事故各坐应行之罪，其管旗王公、台吉、章京、副章京、参佐领，俱照‘疏于约束例’治罪。”

可避免地产生了很多民族问题。虽然清朝本身是少数民族，但其统治中国期间仍以中国传统法律文化为主，中央与少数民族的法律冲突体现的是中国传统法律文化与各少数民族自有法律文化的冲突。[1] 清朝认识到边疆治理的重要性，在法律方面，主要体现在立法、司法、宗教等多个方面因地制宜，积极协调各方面的因素，化解矛盾与冲突。有关蒙古地区的立法，在不同的法律文化背景下，是多元法文化交融碰撞的产物，是蒙古族文化与中国传统文化交流的结果。在司法实践中，则是中央司法管辖权与蒙古王公司法管辖权的博弈，在清朝与蒙古王公的互相接触与让步中，构建了适应蒙古地区的法律系统。

蒙古民族的法律文化与牧猎文化相关，对涉及偷窃牲畜的法律都较为严厉。如孟德斯鸠所言，生活在广阔大草原上的蒙古族，赖以为生的是牲畜[2]。中国传统法律文化是农耕文明下产生的重伦理的法律文化。两者在立法上的碰撞的结果就是互相吸收，在司法上碰撞的结果就是互相划定领域。在研究蒙古地区的法律适用时，要结合国家法律、蒙古地方习惯的内容，以及两者在司法实践中的共同作用。其中包括研究蒙古民族的习惯，习惯不仅包括已被吸收到成文法中的习惯，还体现在蒙古族的日常生活中。可见，蒙古族

---

〔1〕 柏桦、冯志伟："清代涉藏民刑案件研究与展望"，载《西南大学学报（社会科学版）》2013 年第 2 期。清朝在各少数民族地区都注视国家法律、固有习惯法的适用问题。如"发生在西藏地区腹地的案件，一般的民事纠纷和刑事案件，清王朝原则上不予审理，只有事涉重大，理藩院和驻藏大臣才参与审理"。

〔2〕 ［法］孟德斯鸠：《论法的精神》，许明龙译，商务印书馆 2014 年版，第 335 页。游牧民族离不开他们赖以为生的牲畜，也离不开照料饮食生活的妻子。这以都不能顾此失彼，尤其因为他们通常在广阔的大草原，缺乏有利于防卫的地理条件，妻子儿女以及牲畜极易成为敌人的劫掠对象。

的固有习惯在其归附清朝后，外部的发展环境已发生了变化，是在建立大一统法律制度的外部环境中发展，不可避免地会受到新环境的影响。蒙汉之间政治、经济和文化关系的不断发展，使国家的统一不断获得巩固，清朝也成为我国多民族统一国家发展的鼎盛时期。清朝在中央与蒙古地区关系法律协调上，促进了民族的团结，以及中央与地方的共同发展，也积累了一定经验。

一、法制关系协调的价值

中国中原传统法律文化与少数民族法律文化通过融合与吸收，共同缔造了丰富多彩的中国传统法律文化。清朝通过中央与蒙古地区的法律协调，逐步实现了蒙古地区的权力集中，而蒙古族作为中国重要的少数民族，以及其与藏传佛教之间的关系，也促进了中国多元统一格局的形成。在推行《蒙古律例》的过程中，也并没有出现强烈的抵抗，《大清律例》的适用，也是随着蒙汉交往的加深，及中央对蒙古地区统治的加强而逐步形成的，最开始更多的是以“判例”的形式确立《大清律例》的适用，之后以立法的形式明确《大清律例》的适用，确定了《蒙古律例》没有规定时，适用《大清律例》的原则。

（一）权力集中的实现

清朝在治理少数民族地区方面，有很多经验，如对苗疆的治理，在开辟贵州苗疆之初，多有地方官员随意践踏苗人习俗之事发生，以致引发大的动荡，乾隆朝采取“因俗而治”的策略，确立了苗民内部案件适用其原习惯法处理的司法管辖原则。[1] 在新疆地区的治理中，清朝也是重视当地习惯法的适用，在“因俗而治”策略下实现对新疆地区的法律控制。[2] 在回疆地区基层社会的伊斯兰教法，对回疆基层社会的民事行为的调整体现的是以阿訇等宗教人士为代表的宗教力量，会形成对宗教权威人士的认同，而非对儒家文化与清朝的认同。因漠南、漠北、漠西蒙古归附时间不同，社会背景不同，清朝针对不同的蒙古地区有不同统治策略。立法上尊重蒙古地区原有的习惯法，司法上看重蒙古王公贵族的作用。而这一切都是为了更好地实施对蒙古地区的管辖权，能够控制蒙古地区，清朝也非常有远见地设立了理藩院这一民族机构，实现清王朝的中央集权。清朝在适度放权的基础上，实现了适度加强中央集权。[3]

清朝希望在蒙古地区实现法律控制，实现中央集权。各部归附时，清朝就开始“颁法令、禁奸盗”。其中漠南蒙古归附较顺利，

---

〔1〕 潘志成：“清代贵州苗疆的法律控制与地域秩序”，西南政法大学 2010 年博士学位论文。

〔2〕 白京兰：“一体与多元：清代新疆法律研究（1759—1911 年）”，中国政法大学 2011 年博士学位论文。

〔3〕 从“国初定，边内人在边外犯罪，依刑部律；边外犯罪，依蒙古律，八旗游牧蒙古牧场人等有犯，均依蒙古律治罪”。到康熙四十五年（1706 年）的“科布多地方命究，庸解送刑部，即由该参赞大臣审理定案后，将该犯解往乌里雅苏台将军处，由该将军复核，入于秋审奏”。到嘉庆二十二年（1817 年）的“凡办理蒙古案件，如蒙古例所未定者，准照刑例办理”，“蒙古地方抢劫，如俱系蒙古人，专用蒙古律，俱系民人，专用刑律，如蒙古与民人伙同抢劫，核其罪名，蒙古律重于刑律者，蒙古与民人俱照蒙古例问拟，刑律重于蒙古例者，蒙古与民人俱照刑律问拟”。从这一变迁过程，可以看到清朝政府对蒙古地区的法律控制越来越强，蒙古地区与因与中原地区交流的深入，中原法律文化对蒙古地区的影响也在增强。到清末，蒙古地区尤其是漠南蒙古地区，已丧失了分裂的可能性，很难以同属蒙古族这样的民族观，实现自治。

因当时清朝自身并没有完善的法律体系，也无暇对漠南蒙古各部制定法律，待清朝平定中原后，开始有精力对漠南蒙古制定各项法律制度，并实现了对漠南蒙古的法律控制。漠北蒙古归附后，其与中原地区的交往很少，各部的蒙古王公势力也更大，清朝并没有在其一归附，就实现完全的法律控制，《喀尔喀法规》仍在漠北蒙古地区发挥一定的作用，之后清朝一方面考虑漠北蒙古的特殊情况，允许适用一些原有习惯法，另一方面，也开始加强《大清律例》《蒙古律例》在漠北蒙古的推行，实现对漠北蒙古的法律控制并建立统治秩序，加强了漠北蒙古地区的统治。漠西蒙古的归附时间较长，也经历了很多斗争，清朝在征服卫拉特蒙古后，也在一定程度上承认原有习惯法的效力，但也强力推行《大清律例》和《理藩院则例》在漠西蒙古地区的实行，实现对漠西蒙古的统治。

清朝很注重在民族地区推行《大清律例》，在分析蒙古地区相关案件时，可以很明显地看到，《大清律例》在蒙古地区的适用呈扩大的趋势，对于涉及伦理的案件，虽无法查阅所有蒙古地区相关案件，也可以推测绝大部分涉及伦理的案件，到清后期，适用《大清律例》进行裁判。《蒙古律例》规定的内容较少，很多情形无法适用《蒙古律例》进行调整，除民事案件及轻微刑事外，清朝希望能够控制蒙古地区的司法实践，故规定适用《大清律例》。当中央立法在蒙古地区发挥重要作用时，清朝对蒙古地区也实现了强有力的统治。

（二）多元统一格局的实现

“中华民族多元一体格局”的理论是由费孝通先生提出的，学术界也有大量关于中国历史上关于民族关系、中华民族形成等问题的讨论。在“多元一体”理论下，是民族与国家之间的关系，是个体与整体的关系。具体到政策与法律上，是中央与地方的共同发展，也就是中华民族的不断发展。清朝对多民族“大一统”建设是前所未有的，包括统一台湾、平定三藩、改土归流、平定噶尔丹、平定回疆等，促进了中国“多元一体”格局的发展。在法律方面，是习惯法与国家法之间的关系；在司法方面，是法律适用的问题。

在蒙汉关系上清朝不希望汉族与蒙古族交往太深，清初，在对待蒙古人与内地民人交流的问题上，实行的是隔离政策，禁止蒙汉之间的交往。在法律适用上，体现为“属人主义”。到清中期，蒙古与中原地区的联系增多，蒙汉之间的交往也日益频繁，矛盾冲突也就增加。此时的法律适用，体现了一定的灵活性，如蒙古人等在内地犯事，照依刑律，民人在蒙古处犯罪依蒙古律定拟。到嘉庆年间，清朝对蒙古地区的统治进一步加强，在中央集权的体制之下，中央的司法管辖权就更大，如嘉庆年间增订的条例规定，在抢劫案中，如果《蒙古律例》的量刑轻于《大清律例》的量刑，就适用《大清律例》的规定。“这条规定从原则上把所有蒙古人犯抢劫杀人罪，不分首从一律按刑部例定拟，并且由刑部议决，这是中央集权恶性膨胀在司法领域的表现”。[1] 清朝的法律适用原则，很好地融合了国家法与蒙古地区的习惯法，也协调了中央司法管辖权与蒙古地区王公的司法管辖权。

直到 1920 年蒙古地区制定《蒙古律令》时，除增加了议会制

---

〔1〕 马青莲：“清代理藩院司法功能研究”，载毛公宁、吴大华主编：《民族法学评论》（第七卷），民族出版社 2011 年版，第 351 页。

等内容外，其他内容与《理藩院则例》的差别不大。蒙古人对《理藩院则例》的接受程序很高，而这并不是因为中央的强力推行，而是因为《理藩院则例》本身符合蒙古地区的实际情况。它不是征服者加之于蒙古人身上的法律，而蒙古人也意识到蒙古例乃是自己的法律并非异族之法律，此一点间接地证明了蒙古例的实效性。〔1〕一个社会的结构对应一定的行为规范体系，当某一社会的社会形态发生变更时，法律就发生了变更。当蒙古地区的经济结构开始发生变化，蒙古民族的价值观念也会发生变化，进而就导致了法律制度的变迁。任何国家的司法都来源于传统、取决于社会，与政治制度、经济基础、历史背景、文化传统密切相关。两者互相影响、共同发展。从法学的角度而言，在研究边疆问题时，更多的是关注司法与立法方面，这种关注，结合“大一统”的相关理论，可以对边疆法律适用有更深入的认识。

二、法制关系协调的影响

清朝对蒙古民族执行的民族政策，或者说对边疆地区各民族执行的不同的民族政策，煊赫一时，“地跨欧亚二洲的大元帝国亦瞠乎其后”。〔2〕由于受民族、宗教等因素的影响，清代蒙古地区的法律文化呈现国家法与习惯法等多元并存的样态，在司法权力的运作过程中也是复杂的多元并存，札萨克、派出大臣、理藩院等分别参与不同的案件、不同的诉讼程序。通过司法官员的设置和掌握重要民、刑案件的管辖权等，清朝实现了对蒙古地区法律治理的控制，

〔1〕［日］岛田正郎:《清朝蒙古例的研究》，创文社 1982 年版，第 3 页。
〔2〕《王钟翰学术论著自选集》，中央民族大学出版社 1999 年版，第 225 页。

强化了国家对边疆地区统治，“以此实现因俗而治与统一治理在法律领域内的平衡和政权的稳固”。[1] “地方立法在中国古代出现较早，并经历了漫长的发展过程。《睡虎地秦墓竹简》中的《语书》，是南郡太守腾给县道啬夫的告谕文书，就属于地方法令性质。这说明由地方长官发布政令的做法，至迟在战国时期就已存在。”[2] 而清朝立法与司法上的体系化，不仅实现了王朝统治的稳定，也缓和了民族关系并促进了蒙古民族的发展。

（一）加深了蒙古族与中原地区的交往

蒙汉之间在经济、政治、文化等方面都有交流，如对蒙古旗地的开发、旅蒙商人的出现等，都是蒙汉交往的体现。蒙古地区商业的发展，改变了蒙古民族的生产方式、生活方式，甚至思维方式。在商业发展的过程中，蒙汉之间不仅是贸易上的关系，不可避免地会有文化上的交融，促成了整个社会的变迁。蒙古地区商业的发展，尤其是漠南蒙古地区，为维护清朝的统治提供了物质条件，使得康熙帝以“蒙古为长城”的策略得到更好的发展。如“土默特左旗设阜新县，除县城内设有商铺外，其它烧户当铺、大小商贾二三十家，均系汉民。翁牛特右旗，乌兰哈达为臣镇，有烧锅、当铺、银钱号、杂货铺”。[3] 还有康熙朝平定噶尔丹叛乱时，为解决军备开支，允许随军服务的内地贸易商队与蒙古牧民进行贸易，促

---

〔1〕 白京兰：“清代对边疆多民族地区的司法管辖与多元法律的一体化构建：以新疆为例”，载《贵州民族研究》2012 年第 4 期。

〔2〕 杨一凡、刘笃才编：《中国古代地方法律文献》（第一册，甲编），世界图书出版公司 2009 年版，前言第 3 页。

〔3〕 赵云田：“清代统治蒙古经济政策管探”，载《中央民族学院学报》1984 年第 4 期。

进了蒙汉之间的贸易发展。在旅蒙商发展的过程中，逐渐形成了商贾云集的商业城镇，如归化城、多伦诺尔、小库伦、海拉尔等，很多汉人开始定居在蒙古地区。

不断加深的蒙汉交往是清朝建立统一多民族国家的必然结果，面对这一结果，清朝不断修订《蒙古律例》，也调整蒙古地区法律的适用原则。而新的法律规范，因其很好地解决了蒙古地区蒙汉之间的矛盾，也客观地促进了民族关系的融洽，化解了民族矛盾。来到蒙古的汉人，受到了应有的法律保护，长期居住在蒙地的蒙古人，也同样受到法律的保护，蒙汉之间并没有因民族的不同，产生大的冲突，这就加深了蒙汉之间的交往，也促进了蒙古与中原地区的交流。

（二）促进蒙古地区社会、经济的发展

从现代法理学关于法律与社会的关系来看，法律作为保护社会行为的规范，当新的生产关系出现时，作为上层建筑的法律，需要有能力解决不断出现的新的经济问题，对经济问题作出回应，好的法律制度，能够通过对权利的有效配置和可靠保护，形成关于合作行为的良好预期，从而促成经济活动中的合作。文化在很大程度上决定了人们对于生活的知识、态度和想象，可以成为一种制度来制约人的行为。文化对人的行为的影响，可能会超过法律。由于文化的这种影响力，文化与法律可能会表现出冲突，文化形成的行为模式与法律所要求的行为模式，可能并不一致。文化会对法律形成批判，进而促进法律的改造。

生活于草原的蒙古族，自古就有轻商重牧的理念，但随着汉族移民的大量涌入，蒙古族聚居区开始出现城镇，蒙汉交往中，融合蒙汉手工艺，促进了蒙古族传统技艺的革新。蒙古地区城镇的出现，使一部分蒙古族牧民从祖辈传统、粗放的牧业生产中分化出来，改牧经商或从事手工业，从游牧转为定居。蒙古地区出现新的生产关系，逐步提高了生产力水平。商业的发展，加深了畜牧业的生产和蒙古族对商品交换的需要和依赖性。通过商品的流通，蒙古地区的畜牧业与内地市场紧密地联系在一起，蒙古地区的经济与中原地区的经济沟通联系更加密切。

当蒙古地区的社会关系发生变化时，法律也做出了新的调整。新的法律制度对社会关系起到保护的作用，两者相互作用。在蒙古地区法制关系得到良好协调时，蒙古地区的经济、社会都得到了进一步的发展。“当人们希望改变习俗和风尚时，就不应该求助于法律，否则可能太专横。不如借助另一种习俗和风俗法改变原有的习俗和风尚，这样可能较好。”[1] 当蒙古地区的社会关系发生变化时，应当“理清从现实生活到这些事件的观念状况的关系，再折射到传统的道德和法律中”。[2]

（三）影响民国及新中国的民族政策

民国时期，面对内忧外困的环境，无论是南京临时政府还是北京政府，都制定了一系列政策、法律，用于拉拢蒙古王公，缓和蒙古地区各种矛盾。如外蒙古哲布尊丹巴依靠沙俄，宣告“独立”，意图建立“大蒙古国”。同时向内蒙古各盟旗散发八款《优待条

---

〔1〕［法］孟德斯鸠：《论法的精神》，许明龙译，商务印书馆 2014 年版，第 363 页。

〔2〕［英］马林诺夫斯基：《原始社会的犯罪与习俗》，原江译，法律出版社 2007 年版，第 57 页。

件》，诱惑各旗归附。内蒙古东部则受到日本的影响，掀起了“内蒙古独立”逆流。南京临时政府成立后，发布了《关于大清皇帝辞位后的优待条件》《关于满蒙回藏各族待遇之条件》等，对蒙古王公的待遇等问题进行了规定。到北京政府时期，一方面沿用南京临时政府时期的对蒙古政策；另一方面，颁行了新的政令，明确沿用清代的蒙古封建王公制度。考虑到当时复杂的情形，民国政府从争取民族统一的角度出发，保留了蒙古封建王公制度，同时，希望蒙古王公喇嘛与各省联合，维护中国版图。

1912 年 1 月 1 日，中华民国临时政府成立，孙中山发表了各族人民团结统一、共建民国的方略，确定了临时政府的民族政策，即废除清朝民族歧视和民族压迫，全国各族人民一律平等。袁世凯上台后，重申蒙、藏、回疆为中国领土的一部分，并给哲布尊丹呼图克图发布谕令，希望他们“安心内向”。并在北京设立蒙藏事务局，隶属于内务部，以加强对蒙藏地区的管理。1912 年 8 月 10 日颁布的《中华民国国会组织法》和《参议院/众议院议员选举法》，规定蒙古代表的名额，规定蒙古民众参加选举和被选举的议员直接参政。1912 年 8 月 19 日，制定了《蒙古待遇条例》，包括劝谕外蒙古当局取消独立、嗣后各蒙古无不以藩属待遇、应与内地一律等内容，明确了孙中山倡导的“五族共和”。此条例深得内蒙古各界的支持，同年 10 月及次年 1 月，内蒙古东四盟、西二盟在长春、归绥召开王公会议，声明支持共和，反对外蒙古“独立”。

南京国民政府成立后，就蒙藏的地位问题以立法形式加以明确，《中华民国训政时期约法》重申蒙古是中国领土的立场。《中华民国宪法》规定蒙藏地区实施自治制度，不改为行省制。同时，南京国民政府制定并修改了一系列关于蒙藏事务的法律法规。根据《蒙藏委员会法规汇编》，其中涉及蒙古的法律、法规有三十多项，如《蒙古盟旗组织法原则》《蒙古会议代表组织法》等。1929 年 8 月，在蒙古地区旧法的援用与新法的制定上，《司法院指令司法行政部〈理藩院则例〉对蒙番人民仍准援用文》中指出，未颁布新法特别法令以前，《理藩院则例》仍予以适用。当然，其中与两制抵触的部分予以删除。1942 年，国民政府蒙藏委员会重新刊印《理藩部则例》。

民国时期，虽然蒙古地区动荡不断，也出现了伪蒙疆政权，但从中央政府的角度来讲，仍强调蒙古地区的自治性。在法律适用上，也肯定了清代制定的《理藩院则例》的效力。这也说明，民国历届政府认识到蒙古地区风俗习惯、社会关系不同于内地，要实现蒙古地区的稳定，就要尊重这一事实。这同时反映出清朝制定的《理藩院则例》在调整蒙古地区社会关系上的成功。当然，动荡时期的主要问题是如何能联合各民族共同对外，但目前没有足够的时间去论证，新形势下已经发生变化的社会关系，究竟需要什么样的法律用以规范人们的行为。对于民国时期，值得肯定的一点是，确定了蒙藏地区的自治制度，在尊重蒙藏民族的基础上，力图实现国家的统一。但民国历届政府，在抵抗国外分裂势力时，没能对其进行有效的阻止，导致伪蒙疆政权的出现，以及外蒙古的独立。

新中国成立后，在借鉴民国时期民族政策得失的基础上，着手制定了一系列的民族政策，促进民族之间的沟通。1954 年《中华人民共和国宪法》，将民族区域自治制度确认为中国的基本政治制度，并确定了各民族之间真正的平等地位。1984 年，制定了《中华人民共和国民族区域自治法》，体现了国家坚持实行各民族平等、团结和共同繁荣的原则。保障民族自治地方根据本地实际情况执行国家的法律和政策，民族自治地方在法律授权的范围内，享有立法权，可以根据本地区的实际情况制定法律。《中华人民共和国立法法》第75条规定："民族自治地方的人民代表大会有权依照当地民族的政治、经济和文化的特点，制定自治条例和单行条例。"2011年2月，内蒙古自治区第九届人民代表大会通过了《内蒙古自治区人民代表大会及其常务委员会立法条例》，第一条规定："为了规范自治区人民代表大会及其常务委员会的立法活动，完善立法程序，提高立法质量，根据《中华人民共和国地方各级人民代表大会和地方各级人民政府组织法》和《中华人民共和国立法法》等有关法律的规定，结合自治区实际，制定本条例。"自治区有权的立法机构，依法结合本地区的实际情况，制定相关规范性文件。2015年12月1日，内蒙古自治区十二届人大常委会第十九次会议决定，呼伦贝尔市、通辽市、赤峰市、乌兰察布市、鄂尔多斯市、巴彦淖尔市、乌海市等七个设区的市的人民代表大会及其常务委员会获得立法权，可以对城乡建设与管理、环境保护、历史文化保护等方面的事项开始制定地方性法规。此外，根据《中华人民共和国民族区域自治法》的规定，鄂伦春自治旗、鄂温克族自治旗、莫力达瓦达斡尔族自治旗的人民代表大会也可以行使立法权。

可见，在内蒙古自治区形成了以《中华人民共和国宪法》为基础，以《中华人民共和国民族区域自治法》为主干，包括各项调整民族关系的法律、法规、地方性法规、自治条例、单行条例以及政府规章和有关民族方面的规范性文件在内的具有中国特色的社会主义民族法律体系。

新中国的民族立法，是以“民族平等”的思想路线与政治标准为界限。反对民族歧视、民族特权的立法，维护民族团结，反对大民族主义，主要是大汉族主义，同时也反对地方民族主义。在民族立法实践中，不断探索，总结经验教训，并不断加强民族立法理论的研究。目前，民族地区在重要、基本方面能够做到有法可依。当然，在民族立法方面，仍面临着很多问题，民族立法制度也需要进一步完善。

本章小结

清代的民族立法，在吸取了历代民族立法经验的基础上，较为正确地处理了国家法与民族法这种“一体”与“多元”的关系，将贯穿于中国古代历史始终的民族矛盾予以妥善处理。清朝关于蒙古民族的立法，注重对蒙古族固有习惯法的吸收，尊重蒙古族的宗教信仰。而在司法领域，通过司法形式的多元化，包括赋予蒙古王公贵族较大的司法裁判权力和加强中央对蒙古地区的司法控制等政策，清朝实现了对蒙古地区的司法裁判权的控制。清朝妥善处理与蒙古民族的关系，不仅解决了涉及蒙古民族的相关问题，也基于蒙古民族与藏传佛教之间的关系，促进了中国多元统一格局的形成。当然，清朝关于蒙古地区的民族法制也存在一些问题，如法律适用上的不平等、“众建以分其力”不利于促进国家建立法制统一的法律制度。但总体来说，清朝在处理与蒙古地区的法制关系时，实现了权力集中及多元统一格局的形成，加深了蒙古地区与中央地区的交往，促进了蒙古地区社会、经济的发展，对中华民国及新中国的民族政策都产生了一定的影响。

结 语

在中国传统社会里，法的产生、发展和变化，目的是维护统治者期望的社会秩序。清朝制定的蒙古法，是国家制定或者国家认可的社会行为规范。组成这个体系的《大清律例》、《蒙古律例》、地方性法规等，共同构筑起清代蒙古地区的法律与社会控制体系，维系着清朝在蒙古地区的政治、经济及文化秩序。无论是《大清律例》、《蒙古律例》，还是蒙古地区自行制定的法规及其习惯，都有自己的适用范围，在各自的领域内，调整蒙古地区的社会关系，为清代的法制统一奠定了基础。在司法方面，清代强调司法权的统一，中央和地方共同负责蒙古地区的民刑案件的审理，既保证了地方特色，又实现了国家司法权的统一。同时，因地制宜，漠南、漠北、漠西以及青海蒙古，由于归附时间、地理位置等方面的原因，各地的司法机构的设置略有不同。从地方司法官员、驻防大臣、中央司法机关等各级司法机关的设置，都是为了保证蒙古地区的法制统一。

立法、司法上的系统化以及统一性，使得清代蒙古地区的法律适用也呈视了一定的规律性。在日常的案件审理中，先适用《蒙古律例》的规定，在《蒙古律例》没有规定时，适用《大清律例》的规定。但在一些特殊的案件中，如涉及伦理的案件、涉及蒙汉交涉的案件、涉及喇嘛教的案件、涉及民人在蒙古地区犯罪的案件、涉及漠西蒙古地区的法律适用问题的案件，会结合具体的情形确定法律的适用。当然，不同时期，即使是同类案件，也可能存在适用不同法律的情形。随着《蒙古律例》内容的变化，嘉庆年间修订《理藩院则例》后，吸收了很多《大清律例》的内容，如体现伦理性的“留养”制度等，这些内容是蒙古民族法律文化中原本没有的。这时，因《理藩院则例》中本身就有此类规定，也就不存在适用《大清律例》的问题。

另一个方面是蒙古地区地方性法规与《蒙古律例》相抵触情形下的法律适用。首先，通过文本的比较，可以看到地方性法规如《喀尔喀法规》《阿拉善律例》等，本身与《蒙古律例》抵触的内容并不多，对蒙古地区适用《蒙古律例》的影响非常小。而且，随着清朝对蒙古地区统治的加强，地方性法律的适用范围越来越小。其中，《喀尔喀法规》在漠北蒙古地区适用的原因之一，就是漠北蒙古与中原地区距离较远，归附初期交往也较少。很少有涉及蒙汉之间的案件，大多是喀尔喀内部的纠纷，以及涉及喇嘛的纠纷，所以，《喀尔喀法规》的适用，也是因为其并不会破坏国家司法的统一。而到后期，漠北蒙古地区蒙汉交往也日益增多，出于国家司法统一的考虑，《喀尔喀法规》的适用空间日益缩小。而阿拉善蒙古的《阿拉善律例》作为判例集，是阿拉善王爷在司法实践中，综合参照《蒙古律例》《大清律例》以及本地区习惯法的基础上，进行裁判，与《蒙古律例》《大清律例》没有实质上的抵触。

还有，到乾隆朝，随着漠西蒙古的归附，漠西蒙古人员变化后，其法律适用也呈现与其他蒙古地区不一样的情形：首先，《蒙古律例》成为漠西蒙古地区的重要裁判依据。其次，因很多汉人及其他少数民族的迁入，《大清律例》也在该地区发挥着重要的作用。

综上，随着清朝对蒙古地区统治的加强，《大清律例》对蒙古地区影响日益加强，从最初影响司法，到后来直接影响《理藩院则例》的内容。换句话说，中原传统法律文化对蒙古地区的影响日益加深。蒙古地区涉及民人的案件，内地涉及蒙古人案件的法律适用原则，也趋于统一、明确。本书通过对清代蒙古地区法律适用的研究，探究了清代蒙古地区的司法实践，为以后进一步深入研究清代蒙古地区司法活动奠定基础。

因语言能力有限，很多蒙文的原始资料无法查阅，也因不懂日文、俄文、蒙文，对日、俄、蒙三国学者的研究成果，无法予以参考。关于清代蒙古地区的法律适用，只是一个初步性成果，在以后的研究中，有待继续查阅相关资料，不断完善这方面的研究。

附 录

一、康熙六年《蒙古律书》中明确规定适用《大清律例》的情形

1. 第五十八条："凡长城内之人于长城外犯罪，以内律办理。长城外之人于长城内犯罪，以外律办理。八旗外蒙古，众苏鲁克沁照外国律。"[1]

二、《理藩院则例》中明确规定适用《大清律例》情形

1. "致伤家奴属下人等"条："其管旗章京、副章京、参佐领、骁骑校有犯，各视其致伤之人，照闲散王公台吉例办理，如致伤者系札萨克名下及同旗王公台吉名下人，均照刑例以凡论。倘因而致死者，照故将人鞭殴致死例办理。"[2]

2. "蒙古汗王等擅用金刃等物伤人杀人"条："凡已、未管旗之汗王贝勒贝子公、台吉塔布囊等，擅用金刃伤人者，无论所伤者

[1] 李保文："康熙六年《蒙古律书》"，载《历史档案》2002 年第 4 期。"内律"指"大清律"，"外国律"指"蒙古律"。

[2] （清）理藩院修：《理藩院则例》，杨选第、金峰校注，内蒙古文化出版社 1998 年版，第 306 页。

系何项人，各罚俸二年；无俸台吉塔布囊，各罚四九牲畜存公。因而致残废者，汗王贝勒贝子公，各罚俸三年；无俸台吉塔布囊，各罚六九牲畜存公。仍各罚一九牲畜，给予残废者之家。其因而致死并擅用金刃杀人者，闲散台吉塔布囊，照刑例定拟，汗王贝勒贝子公、札萨克，均查照刑例，声明请旨。其并非擅用金刃，以手足他物伤人及因而致废者，各减擅用金刃例一等科罪。其以手足他物伤人因百致死并以手足他物杀人者，汗王贝勒贝子公、札萨克及闲散台吉塔布囊，各照擅用金刃伤人因而致死及杀人例分别科断，其有服制者，仍依服制论。"〔1〕

3. "蒙古属下官员等擅用金刃等物伤人杀人"条："凡蒙古属下官员及平人擅用金刃伤人者，无论所伤者系何项人，官员革职，罚二九牲畜存公；平人鞭一百。因而致残废者，官员革职，罚四九牲畜存公；平人鞭一百加枷号一个月。仍各罚一九牲畜 ，给予残废者之家。其因而致死并擅用金刃杀人者，均照刑例定拟。其并非擅用金刃，以手足他物伤人及因而致残废者，各减擅用金刃例一等科罪。其以手足他物伤人因而致死并以手足他物杀人者，亦照刑例科断。其有服制者，仍依服制论。"〔2〕

4. "夫故杀伤"条："凡蒙古台吉塔布囊并属下官员平人，无故殴妻致死者，绞；故杀者，亦绞，均监候。过失杀人者，如确有证佐，由该盟长，札萨克审实，系属过失，台吉塔布囊并属下官

---

〔1〕（清）理藩院修：《理藩院则例》，杨选第、金峰校注，内蒙古文化出版社1998年版，第306页。

〔2〕（清）理藩院修：《理藩院则例》，杨选第、金峰校注，内蒙古文化出版社1998年版，第307页。

员，革职，枷号六十日，鞭一百；平人，枷号六十日，鞭一百。仍各罚二九牲畜，给妻之母家。其汗王贝勒贝子公、札萨克有犯前项罪名，查照刑例，声明请旨。”〔1〕

5. “斗杀”条：“凡斗殴伤重，五十日内身死，殴之者绞监候，其共殴者，照刑例定拟。”〔2〕

6. “戏杀过失杀伤人”条：“凡蒙古戏杀过失杀伤人，俱查照刑例分别定拟。”〔3〕

7. “因伤堕胎”条：“凡以手足他物伤人案内，系妇人因而堕胎者，汗王贝勒贝子公罚俸二年，无俸台吉塔布囊罚四九牲畜存公，官员革职，罚四九牲畜存公，平人鞭一百加枷号一个月。仍各罚一九牲畜给堕胎者之家，其因而致死并讯有谋故等情者，均照刑例办理。”〔4〕

8. “强劫盗犯不分首从拟罪”条：“凡寻常盗劫之案，均照刑例，为首斩决。”〔5〕

9. “蒙古民人伙同抢劫从重科断”条：“蒙古地方抢劫案件，如俱系蒙古人，专用蒙古例；俱系民人，专用刑律。如蒙古与民人伙同抢劫，核其罪名，蒙古例重于刑律者，蒙古与民人俱照蒙古例

---

〔1〕（清）理藩院修：《理藩院则例》，杨选第、金峰校注，内蒙古文化出版社1998年版，第307页。

〔2〕（清）理藩院修：《理藩院则例》，杨选第、金峰校注，内蒙古文化出版社1998年版，第308页。

〔3〕（清）理藩院修：《理藩院则例》，杨选第、金峰校注，内蒙古文化出版社1998年版，第308页。

〔4〕（清）理藩院修：《理藩院则例》，杨选第、金峰校注，内蒙古文化出版社1998年版，第308页。

〔5〕（清）理藩院修：《理藩院则例》，杨选第、金峰校注，内蒙古文化出版社1998年版，第309页。

问拟；刑律重于蒙古例者，蒙古与民人俱照刑例问拟。"[1]

10. "私人围场偷窃牲畜木植分别治罪" 条："察哈尔及各札萨克旗下蒙古，有私人围场偷砍木植、偷打牲畜者，均照刑例定拟。"[2]

11. "蒙古地方盗挖金银矿砂各犯罪名" 条："蒙古地方有盗挖金银矿砂者，除首从各犯仍照刑例分别定拟外，将得钱招留之蒙古地主，均于盗挖矿砂为首各本罪上加一等科断，罪止极边烟瘴充军。"[3]

12. "偷窃牲畜不计次数从重科断" 条："蒙古偷窃牲畜之案，如一年内行窃二三次以上同时并发者，仍照刑律一主为重，从一科断，毋庸合计拟罪。"[4]

13. "十岁以上十五岁以下犯窃者分别科罪收赎" 条："凡蒙古地方未满十岁之子行窃者，免罪。十五岁以下者，照刑例收赎。十六岁以上者，照例科罪。"[5]

14. "犯罪自首" 条："凡犯罪自首者，照刑例分别办理。"[6]

---

〔1〕（清）理藩院修：《理藩院则例》，杨选第、金峰校注，内蒙古文化出版社1998年版，第313页。

〔2〕（清）理藩院修：《理藩院则例》，杨选第、金峰校注，内蒙古文化出版社1998年版，第314页。

〔3〕（清）理藩院修：《理藩院则例》，杨选第、金峰校注，内蒙古文化出版社1998年版，第319页。

〔4〕（清）理藩院修：《理藩院则例》，杨选第、金峰校注，内蒙古文化出版社1998年版，第322页。

〔5〕（清）理藩院修：《理藩院则例》，杨选第、金峰校注，内蒙古文化出版社1998年版，第323页。

〔6〕（清）理藩院修：《理藩院则例》，杨选第、金峰校注，内蒙古文化出版社1998年版，第330页。

15. “蒙古例无专条引用刑例”条：“凡办理蒙古案件，如蒙古例所未备者，准照刑例办理。”[1]

16. “蒙古处分例无专条准咨取吏兵刑等部则例比照引用”条：“内外札萨克王公对台吉塔布囊，如遇各项应议处分，凡蒙古例所未备者，准咨取吏、兵、刑三部则例，比照引用，体察蒙古情形定拟，毋庸会办，如遇奉旨交议案件内，有事隶各该衙门者，仍由各该衙门会办。”[2]

17. “蒙古民人各按犯事地方治罪”条：“蒙古等在内地犯事，照依刑例定拟；民人在蒙古地方犯事，照依蒙古例定拟。”[3]

18. “承审不实”条：“内外札萨克王公台吉塔布囊及协理台吉等承审，……无俸协理台吉等官照例折罚牲畜。但有受贿故出故入情弊，照刑例治罪。”[4]

19. “蒙古地方抢夺人犯”条：“凡在蒙古地方拟定罪名人犯，均照刑例劫囚例治罪。”[5]

20. “失察偷捕偷挖貂鼠人参”条：“私往禁地假偷捕挖貂鼠人参并私相买卖事发被获，除将偷捕偷挖之物入官，人犯照刑例治罪外，其失察之王贝勒贝子公、台吉塔布囊，均罚俸一年，其不管旗

---

〔1〕（清）理藩院修：《理藩院则例》，杨选第、金峰校注，内蒙古文化出版社1998年版，第332页。

〔2〕（清）理藩院修：《理藩院则例》，杨选第、金峰校注，内蒙古文化出版社1998年版，第333页。

〔3〕（清）理藩院修：《理藩院则例》，杨选第、金峰校注，内蒙古文化出版社1998年版，第333页。

〔4〕（清）理藩院修：《理藩院则例》，杨选第、金峰校注，内蒙古文化出版社1998年版，第337页。

〔5〕（清）理藩院修：《理藩院则例》，杨选第、金峰校注，内蒙古文化出版社1998年版，第349页。

之王贝勒贝子公、台吉塔布囊及蒙古官员，均罚二九牲畜。但讯有知情遣往情弊，加等治罪。”[1]

21. “私雕假印”条：“凡蒙古地方有私行雕造描摹假印者，其失查之员弁、本犯，均照内地例办理。”[2]

三、《钦定大清会典事例·理藩院》中明确规定适用《大清律例》的情形

1. 康熙二十六年（1687 年）定：“凡蒙古人犯罪，照刑部拟以笞、杖者，各照数鞭责；拟以军、流、徒者，免其发遣，分别枷号。徒一年者，枷号二十日，每等递加五日，总徒准徒亦递加五日。流二千里者，枷号五十日，每等亦递加五日。附近充军者，枷号七十日；近边者七十五日；边远沿海边外者八十日；极边烟瘴者九十日。”[3]

2. 嘉庆二十二年（1817 年）定：“凡办理蒙古案件，如蒙古例所未备者，准照刑例办理。”[4]

3. 嘉庆二十三年（1818 年）谕：“嗣后蒙古地方抢劫案件，如俱系蒙古人，专用蒙古例；俱系民人，专用刑律。如蒙古人与民人伙同抢劫，核其罪名，蒙古例重于刑律者，蒙古与民人俱照蒙古例

〔1〕（清）理藩院修：《理藩院则例》，杨选第、金峰校注，内蒙古文化出版社 1998 年版，第 363 页。

〔2〕（清）理藩院修：《理藩院则例》，杨选第、金峰校注，内蒙古文化出版社 1998 年版，第 374 页。

〔3〕（清）会典馆编：《钦定大清会典事例·理藩院》，赵云田点校，中国藏学出版社 2007 年版，第 422 页。

〔4〕（清）会典馆编：《钦定大清会典事例·理藩院》，赵云田点校，中国藏学出版社 2007 年版，第 423 页。

问拟；刑律重于蒙古例者，蒙古与民人俱照刑律问拟。”[1]

4. 道光十九年（1839年）定：“行窃者，十五岁以下照刑例收赎，十六岁以上照例科罪。”[2]

5. 道光二十年（1840年）定：“内外札萨克应议处分，凡蒙古例所未备者，准咨取吏、兵、刑三部则例，比照引用。”又定“蒙古等在内地犯事，照依刑律定拟，民人在蒙古地方犯事，照依蒙古律定拟。”[3]

6. 雍正七年（1729年）定：“嗣后八旗游牧察哈尔蒙古偷盗牲畜及犯别项罪名者，皆照蒙古例。如蒙古律例所未载，再照刑例办理。”[4]

7. 嘉庆十六年（1811年）奏定：“官员平人伙众强劫什物，除杀人伤人从而加功者，仍照旧例办理外，其仅止随从入伙，并未加功杀伤人者，比照刑例未伤人伙盗情有可原免死，发遣云南、贵州、广东、广西烟瘴地方，充当苦差。”[5]

8. 乾隆五十七年（1792年）奉旨：“嗣后驻扎新疆大臣办理一切事务，均应相机酌办，不可拘泥内地律例。即如回民内若有侄杀胞伯叔、弟杀胞兄、侄孙杀胞子伯叔祖之案，自应照内地律例定

[1]（清）会典馆编：《钦定大清会典事例·理藩院》，赵云田点校，中国藏学出版社2007年版，第422～423页。

[2]（清）会典馆编：《钦定大清会典事例·理藩院》，赵云田点校，中国藏学出版社2007年版，第424页。

[3]（清）会典馆编：《钦定大清会典事例·理藩院》，赵云田点校，中国藏学出版社2007年版，第424页。

[4]（清）会典馆编：《钦定大清会典事例·理藩院》，赵云田点校，中国藏学出版社2007年版，第431页。

[5]（清）会典馆编：《钦定大清会典事例·理藩院》，赵云田点校，中国藏学出版社2007年版，第439页。

拟，其远宗命案，仍应照回民之例办理，不必拘泥内地服制律例。”[1]

9. 道光二十三年（1843 年）定：“过失杀妻者，官员革职，枷号六十日鞭一百，平人鞭一百枷号六十日，各罚二九牲畜给妻之母家。汗、王、贝勒、贝子、札萨克有犯，仍查照刑例声明请旨。”[2]

10. 道光十九年（1839 年）定：“凡台吉等之家奴奸台吉妻妾者，照刑例家奴奸家长妻妾办理。家奴当喇嘛者，亦照此例办理。至兼辖之属下阿勒巴图等奸台吉等之妻者，奸夫奸妇俱绞监候。奸台吉等之妾者，奸夫奸妇俱鞭一百。兼辖之属下阿勒巴图当喇嘛者，亦照此例办理。”[3]

---

〔1〕（清）会典馆编：《钦定大清会典事例·理藩院》，赵云田点校，中国藏学出版社 2007 年版，第 459 页。

〔2〕（清）会典馆编：《钦定大清会典事例·理藩院》，赵云田点校，中国藏学出版社 2007 年版，第 461 页。

〔3〕（清）会典馆编：《钦定大清会典事例·理藩院》，赵云田点校，中国藏学出版社 2007 年版，第 462 页。

参考文献

一、史料

[1]《大清律例》，张荣铮、刘勇强、金懋初点校，天津古籍出版社 1993 年版。
[2]《大清律例》，田涛、郑秦点校，法律出版社 1998 年版。
[3]（清）官修:《清实录》，中华书局 1986 年版。
[4]（清）官修:《光绪朝清会典事例三》，清文渊阁四库全书本。
[5]（清）官修:《康熙朝清会典》，清文渊阁四库全书本。
[6]（清）官修:《雍正朝清会典》，清文渊阁四库全书本。
[7]（清）官修:《嘉庆朝钦定大清会典事例二》，清文渊阁四库全书本。
[8]（清）官修:《乾隆朝清会典则例》，清文渊阁四库全书本。
[9]（清）高赓恩等纂修:《绥远全志》，成文出版社 1968 年版。
[10]（清）龚景瀚编:《循化志》，青海人民出版社 1981 年版。
[11] 高柯立、林荣辑:《明清法制史资料辑刊（第二编）》，国家图书馆出版社 2014 年版。
[12]（清）胡肇楷、周孟邻纂:《大清律例通纂》，嘉庆十年影

印版。

[13]（清）海忠:《承德府志（光绪十三年影印版）》，成文出版社1968年版。

[14]（清）会典馆编:《乾隆朝内府抄本〈理藩院则例〉》，赵云田点校，中国藏学出版社2006年版。

[15]（清）会典馆编:《钦定大清会典事例·理藩院》，赵云田点校，中国藏学出版社2007年版。

[16]（明）萧大亨:《北虏风俗》，广文书局1972年版。

[17]（清）昆冈等编:《钦定大清会典事例》，光绪二十五年八月石印本。

[18] 刘海年、杨一凡主编:《中国珍稀法律典籍集成》，科学出版社1994年版。

[19]（清）理藩院修:《理藩院则例》，杨选第、金峰校注，内蒙古文化出版社1998年版。

[20]（清）刘鸿逵:《归化城厅志》，远方出版社1992年版。

[21]（清）夏日琖、姚明辉辑:《蒙古志》，成文出版社1968年版。

[22]《蒙古律例》，成文出版社1968年版。

[23] 全国人民代表大会民族委员会办公室:《清代单行法律及民刑案件判例摘译（阿拉善旗调查材料之三）》，1958年。

[24]（清）祁韵士:《皇朝藩部要略》，文海出版社1965年版。

[25]《钦定理藩部则例》，张荣铮等点校，天津古籍出版社1998年版。

[26]《清史稿》，中华书局1997年版。

[27] 齐木德道尔吉、巴根那编:《清朝太祖太宗世祖朝实录蒙古史史料抄——乾隆本康熙本比较》,内蒙古大学出版社 2001 年版。
[28] 齐木德道尔吉等编:《清朝圣祖朝实录蒙古史史料抄(上)》,内蒙古大学出版社 2003 年版。
[29] (清)乾隆帝敕撰:《清圣祖仁皇帝圣训》,文海出版社 2005 年版。
[30] 前南京国民政府司法行政部编:《民事习惯调查报告录》,胡旭晟等点校,中国政法大学出版社 2000 年版。
[31] 齐木德道尔吉等编:《清朝世宗朝实录蒙古史史料抄》,内蒙古大学出版社 2009 年版。
[32] (清)松筠:《钦定新疆识略》,文海出版社 1965 年版。
[33] (清)苏尔德:《新疆回部志》,成文出版社 1968 年版。
[34] (清)沈家本:《历代刑法考》,中华书局 1985 年版。
[35] (清)沈之奇:《大清律辑注》,怀效锋、李俊点校,法律出版社 2000 年版。
[36]《土默特志》,成文出版社 1968 年版。
[37] (清)魏源:《圣武记》,中华书局 1984 年版。
[38] (清)温达:《亲征平定朔漠方略》,中国藏学出版社 1994 年版。
[39] 姚锡光:《筹蒙刍议》,文海出版社 1965 年版。
[40]《准噶尔史略》编写组编:《〈清实录〉准噶尔史料摘编》,新疆人民出版社 1986 年版。
[41] 晓克藏编:《归化城土默特土地契约》,内蒙古大学出版社

2011 年版。

[42] （清）姚雨芗原纂，胡仰山增辑：《大清律例刑案新纂集成》，同治十年影印版。

[43] （清）曾毓瑜：《征西纪略》，文海出版社 1979 年版。

[44] 中国第一历史档案馆编：《康熙朝汉文朱批奏折》，档案出版社 1985 年版。

[45] 张伟仁主编：《明清档案》，台湾研究院历史语言研究所 1986 年版。

[46] 中国社会科学院中国边疆史地研究中心主编：《清代理藩院资料辑录》，全国图书馆文献缩微复制中心 1988 年版。

[47] 中国社会科学院中国边疆史地研究中心主编：《蒙古律例 · 回疆则例》，全国图书馆文献缩微复制中心 1988 年版。

[48] （清）张穆撰：《蒙古游牧记》，张正明、宋举成点校，山西人民出版社 1991 年版。

[49] 中国第一历史档案馆等编：《清代西迁新疆察哈尔蒙古满文档案译编》，全国图书馆文献缩微复制中心出版社 1994 年版。

[50] （清）张穆：《清朝藩部要略稿本》，包文汉整理，黑龙江教育出版社 1997 年版。

[51] 中国第一历史档案馆编：《咸丰同治两朝上谕档》，广西师范大学出版社 1998 年版。

[52] （清）祝庆祺等编：《刑案汇览（三编）》，北京古籍出版社 2004 年版。

[53]《准格尔旗札萨克衙门档案译编（第二辑）》，内蒙古人民出版社 2006 年版。

［54］杨一凡、刘笃才编:《中国古代地方法律文献》，世界图书出版社 2009 年版。
［55］（清）章梫纂:《康熙政要》，褚家伟等校注，中共中央党校出版社 1994 年版。
［56］中国第一历史档案馆:《军机处首批录付奏折》。
［57］中国第一历史档案馆:《宫中朱批奏折》。

二、著作类

［1］成崇德:《18 世纪的中国与世界：边疆民族卷》，辽海出版社 1999 年版。
［2］达力扎布:《〈喀尔喀法规〉汉译及研究》，中央民族大学出版社 2015 年版。
［3］［苏联］符拉基米尔佐夫:《蒙古社会制度史》，刘荣焌译，中国社会科学出版社 1980 年版。
［4］［德］弗里德里希·卡尔·冯·萨维尼:《论立法与法学的当代使命》，许章润译，中国法制出版社 2001 年版。
［5］方慧:《中国历代民族法律典籍》，民族出版社 2004 年版。
［6］费孝通主编:《中华民族多元一体格局》，中央民族大学出版社 1999 年版。
［7］赦维民、齐木德道尔吉主编:《内蒙古通史纲要》，人民出版社 2006 年版。
［8］金海等:《清代蒙古志》，内蒙古人民出版社 2009 年版。
［9］卢明辉:《清代蒙古史》，天津古籍出版社 1990 年版。
［10］梁治平:《清代习惯法：社会与国家》，中国政法大学出版社

1996 年版。

[11] 李金山主编:《蒙古古代四部法典》，内蒙古教育出版社 2010 年版。

[12] [波斯] 拉施特:《史集》，余大钧、周建奇译，商务印书馆 1983 年版。

[13] 刘广安:《清代民族立法研究》，中国政法大学出版社 1993 年版。

[14] 马汝珩、马大正主编:《清代边疆开发研究》，中国社会科学出版社 1990 年版。

[15] 马建石、杨育棠主编:《大清律例通考校注》，中国政法大学出版社 1992 年版。

[16] [英] 马林诺夫斯基:《原始社会的犯罪与习俗》，原江译，法律出版社 2007 年版。

[17] [德] 马克斯·韦伯:《经济与社会（第一卷)》，阎克文译，上海人民出版社 2010 年版。

[18] [法] 孟德斯鸠:《论法的精神》，许明龙译，商务印书馆 2014 年版。

[19] 那思陆:《清代中央司法审判制度》，北京大学出版社 2004 年版。

[20] 潘世宪:《蒙古民族地方法制史概要》，内蒙古大学蒙古史研究所 1983 年版。

[21] [德] P. S. 帕拉斯:《内陆、亚洲厄鲁特历史资料》，邵建东、刘迎胜译，云南人民出版社 2002 年版。

[22] 清史编委会:《清代人物传稿》，中华书局 1984 年版。

[23] 青海省志编委会编:《青海历史纪要》，青海人民出版社 1987 年版。
[24] 奇格:《古代蒙古法制史》，辽宁民族出版社 1999 年版。
[25] 苏亦工:《明清律典与条例》，中国政法大学出版社 2000 年版。
[26] [日] 田山茂:《清代蒙古社会制度》，潘世宪译，内蒙古人民出版社 2015 年版。
[27] 王志强:《法律多元视角下的清代国家法》，北京大学出版社 2003 年版。
[28] 乌力吉陶格套:《清至民国时期蒙古法制研究：以中央政府对蒙古的立法及其演变为线索》，内蒙古大学出版社 2007 年版。
[29] 邢亦尘编:《清季蒙古实录》，内蒙古社会科学院蒙古史研究所 1981 年版。
[30] 徐晓光:《清代蒙藏地区法制研究》，四川民族出版社 1996 年版。
[31] 闫天灵:《汉族移民与近代内蒙古社会变迁研究》，民族出版社 2004 年版。
[32] 杨强:《清代蒙古法制变迁研究》，中国政法大学出版社 2010 年版。
[33] 杨一凡、刘笃才:《历代例考》，社会科学文献出版社 2012 年版。
[34] [苏联] 伊·亚·兹拉特金:《准噶尔汗国史》，马曼丽译，兰州大学出版社 2013 年版。
[35] 张伟仁:《清代法制研究》，台湾研究院历史语言研究所 1983

年版。

[36] 郑秦:《清代司法审判制度研究》，湖南教育出版社 1988 年版。

[37] 张羽新:《清政府与喇嘛教》，西藏人民出版社 1988 年版。

[38] 赵云田:《清代蒙古政教制度》，中华书局 1989 年版。

[39] 赵云田:《清代治理边陲的枢纽——理藩院》，新疆人民出版社 1995 年版。

[40] 张晋藩主编:《清朝法制史》，中华书局 1998 年版。

[41] 蒙古学百科全书编辑委员会:《蒙古学百科全书——法学卷》，内蒙古人民出版社 2007 年版。

[42] 张冠梓主编:《文化多元与法律多元》，知识产权出版社 2012 年版。

三、论文集

[1] [俄] 迪雷克夫:“关于蒙古封建法律文献”，盛肖霞译，载达力扎布主编:《中国边疆民族研究（第一辑）》，中央民族大学出版社 2008 年版。

[2] 达力扎布:“略论〈理藩院则例〉刑例的实效性”，刘迎胜主编:《元史及民族与边疆研究集刊（第二十六辑）》，上海古籍出版社 2014 年版。

[3] [日] 二木博史:“〈喀尔喀·济鲁姆〉的形成过程”，呼斯勒译，载《蒙古的历史与文化——蒙古学论集》，内蒙古人民出版社 2003 年版。

[4] 马青连:“清代理藩院司法功能研究——以清代蒙古地区为中

心的考察”，载《民族法学评论（第七卷）》2010 年版。
[5] [日] 萩原守：“17—19 世纪清代蒙古法和蒙古地区判例法系统”，载《国际人类学与民族学联合会第十六届世界大会——游牧民族法律文化研究专题会论文集》2010 年版。

四、期刊论文

[1] 白京兰：“清代边疆多民族地区的国家法建设——以清代新疆刑事司法实践中的法律适用为例”，载《华中科技大学学报（社会科学版）》2012 年第 6 期。
[2] 包朝鲁门：“论古代蒙古族立法中罚畜刑的演变”，载《内蒙古民族大学学报（社会科学版）》2014 年第 1 期。
[3] 杜常顺：“简论 1654 年至 1723 年的青海和硕特蒙古”，载《青海社会科学》1990 年第 1 期。
[4] 徐晓光：“蒙古立法在清代法律体系中的地位”，载《比较法研究》1990 年第 3 期。
[5] [日] 岛田正郎：“蒙古法中刑罚的变迁”，潘昌龙译，载《蒙古学资料与情报》1991 年第 2 期。
[6] [日] 萩原守：“清代蒙古的刑事审判事例”，哈刺古纳译，载《蒙古学资料与情报》1991 年第 3 期。
[7] [日] 萩原守：“18 世纪喀尔喀的法律变迁”，朋·乌恩译，载《蒙古学资料与情报》1991 年第 4 期。
[8] 徐晓光、黄名述：“我国少数民族法制的发展及其与中原法律文化的融合”，载《现代法学》1991 年第 6 期。
[9] 徐晓光、陈光国：“清朝对‘蒙古例’、〈理藩院则例〉的制定

与修订”，载《内蒙古社会科学（汉文版）》1994 年第 3 期。
[10] 丁华东：“清代会典和则例的编纂及其制度”，载《档案学通讯》1994 年第 4 期。
[11] 赵云田：“《蒙古律例》和《理藩院则例》”，载《清史研究》1995 年第 3 期。
[12] [日] 冈洋树：“关于‘库伦办事大臣’的考查”，乌云格日勒、佟双喜译，载《蒙古学信息》1997 年第 2 期。
[13] 杨选第：“从〈理藩院则例〉析清朝对蒙古地区立法特点”，载《内蒙古社会科学（汉文版）》2000 年第 2 期。
[14] 杨选第：“论清朝对蒙古地区的立法”，载《内蒙古师范大学学报（哲学社会科学版）》2000 年第 5 期。
[15] 杨选第：“试论清代蒙古地区的司法制度”，载《内蒙古社会科学（汉文版）》2001 年第 4 期。
[16] 金海：“蒙古近代历史档案资料述略”，载《内蒙古大学学报（人文社会科学版）》2002 年第 1 期。
[17] 欧立德、华立：“清代满洲人的民族主体意识与满洲人的中国统治”，载《清史研究》2002 年第 4 期。
[18] 达力扎布：“《蒙古律例》及其与《理藩院则例》的关系”，载《清史研究》2003 年第 4 期。
[19] [蒙古] 那顺巴拉珠尔：“《喀尔喀法规》排印本出版前言”，达力扎布译，载《蒙古学信息》2004 年第 2 期。
[20] [蒙古] 那楚克多尔济：“关于《乌兰哈齐尔特》”，盛肖霞译，载《蒙古学信息》2004 年第 2 期。
[21] 来仪：“略论清政府民族观及民族政策对促进各民族‘多元一

体化’的影响”，载《青海社会科学》2004 年第 4 期。
[22] 达力扎布：“康熙三十五年《蒙古律例》研究”，载《民族史研究》2004 年第 00 期。
[23] 余梓东：“论清朝的民族政策”，载《满族研究》2005 年第 3 期。
[24] 那仁朝格图、徐晓凡：“变迁与交融：清代蒙古地区的刑罚与刑罚适用原则”，载《西部蒙古论坛》2013 年第 3 期。
[25] 达力扎布：“《喀尔喀法规》制定原因及实施范围初探”，载《中央民族大学学报（哲学社会科学版）》2005 年第 1 期。
[26] 黑龙、海纯良：“喀尔喀蒙古附清考述”，载《满族研究》2008 年第 3 期。
[27] 康斯坦：“从蒙古法看清代法律多元性”，载《清史研究》2008 年第 4 期。
[28] 关康：“理藩院题本中的蒙古发遣案例研究——兼论清前期蒙古地区司法调适的原则及其内地化问题”，载《清史研究》2013 年第 4 期。
[29] 苏钦：“唐明律‘化外人’条辨析——兼论中国古代各民族法律文化的冲突和融合”，载《法学研究》1996 年第 5 期。
[30] 郭美兰：“土尔扈特汗渥巴锡部众东归后拨地安置始末”，载《中国边疆史地研究》2007 年第 2 期。
[31] 周卫平：“清代新疆塔尔巴哈台参赞大臣的设置与变迁”，载《中国边疆史地研究》2013 年第 4 期。
[32] 苏亦工：“因革与依违——清初法制上的满汉分歧一瞥”，载《清华法学》2014 年第 1 期。

[33] 宋玲："试论中国传统民族法制的'多元'与'统一'——以清代为中心"，载《政法论坛》2015 年第 6 期。

[34] 文晖："简论清代外藩蒙古的法律适用问题——以嘉庆年贾德保宰案为例"，载《中央民族大学学报（哲学社会科学版）》2015 年第 1 期。

[35] [德] 何遐明："国家权力在司法领域的角逐——17、18 世纪清朝对蒙古的法律政策"，王伏牛译，载达力扎布主编：《中国边疆民族研究（第七辑）》，中央民族大学出版社 2013 年版。

[36] [俄] V. A. 梁赞诺夫斯基："卫拉特和喀尔喀蒙古法律概述"，达力扎布译，载达力扎布主编：《中国边疆民族研究（第七辑）》，中央民族大学出版社 2013 年版。

[37] 张万军："论理藩院在清代蒙古地区刑事立法中的作用"，载《河北法学》2015 年第 3 期。

[38] 张万军："论清代蒙古土默特地区刑事法律伦理化趋势"，载《社会科学论坛》2016 年第 10 期。

五、学位论文

[1] 白玉双："十八至二十世纪东部内蒙古社会变迁研究"，内蒙古大学 2007 年博士学位论文。

[2] 白京兰："一体与多元：清代新疆法律研究（1759—1911 年）"，中国政法大学 2011 年博士学位论文。

[3] 额尔敦高娃："满、蒙、汉三体《王公表传》研究——以喀尔喀札萨克图汗部为中心"，内蒙古大学 2012 年博士学位论文。

[4] 黄华均:“草原法的文化阐释——《蒙古—卫拉特法典》和卫拉特法研究”，中央民族大学 2006 年博士学位论文。

[5] 金山:“清代蒙古地区地方立法研究——以《喀尔喀济如姆》研究为中心”，内蒙古大学 2007 年博士学位论文。

[6] 李佳阳:“清朝非省边疆地区法治建设与臣民（国家）意识整合”，云南大学 2016 年博士学位论文。

[7] 潘志成:“清代贵州苗疆的法律控制与地域秩序”，西南政法大学 2010 年博士学位论文。

[8] 沈大明:“《大清律例》与清代的社会控制”，华东政法学院 2004 年博士学位论文。

[9] 许安平:“清代民族政策法制化研究”，中央民族大学 2010 年博士学位论文。

[10] 张曦:“清政府藏传佛教政策在漠北蒙古的影响——以达赖喇嘛和哲布尊丹巴地位变化为例”，中央民族大学 2013 年硕士学位论文。